正保越後国絵図（新発田市立歴史図書館所蔵、新潟県立歴史博物館写真提供）

大学的新潟ガイド
――こだわりの歩き方

新潟大学人文学部附置
地域文化連携センター 編

昭和堂

火炎土器群（長岡市馬高遺跡出土、重要文化財、長岡市教育委員会所蔵）

旧新潟税関庁舎（重要文化財・写真提供：新潟市歴史博物館）

西蒲原地域から見た弥彦山・角田山（写真提供：新潟市歴史博物館）

酒蔵で極寒季に行われる蒸米の放冷作業（長岡市・河忠酒造）

上空から見た新潟市、正面奥が信濃川河口部（写真提供：新潟市歴史博物館）

旧小澤家住宅（写真提供：新潟市）

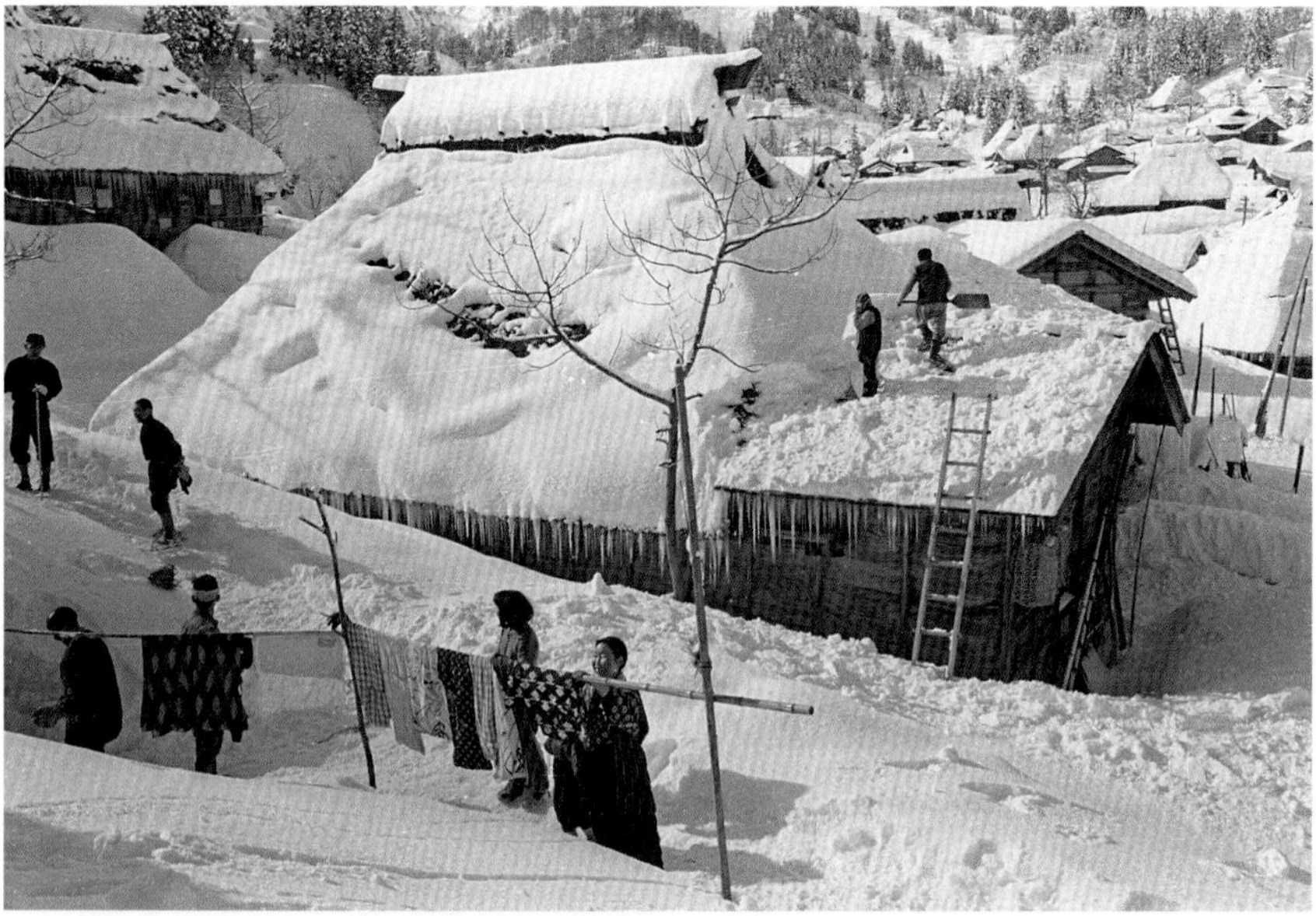

雪晴れの朝　魚沼市姥島新田 1954年2月撮影（写真提供：にいがた地域映像アーカイブ）

玄関口で門付する長岡瞽女　小千谷市打越　昭和48年7月13日

新潟を位置づける
――『大学的新潟ガイド』刊行に寄せて

新潟大学人文学部長　中村　潔

ある研究者は展覧会を「研究をメタ認知する機会」と捉えると述べていましたが、『大学的新潟ガイド』は「大学的」という修飾語が想像させるかもしれないような「上から目線」的なものではなく、地域を意識して自身の専門からの知見を展示することにより研究者が自分の研究をメタ認知する機会と捉えられるのではないかと私は考えています。茫漠と大きく捉えどころのない新潟を、この地域を本拠として研究活動をしている、人文学部の教員を中心として本学や新潟の研究機関のさまざまな分野の専門家が、いわば博物館の展示のように、自分たちの研究の成果や方法から案内しようとするものだと思うのです。

私が調査地としているインドネシアには、観光地として有名なバリという島があります。有名すぎて、バリ島は知っているけれどそれがどこの国かは知らないということさえも聞きます。さすがに、佐渡が新潟県だということを日本人が知らないということはありそうにないですが、それでも、佐渡という地名は新潟そのものよりもずっと印象的であり、イメージ喚起力において佐渡は新潟にはるかに勝るように感じられます。そうしたイメージ喚起力における新潟の弱さの大きな原因は、最初に述べた新潟が茫漠として大きいということにあるのではないか、と思います。

私が新潟に対して持つ印象はたんに大きいのではなく茫漠としているというものです。二〇〇七年に政令指定都市となった新潟市の人口は、二〇二〇年一〇月一日現在のデータによると、七九万二八八七人で、これは全国の政令指定都市の中で一五位となります。他方、面積は七二六・四六㎢と全国の政令指定都市で八位に上昇します。新潟市はかなり大きいのです。そして、新潟市を県庁所在地とする新潟県の面積は都道府県の第五位の広さです。また新潟県は本土の海岸線が約三三五㎞の長さに細長く伸びた県で（ちなみに離島の海岸線が約三〇五㎞）、新潟県を例えば近畿地方に移動して比較してみると実に細長い県であることが分ります。下越にある新潟市から富山・石川方面へ（鉄道であるいは自動車で）移動すると、いつまで経っても新潟県なので私などは飽きてしまいます。

新潟県は、本州を太平洋側と日本海側に分ければ日本海側に長く延びたいわゆる「裏日本」の県であるとともに、最西端の糸魚川市にある大地溝帯（フォッサマグナ）の西端の糸魚川静岡構造線よりも東にあり、東北日本と西南日本に二分すれば明らかに東日本側にあります。言葉もほとんどが東日本のようにも思われます（佐渡のように西日本の影響の強い地域もあります）が、一部の単語には東京のアクセントとは異なる、第一音節が高く始まるものがあります。また、お年寄りにはイとエの区別がない発音をする方も昔はいらっしゃいました。

新潟県は何地方なのかというのもなかなかに悩ましい問題です。（太平洋側の住人からは）

日本海側の地域は「裏日本」とひとまとめにされてしまうようですが、ある分け方では、東北地方には、青森、岩手、秋田、宮城、山形、福島の諸県が含まれ、新潟県は中部地方として、長野、山梨、静岡、富山、石川、福井、岐阜、愛知と一括りにされます。文化人類学の全国学会である日本文化人類学会でも新潟県は中部地区に分類されていますが、新潟市の住民にとってはしかし、これはなかなか使い勝手の悪い分類で、中部地方の最大都市である名古屋市近辺に中部地区の中心があると考え、人が実際に行き来をする場合には、新潟からは遠い地方となります。むしろ、東京に出る方が早いので、少なくとも新潟市の人間にとっては中部地方であるよりは山を越えた関東地方に属した方が都合が良いようにも思います。

実際、人事院事務局の管轄では新潟県は中部ではなく、山梨、長野とともに関東に含まれます。同様に、警察庁管区警察局の管轄では、新潟は、山梨、長野、静岡とともに関東に含まれ、中部には含まれていないのです。そして、電力会社については、新潟県は中部電力の扱いではなく、東北地方（青森、岩手、秋田、宮城、山形、福島）とともに東北電力の扱いになります。このように、別の分け方では、新潟は東北地方に入れられていることもあります。北海道東北地方知事会に北海道、青森、岩手、秋田、宮城、山形、福島、新潟の各知事が参加するのだから、東北地方に新潟県は含まれると解釈されます。他方、北陸四県というと石川、富山、福井とならんで新潟が含まれています（もっとも首都圏で尋ねられてそう回答できた者は少ないそうですが…）。

電気の支払では東北電力に、ガスの支払では北陸ガスに、天気予報を見るときは関東甲信越、といった具合に、新潟県はどこの地方なのかというのが判然としないのです。このように、東北であったり、北陸であったり、中部であったり、どう位置づければ良いのか分りにくい新潟を、〈いま〉の新潟の多様な問題、〈これまで〉の新潟に関わるより広い世界、そして、現在と過去の新潟の〈くらし〉を、人文社会科学の多様な専門分野からの「展示」によって紹介し、また、捉え直す機会として本書はできました。

学術的研究は普遍的知識を探求する試みですから、俯瞰的に捉えることが必要なのでしょうが、同時にまた、虫の視点から微細な事象にこだわって見ることも大切でしょう。最初に述べたように本書は、本学のさまざまな専門分野の「狭い」視野から「広漠」とした新潟を多面的に取り上げることで、新潟を知っていただく案内であると同時に、私たちの研究方法もまた（再）確認されるのです。

本書に執筆いただいた方々、とりわけ、本書の編集企画にたいへんご苦労いただいた加賀谷真梨氏（民俗学）および、本シリーズへの参画を持ちかけてくださった昭和堂の大石泉氏に感謝いたします。そして何より、本学が平素よりお世話になっている新潟県のみなさまに心より感謝いたします。

大学的新潟ガイド　目次

第2部　新潟の〈歩み〉

第3部　新潟の〈暮らし〉

第1部

新潟の〈いま〉

地域を創るとは
――土田杏村の自由大学と「つばめの学校」――

阿部ふく子

はじめに

現代では、学問にアクセスすることのできる機会、手段、場所がかつてないほどに充実している。学問研究の拠点となる大学は、高等教育機関としての役割を全国各地において担い、共同研究やアウトリーチなどの社会地域連携も多様に展開している。あらゆる研究分野の知見が、各種媒体を通じて社会や学界に向け日々膨大に発信され、アーカイヴされ、更新されている。何らかの学問に関心があれば――すべての人が、と言うにはまだ課題は多いにせよ――多くの人は、その分野の入門書から専門書までの書籍を手に取ることができ、論文をダウンロードすることもできるし、研究者が登壇するシンポジウムやワークショップに参加し、インタラクティブに学ぶことも可能である。オンラインで他大学や遠方で開催されるセミナーに参加したり、世界の名だたる大学の講義を聴くことさえできるようになった。学問環境における地域的制約は、前世紀に比べれば格段に少なくなっている。

学問へのアクセス可能性がこうして自由に拡大してゆくなかで、学問と地域の関係性がもつ意味は、どのように変化しつつあると言えるだろうか。もちろん学問教育における地域格差は厳密な意味においてまだ解消されたとは言いがたい。しかし、どこに暮らそうとある程度は広く深く学問の内容に触れることのできる環境がある、という緩やかな視点で捉えるなら、地域で学問するということの意味は、かえってどう際立ってくるだろうか。名もなき「ある場所」や「至る所」ではなく、「その場所」で学問的探究心が息づくということには、どんな意味があるのだろうか。

本章ではこうした問いをベースに、哲学と地域ひいては地域づくりの関係について、大正時代と現代における二つの具体的な実践を紹介しながら考えてみたい。「新潟ガイド」という本書の趣旨も踏まえつつ、あらためて日本の哲学者たちの活動を歴史的に見渡してみると、筆者の問いに少なからず関わってくる新潟ゆかりの哲学者がいることに気づく。以下では、大正時代の哲学者・土田杏村が地域で興した「自由大学運動」を紹介したのち、筆者が新潟で取り組む哲学実践の展開から、哲学と地域づくりの有機的な関係性について考えてみることにしたい。

1　土田杏村と自由大学

明治、大正、昭和の時代に新潟から輩出された著名な哲学者といえば、井上円了、田中美知太郎、廣川洋一の名が挙げられるだろう。作家であり宗教哲学に通じていた松岡譲、東洋大学印度哲学倫理学科に学んだ坂口安吾もまた広い意味で哲学徒である。土田杏村（明治二四年―昭和九年［一八九一―一九三四年］、新潟県佐渡郡出身）は、こうした郷土の哲学者として右の碩学や文豪とともに必ず名を連ねている人物である。[1] とはいえ他方で土田は、日本の哲学史の上では「忘れられた哲学者」と称されてもいる。[2] それには、彼が若くして病死したことや、残された数多くの著書のジャンルが多岐にわたる上に時代制約的な批評も少なくなく、なおかつ難解なこと、大学等の研究機関に所属しない在野の哲学者であったことなど複数の要因が絡んでいることだろう。とはいえ本章でこの「忘れられた哲学者」を呼び起こすにいたったのは、あえて地域で哲学を推進することの意味を現代に先駆けて考え、形ある実践に

写真1　土田杏村

（1）田中榮一ほか『郷土の碩学』新潟日報事業社、二〇〇四年。神林恒道『にいがた文化の記憶』新潟日報出版社、二〇一〇年参照。

（2）清水真木『忘れられた哲学者：土田杏村と文化への問い』中公新書、二〇一三年。

より担い抜いた哲学者だからである。

土田杏村は、明治二四年、新潟県佐渡郡新穂村に生まれた。新潟師範学校を経て、東京高等師範学校で丘浅次郎に師事し生物学を学んだ後、大正四年、京都大学文学部に進み、西田幾多郎のもとで哲学を修め、大学院にも進学した。大正三年、二三歳のときに出版した処女作『文明思潮と新哲学』をはじめとし、『象徴の哲学』などの哲学的著作のほか、教育学、社会学、経済学、宗教学、美学、文学といった幅広いジャンルに及ぶ人文・社会科学の著作を、四三歳で生涯を終えるまでに六一冊も残している。大正九年には個人雑誌『文化』を創刊。大正デモクラシーの気運と、同時代のドイツにおける哲学のトレンド「新カント学派」の影響を受けて、土田は当時新たに出てきた「文化」という語の意味にこだわり、文化価値を引き出す哲学的教養により社会生活を理想へと導こうとする「文化主義」という思想的立場をとった。

土田はまた、西田幾多郎、和辻哲郎、田中王堂、出隆など当時の名だたる大学人たちとも交流をもちながら、自身は在野という立ち位置に徹し、著述や講演を中心に活動した。当時の大学が担う学問の中心地としての役割が今以上に堅固であることを思えば、在野を拠点とする土田の態度はローカルである。もっとも、京都学派が隆盛を極める学際色豊かな京都に居を定めて活動していた点では、彼はつねに学問の中心かつ最前線に身を置いていた。しかしそれでも土田は、交流のあった哲学者の出隆の表現によれば、京大からも哲学の主流からも距離をとる「離れもの《ディアスポラ》第一号」だったと言われる(3)。

土田の学問的業績は多岐にわたるが、本章で特に取り上げたいのは土田が関わった「自由大学運動」である。まずはその歴史と理念について概観しよう。

(3) 上木敏郎『土田杏村と自由大学運動:教育者としての生涯と業績』誠文堂新光社、一九八二年、七八頁参照。

写真2　上田自由大学の講義の様子（講師：高倉輝）

周知のように、大正デモクラシーの時代には、民衆の自由な政治参加、個人の人格や権利の尊重、社会的平等の実現を目指して、政治、社会、教育、言論、芸術、学問などにおいて広く民主的な改革や理想が追求された。その一環として、教師や制度や教科書ではなく、生徒の個性や主体性を尊重し涵養することを第一義とする改革を目指した自由教育運動が展開される。この自由教育運動は、官制の学校改革のみならず、民間教育の振興の追い風にもなった。

「自由大学」は、この大正自由教育運動の影響のもとに、一九二〇年代から三〇年代にかけて長野県、新潟県、群馬県、福島県で展開された、民間による自主的な社会教育・成人教育機関である。自前の校舎はなく、寺院、市役所、学校、公会堂などの公共施設を借用し、地方の農村の青年有志が集まって参加、運営していた。そうした自由大学の創設から発展までが「自由大学運動」と総称される。各地では次のように続々と自由大学が発足した。(4)

大正十年　［一九二一年］　信濃自由大学（長野県上田市小県郡。後に上田自由大学と改称）
大正十一年［一九二二年］　魚沼自由大学（新潟県北魚沼郡堀之内村。当初は魚沼夏季大学）
　　　　　　　　　　　　　八海自由大学（新潟県南魚沼郡伊米ヶ崎村）
大正十二年［一九二三年］　福島自由大学（福島県）

（4）　各自由大学の開講年月日、日数、講師、講座名、聴講者数、会場の詳細一覧は、次の論文にまとめられている。吉澤潤「自由大学運動と土田杏村の教育思想」、『教育学雑誌』第十号、日本大学教育学会編、一九七六年、七―一一頁参照。

大正十三年［一九二四年］　信南自由大学（長野県伊那郡飯田町。後に伊那自由大学と改称）
大正十四年［一九二五年］　松本自由大学（長野県松本市）
大正十五年［一九二六年］　群馬自由大学（群馬県前橋市）

自由大学はやがて、世界恐慌による不況の煽りや、県当局からの弾圧を受けるなどして運営困難となり、設立から一〇年ほどで廃止の道をたどったという。とはいえ、その黎明期から全盛期までの活動記録を見ると、当時の農村を吹き抜ける大正デモクラシーの風がいかに力強いものであったかを窺い知ることができる。どの自由大学でもおよそ共通して、開講時期を農閑期の一〇月から四月とし、月に一度、一週間程度の集中講義がおこなわれる。講座の内容は、哲学、倫理学、美学、社会学、心理学、宗教学、教育学、文学、法学、経済学、政治学といった人文・社会科学からなり、講師は主に京都から第一線の学者たちが招聘される（たとえば哲学の担当講師は土田杏村をはじめ出隆、谷川徹三、三木清、由良哲次など）。講義の雰囲気としては、参加者の熱心な探究心に講師たちがそのつど応えるような双方向的な学びが目指されていたという[5]。

自由大学運動は「土田杏村と共に始まり、土田杏村と共に終った」と言われる[6]。これは土田ただ一人が先頭に立ってこの運動を導いたということではない。最初に設立された信濃自由大学の母体が地元の哲学研究会や教育会であったように、自由大学は、元々当時芽吹いていた農村の教養ある青年有志の会を基盤としている。彼らの活動趣旨や出講依頼に土田が文化主義の立場から積極的に応え、土田自身、単なるアウトリーチ活動ではなくライフワークとしてこの運動に加わり尽力することになっていったのである[7]。

（5）森山茂樹「魚沼、八海両自由大学の成立と経過：大正期自由大学運動研究への試み」、『人文学報』第八二号、東京都立大学人文学部編、一九七一年、一六八頁参照。
（6）上木敏郎、前掲書、四頁。
（7）各自由大学の設立背景は上木の前掲書などに詳しい。

土田は自由大学の設立趣旨書の起草をいくつか担当した。特に「信南自由大学趣旨書」（大正十二年）では、自由大学の理念が次のように力を込めて宣言されている。

「信南自由大学趣旨書」（抜粋）

教育は、僅か二〇年や三〇年の年限内に済むものでは無い。我々の生産的労働が生涯に亙ってなされねばならぬと同じ理を以て、教育は我々の生涯に亙って為される大事業である。教育により自己が無限に成長しつつある事を除いて、生活の意義は無い。したがって教育の期間が、人生の中の或る特定の時代にのみ限られ、其の教育機関には、人はすべて農園と工場とより離籍することは不自然であると思う。我々は労働と教育との結合を第一に重要なるものと考える。（中略）我々は労働しつつ学ぶ自由大学こそ、学校としての本義を発揮しつつあるものと考える。自由大学は補習教育や大学拡張教育では無い。

我々の自由大学は、最も自由なる態度を以て思想の全体を研究して行きたい。講師の主張には種種の特色があろう。併し教育は宣伝では無いから、我々の大学の教育は団体として特に資本主義的でも無ければ社会主義的でも無い。其れ等の批判を、自分自身で決定し得る精神能力と教養とを得ることが、我々の教育の目的である。我々は飽くまでも其の自由を保留し得る為めに、すべての外的関係とは没交渉に進んで行きたい。我々の自由大学こそは、我々自身が、我々自身の力を以て、我々自身の中に建設した、最も自由なる最も堅固なる一の教育機関である。(8)

(8) 上木、前掲書、一五九―一六〇頁。

ここには、当時「大学」と称するにはあまりに独自の考え方が示されている。土田が自由大学の趣旨として強調するのは、労働と切り離されない学びの環境である。労働も学びも、人生の長きにわたる営みであるということは紛れもない現実である。土田はこの現実から出発して、それにふさわしい新たな学問のかたちを模索していた。そこには、哲学をはじめとする高尚な学問を一般民衆に向けて易しく教え与えるという「大学拡張教育」の姿勢はない。土田はむしろ、その土地に根ざして働き生活する人びとが自由な自己実現をするために元々自ら開化させていた哲学的探究心を後押しするかたちで、学者や地域の青年らと協同一致し、独自の学びの場を耕して（cultivate）いったのである。

新潟の魚沼自由大学や八海自由大学を含め、当時の自由大学の具体的な活動成果などについては、土田の存命中に創刊された『自由大学雑誌』（大正十四年）に収められており、当時の思想的雰囲気とともに詳しく知ることができる。

2 新潟における哲学と地域づくり――「つばめの学校」

さて、ここまでは大正時代の哲学者と地域の青年有志たちによる学びのプロジェクトを見てきた。後半は現代に移り、現在筆者も関わって新潟で実践している哲学と地域づくりとの連携について紹介したい。

「地域づくり」や「まちづくり」ひいては「コミュニティデザイン」といった取り組みは、今では産学官民さまざまな主宰により全国各地で広く推進されており、その内容も都市計画、環境整備、地域活性化、教育、福祉、文化、歴史の保存など多岐にわたる。「地域学」や「地元学」といった新たなジャンルの台頭も相まって、都市と地方、中心と周縁といった根強い旧来の二元論的な捉え方を更新するべく、地域の新たな価値や可能性を発見し振興していこうとする動きが、全体的に生まれている。

新潟県燕市では二〇一二年に、「つばめ若者会議」という市民によるまちづくりを目的とする組織が発足した。全体の活動趣旨として掲げられるのは、「理想とする燕市の将来像を実現するためのアイデアを考える」、「若者のまちづくりに対する意識の醸成」、「若者同士の交流による『つながり』の強化」である。[9] 組織はこれらの理念に沿った多彩なプロジェクトから構成され、各活動は基本的にイベント、ワークショップ形式でおこなわれて

写真3　つばめの学校・第1回（2016年4月、燕市役所）

写真4　「つばめの学校」イベントフライヤー

（9）「つばめ若者会議」URL: https://tsubame-wakamono.com/about/（最終アクセス二〇二一年一月二五日）

いる。そのプロジェクトのひとつに、「つばめの学校」がある。

「つばめの学校」は、二〇一六年四月にスタートした。「学校」と銘打ってはいるが、イベント限定の学びのプロジェクトであるため、自由大学と同様、校舎があるわけではない。当初は燕市役所、後に燕市吉田町の「ツバメコーヒー」や新潟市中央区の「bar book box」といった、運営メンバーが営む店舗を会場としている。「つばめの学校」の活動の全容をここで詳しく振り返って説明することは紙幅の都合上できないため別の機会に譲ることとするが、本章では、活動理念の成り立ちを含め、このプロジェクトの原動力となっている問題意識と学びのスタイルについて特に述べておきたい。

「つばめの学校」の理念は次のように語られる。

学びつづける大人へ

「つばめの学校」は、メンバー自らが学ぶと共に多くの市民のみなさんへも「学びの場」を提供し、多くの市民のみなさんと一緒に「学び」を体験し、講師・メンバー・参加者のみんなで交流を深めます。

「つばめの学校」の考える学びは、人に出会い、自分の中で考えを深め、発信します。学びの循環を繰り返しながら、新しい人・世界と出会いコミュニティが生まれる。わたしたちの考えるまちづくりとは、こうした人と人のつながりなのかもしれません。

自分と他者の関係によって、自分の中に新しい観点が生まれる。

難儀なことが起きたときに、人が乗り越えて行くために必要なことです。(10)

(10)「つばめの学校」URL: https://tsubame-wakamono.com/projects/school/(最終アクセス二〇二一年一月二五日)

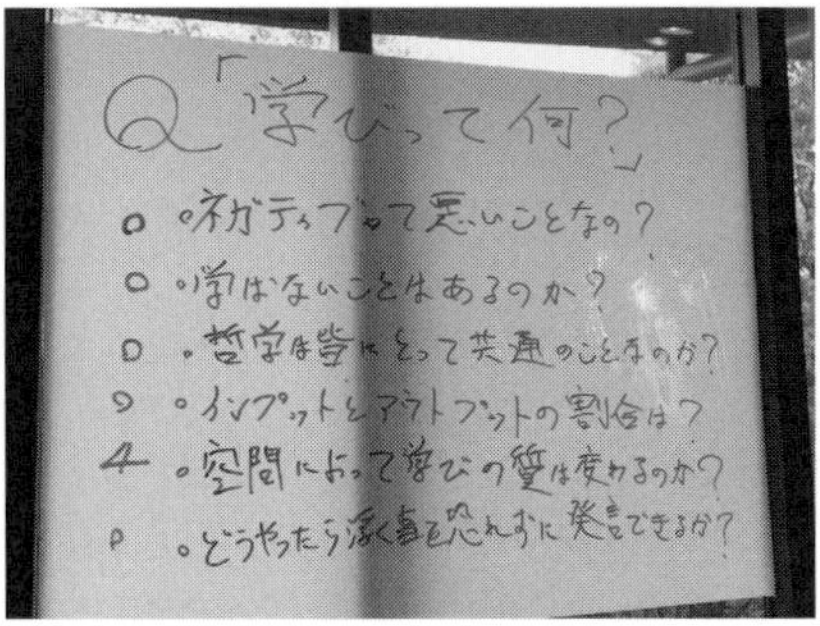

写真5　「学びについての問い」1

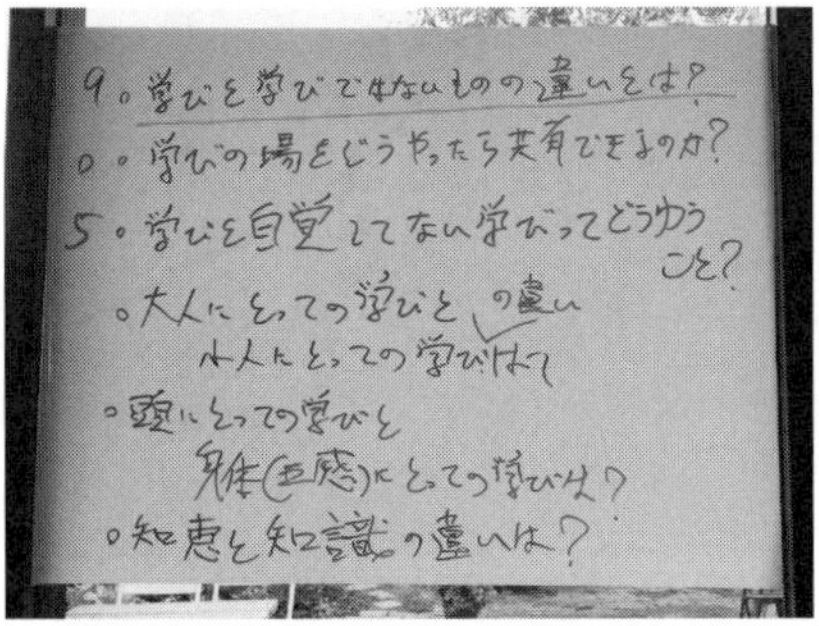

写真6　「学びについての問い」2

ここに言う「学び」とは、文字どおりの抽象的な意味での「学び」である。学ぶ「内容」はあえて設定していない。なぜ、ただ学ぶことがまちづくりに関連するのだろうか。まちづくりの技法や理論については、七〇年代以降、都市計画家たちが中心となって構築してきた体系がすでにあるのだから、まずはそれらの知見に学ぶことこそ目的への近道ではないかと思われるかもしれない。それもまたまちづくり実践のひとつのやり方であることには違いない。しかし「つばめの学校」では、まちづくりについて「考え」、「学ぶ」という時に、まずこの二つの基本的な営みそのものを自律的に機能させる必要があると考えた。自律的に考える・学ぶとは、どんな事柄に対しても、他者にコントロールされず主体的かつ批判的な態度で臨むことができることである。そしてまちづくりに寄せて言えば、つねにその場所に生きる当事者たることである。この自律的思考と学びの自覚的な涵養を抜きにして、確立された技法に倣うだけでは、まちも人も一挙に匿名性を帯び、まちづくりプロジェクトという枠組みのなかで消費されつづけることにもなりかねない。

こうした考え方にもとづき、「つばめの学校」では、

写真7　概念探究のワークショップ「哲学コレクティフ」の様子（2019年6月、ツバメコーヒー）

写真8　ツバメコーヒー（燕市吉田）

まちづくりの技法以前の「ただの学び」として、哲学を導入している。まちづくりそのものとは距離をとって、ともすればそのコンセプトに批判的な視点をもちつつ、その批判的思考を含めた思考全般を研ぎ澄ませるために、共に哲学を学ぶというスタンスである。そのさい重視している主な三つのワークとして、①問いを立て、考え、対話する、②読書会をする、③概念を探究する、というものがある。①では、子どものための哲学（Philosophy for Children）の手法として開発された「哲学対話」を取り入れている。哲学対話は、物事を根本から問い、それを自分の言葉で語り、他者のそれに耳を傾け応答するというもので、人びとが共に民主的に考えるために不可欠の態度を養う。②では、「つばめの学校」のメンバーが読みたい本を選び、感想を共有し議論をする通常の読書会としての機能のほか、本に自分を反射させ、本を地図に見立てることで、今の自分の居場所と向かうべき場所を知る機会としても位置づけている。③では、メンバーが日々働き生活するなかで気になることを「概念」のレベルに回収して、哲学書を繙いたり哲学対話をしたりとあらゆるアプローチで考える。これまで取り上げた概念には「美」「消費」「コレクティフ」「歓待」「差別」「会う」などがあった。

一見哲学サークルのようにも見えてしまうが、哲学研究者である筆者が特に主導しているわけではない。「つばめの学校」は明らかに、自由大学と同じように、元々まちの人びとがそれぞれに温めていた哲学的感覚と、筆者の実践哲学への関心が出会って生まれた活動である。また、哲学を前面に打ち出しながら、そのじつここで哲学は触媒にすぎない。「つばめの学校」で交わされる哲学的思考や言葉は、それぞれの環境に身をおく人びとの固有の生に由来するものであり、哲学という普遍的な領域を通過した後は、元の個々の場所へと新たに還っていくのである。

おわりに

「地域をつくる」とは何だろうか。筆者が哲学を通じて新潟のさまざまな人たちと交わした感覚にもとづいて応答するなら、「地域」とは「いつもの場所」であり、「つくる」とは「自ら考え、対話し、生きる力を共有する」ことである。それは、新たな事業、利益、成果や情報などを創出することに比べればずっとわかりにくい次元の営みかもしれない。しかし、哲学とは、いつもの場所で立ちどまって、気になることを当たり前のことでも何でも探究してみることである。哲学することにより、地域をつくる主体としての自分自身が確立される。そしてこの主体と主体がつねに新たに出会う場所こそが、「創生」の出発点となるのである。

〔参考文献〕
田中榮一ほか『郷土の碩学』新潟日報事業社、二〇〇四年
神林恒道『にいがた文化の記憶』新潟日報出版社、二〇一〇年
清水真木『忘れられた哲学者：土田杏村と文化への問い』中公新書、二〇一三年
森山茂樹「魚沼、八海両自由大学の成立と経過：大正期自由大学運動研究への試み」、『人文学報』第八二号、東京都立大学人文学部編、一九七一年、一四五—一七四頁
吉澤潤「自由大学運動と土田杏村の教育思想」、『教育学雑誌』第十号、日本大学教育学会編、一九七六年
長島伸一「自由大学運動の歴史的意義とその限界」、『経済志林』第七四巻、一・二号、法政大学経済学部学会編、二〇〇六年、一六九—二〇一頁
上木敏郎『土田杏村と自由大学運動：教育者としての生涯と業績』誠文堂新光社、一九八二年

自由大學へ

土田杏村

我々の自由大學の季節が来た。友よ、鍬を捨て、鎌を収めて、新らしい講義を聞く人とならうではないか。どんな新らしい呼び声が我々の耳に響いて来るか、其れを思ふのは今から大いなる楽しみだ。

我々は人間になるのだ、人間らしい人間になるのだ。かつては政治騒ぎや、村治の改良が何の役に立つか。我々は先づ自分の精神をしつかりと建設しなければならない。自分は家庭の事情で大學へまで進んで行く事が出来なかつた。けれども自分はかうして労働する事を、人間として光栄だと信ずる。さうして今は家に居ながら、此の市街の方向に、大學の講義を系統的に聞くことが出来るのは、何といふ悦ばしさだ。自分の知識は廣められて、堂々たる學者の其れにも達しよう。けれども自分は一個の農夫だ、商人だ。其處に独々たる生活の自信がある。

友よ、我々を呼ぶ自由大學の鐘は高く鳴つて居る。さあ鍬を捨て、鎌を収める時だ。我々自身の守り立てて居る學校が開かれたのだ。魚沼自由大學、八海自由大學。其れが今我々の生活を導いて来る目標だ。

我々の自由大學は、所謂夏期大學とは類を異にして居る。我々の自由大學は永年連続した講義を以て進められて行く。知識の断片を注いで虚栄を大きくするのでは無い。考へる能力を深めて人間の品位を高くして行くのだ。そして此の自由大學を、誰れからも強制せられず、自分自身の内面の要求から起らしめる機運を忍び、共同の努力で維持して行く時、何といふ壮快さだ。

我々は今、多くの計画を持つて居る。其れは此れから次第に実現せられて行くだらう。今はまだ自由大學の芽が生れ出ただけだ。枯らすも生かすも、其の責任は我々自身にある。友よ、一人でも多くの友を呼び起して、我々の新らしい講義を聞かうではないか。自由大學の鐘は今しきりに鳴つて居るのだ。

我々は所謂夏期大學のやうに形式ばかり大きく内容の空つぽなものには飽きあきした。ほんとのお祭り騒ぎの中から何が生れよう。我々の學校は丸木造りだ。枝からたがまだ葉のついた小枝が出て居るだらう。それでも其處での講義は何處までも澄みきつたものだ。晴れた八海山頂の星空のやうだ。其處での研究は何處へ突き進んで何處までも深いものだ。神秘な底深い奥沢の森林のやうだ。

友よ、自由大學の鐘は今しきりに鳴つて居る。川を越え、山を越え、草の畝に、木の葉の上に。友よ、さあ鍬を捨て、鎌を収めて待つて居た新らしい講義を貪り聞く時が来た！

杏村が自分で作ったガリ版刷アピール

魚沼・八海自由大学のために杏村が作成したリーフレット
（上木敏郎、前掲書、192頁より）

column

アートは地域を変えたか

澤村　明

新潟県の十日町市と津南町《つなんまち》を舞台として、三年に一度の大規模な屋外芸術祭が開催されている。二〇〇〇年に始まった、「大地の芸術祭　越後妻有《つまり》アートトリエンナーレ」である（以下、大地の芸術祭）。以後、同様の芸術祭は瀬戸内海や千葉県市原市などでも開催され、二〇一七年には全国で一二件以上にまで広がっている(1)。このように広がったのは、大地の芸術祭が少子高齢化に悩む中山間地域を活性化したから、とされているからだが（付表参照）、さて、その期待どおりに「アートは地域を変えた」のだろうか。

筆者ら新潟大学の研究グループでは、二〇〇六年の第三回から、大地の芸術祭による十日町市・津南町への経済効果と社会的な影響とを調べ続けてきた。芸術祭などの大規模なイベントによる経済効果は、各地で推計値が出されており、大地の芸術祭についても主催者が毎回発表している。税金を投入する以上、それだけの見返り、つまり経済効果があったかは必ず問われる。一方、社会的な影響は、関連した出来事や当事者の証言といった定性的な記録が多い。それに対して筆者らは、社会関係資本（ソーシャル・キャピタル）という概念を使って、統計を用いた定量的な計測を行っている。

社会関係資本とは、簡単に説明すると人間関係が本人にとっても地域社会にとっても良い影響を産み出す（逆もありうる）という考え方であり、重要なのは、アンケート調査などで定量的に測ることが可能だ、ということである。詳細は拙編著『アートは地域を変えたか』に譲るとして、結論を述べると、大地の芸術祭に制作ボランティアなどで参加した住民は、さまざまな交流が広がっているのに対し、参加していない住民に変化は見られない（ただし、そういう積極性のある住民のほうが芸術祭に参加する傾向にある可能性もある）。

大地の芸術祭・ボランティア参加でアート作品制作
（提供：丹治嘉彦）

大地の芸術祭の「効果」

回	開催年	入込客数	参加集落	会期中作品数	経済波及効果
1	2000年（平成12年）	162,800人	28集落	146作品	127億5800万円
2	2003年（平成15年）	205,100人	38集落	224作品	188億4000万円
3	2006年（平成18年）	348,997人	67集落	329作品	56億8100万円
4	2009年（平成21年）	375,311人	92集落	365作品	35億6000万円
5	2012年（平成24年）	488,848人	102集落	367作品	46億5000万円
6	2015年（平成27年）	510,690人	110集落	378作品	50億8900万円
7	2018年（平成30年）	548,380人	102集落	378作品	65億2800万円

注：第1回から3回までは、いわゆる「ハコモノ」建設費も含まれるため経済波及効果の金額が大きくなっている。十日町市Webサイト「今までの大地の芸術祭の記録の紹介」より編集(http://www.city.tokamachi.lg.jp/kanko/K001/K005/1454068600343.html、最終アクセス2020年6月3日)

また地域外から訪れた見学者や、「こへび隊」と呼ばれる若者のボランティアとの交流によって、芸術祭の作品を設置した集落では活性化したことが明らかになった。特に、女性が大地の芸術祭を機会に、さまざまな活動に参加し、社会関係資本も蓄積が見られるという点が目を引いた。

二〇〇〇年の初回開催までには、地元のマスコミなどでは反対意見、懐疑的な意見が多かったが、回を重ねるにつれ、そうした声は影を潜めた。SNSなどで批判は残っているものの、開催地域に良い変化を与えたことが、学術的に確認できたといえよう。

目に見える変化もある。築一〇〇年の農家をアート作品として開設した農家レストランは、芸術祭が開かれていない期間も営業しており人気がある。そのレストランに携わっている集落の主婦の中には、やがて十日町市の議員になって活躍する女性も現れた。

こへび隊に参加した東京の女子大生が、大地の芸術祭のメイン会場の一つになっている松代《まつだい》の町に、カクテルバーを開業した。こんな田舎で誰がカクテルバーなんて、といわれていたが繁盛しているとのこと。

こうした目に見える変化だけでなく、地域社会全体に見えない変化をもたらすのが、アートの奥深さだろう。

〔参考文献〕
北川フラム『大地の芸術祭　ディレクターズカット』角川学芸出版、二〇一〇年
澤村明編著『アートは地域を変えたか　越後妻有大地の芸術祭の十三年　二〇〇〇―二〇一二』慶應義塾大学出版会、二〇一四年

〔注〕
（１）美術手帖Web「2017年の芸術祭・国際展」（https://bijutsutecho.com/magazine/insight/11352）、最終アクセス二〇二〇年二月八日。

トキの野生復帰を通して考える自然と共生する社会

豊田光世

はじめに

トキという鳥をご存知だろうか。やわらかな桃色の羽が印象的な、ペリカン目トキ科に分類される鳥である。この鳥がエサとするのは、ドジョウ、カエル、昆虫など、主に水田を中心とした農村環境に生息する生きものだ。そのため人の暮らしに近い「里の鳥」として知られる。

かつてこの鳥の生息域は、台湾からロシア東部まで広がっていたという。国内でも広域に生息していたと言われている。しかし、乱獲や生息環境の悪化によって、二〇世紀のはじめ頃には、トキの姿をほとんど見ることができなくなってしまった。日本では、一九七九年、佐渡島に残るのみとなり、一九八一年には飼育繁殖のために最後の野生のトキ五羽を捕獲したことで、日本のトキは自然界から姿を消した。その後、施設内で専門家・関係者による懸命な人工繁殖の試みが行われた。しかしながら、日本のトキの繁殖はうまく進まず、二〇〇三年、最後の一羽となった「キン」が死亡したことで、トキは絶滅した。かつては各地に生息していた種、しかも*Nipponia nippon*という学名をもつ種の消失は、日本にとって極めて大きな出来事だった。

　トキを再び日本の空に戻すことはできないだろうか。この鳥の最後の生息地となった佐渡島では、中国からトキのつがいを借り受け保護増殖事業がスタートした。その後トキの野生復帰という挑戦に、地域住民、行政関係者、専門家が連携して取り組むこととなった。トキの絶滅には、人間の活動が大きく関与している。したがって、トキとの共生を実現するためには、この鳥を保護増殖するだけでなく、暮らしや産業のあり方を問い直す必要がある。トキの野生復帰事業は、「トキ」という一つの種の存続のみならず、この種をシンボルとして生きもの豊かな環境をつくる「生物多様性の保全」という目標も含んでいる。

　本章では、トキの野生復帰事業をめぐる人びとの「声」に焦点を当て、この壮大な試みの意味を考える。トキという絶滅種[1]を再導入する試みは、佐渡島という地域に特徴的な試みとしてだけではなく、小農の営みを通して形成されてきた日本の農村風景の再生という観点から、またそのことを通して生物多様性の保全というグローバルなミッションにいかに挑むかという観点からも、重要なメッセージを含んでいる。

（1）人工繁殖・野生復帰の取り組みが進んだことで、二〇一九年に環境省はレッドリストのトキのランクを「野生絶滅」から「絶滅危惧1A類」に変更した。

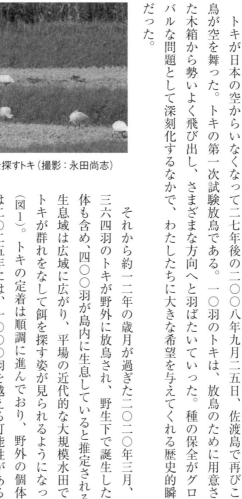

1　トキの野生復帰をめぐる思い

トキが日本の空からいなくなって二七年後の二〇〇八年九月二五日、佐渡島で再びこの鳥が空を舞った。トキの第一次試験放鳥である。一〇羽のトキは、放鳥のために用意された木箱から勢いよく飛び出し、さまざまな方向へと羽ばたいていった。種の保全がグローバルな問題として深刻化するなかで、わたしたちに大きな希望を与えてくれる歴史的瞬間だった。

図1　水田でエサを探すトキ（撮影：永田尚志）

それから約一二年の歳月が過ぎた二〇二〇年三月、計三六四羽のトキが野外に放鳥され、野生下で誕生した個体も含め、四〇〇羽が島内に生息していると推定される。生息域は広域に広がり、平場の近代的な大規模水田でもトキが群れをなして餌を探す姿が見られるようになった（図1）。トキの定着は順調に進んでおり、野外の個体数は二〇二五年には、一〇〇〇羽を越える可能性があると予想されている。

トキを再導入するという試みは、しかしながら、単純なサクセスストーリーとしては語ることができない。この挑戦には、さまざまな思いが溢れている。長年トキの保護に取り組んできた人びとの愛情、消えゆく種の保護増殖に取り組んできた人びとの苦労、環境の島として佐渡島を発展させていこうという希望、さらには農業者がトキとの共生に対して抱いていた不安もある。新潟県内の農村部には、次のような鳥追い歌が残る。

子スズメのちくしょうが、穂を三本盗んで、甘酒をつくりもうし、
ドウ（トキ）とサンギ（サギ）とよんできて、
ドウにろっぺい、サンギにさんべい、
よったよったまっかだ。手も足もまっかだ。
キンジドリ（キジ）にぼっさらせ、佐渡島へほーいほーい

トキもサギも甘酒で酔っ払わせてしまえ、キジの背中に乗せて佐渡島へ飛ばしてしまえという、遊び心に富んだ歌である。トキは農家の間で害鳥として知られていた。水田で餌を探す時、くちばしを泥の中に突き刺して、生きものを探して歩き回る。その時に、意図せずして苗を踏んでしまうのである。トキが増えることで再び苗踏みの問題に悩まされるのではないかという不安を放鳥前に抱いていた農家は少なくなかった。

水田に飛来する野鳥は、もちろんトキだけではない。さまざまな鳥が農家を悩ませる。スズメ、サギに加え、最近はウミネコが佐渡島の水田に多く飛来している。生きもの豊かな環境をつくるということは、農地をコメの生産の場としてだけではなく、命のゆりかごとして新たに価値づけていこうという試みである。このことは、生産性だけを追求してきた、近代の農業を問い直すことにもつながる。

2　生きもの豊かな里の環境の再生に向けて

　トキとの共生をめぐり農業者が抱えていたもう一つの不安は、農業者の減少や高齢化が進むなかで、手間を要するであろう環境保全型農業を進めていくことは果たして可能なのかということであった。現状を維持していくことさえ難しいのに、新たな農業に取り組むことなどできるだろうかという戸惑いである。一方で、特徴ある農業を展開していくことこそが、佐渡島の米づくりの未来を拓くことにつながるのではないかという声もあった。特に、二〇〇四年に台風で甚大な被害を受けたことから、佐渡産コシヒカリの市場は大きな痛手を負っていた。水稲栽培を中心とする島の農業は、先が見えない状況に陥っていたのである。

図2　生きものを育むために水田内に江を整備（写真：佐渡市提供）

　そうしたなか、トキの野生復帰事業は、大きなチャンスでもあった。トキの第一次試験放鳥を目前にした二〇〇六年、佐渡市、ＪＡ佐渡、有志の農業者らが他地域の視察や議論を重ね、二〇〇八年に「朱鷺と暮らす郷づくり認証制度」を立ち上げた。この制度では、農薬と化学肥料を五割削減（地域慣行比）することと、生きものが生息しやすい水田環境の創出に資することを、農業者に対して求めている（図2）。生きもの調査も年二回実施し、水田環境への気づきを促している。

この制度の特徴は、できるだけ多くの農家が参加して、環境保全型農業の面的な広がりを生み出したことである。制度開始前、トキのエサ場づくりは、ボランティアや補助金に頼ったビオトープ整備が中心だった。放鳥前年までに整備されていたビオトープ等の面積は、三〇ヘクタール程度であり、トキの定着に向けて十分な準備ができているか不安が多かったという。認証制度は、水田を生きもの豊かな環境に変えることで、こうした課題を打破するきっかけとしても期待された。

制度に参加している農家数は、図3で示す通り、最初の四年間で二・五倍に増加した。島内の主食用水稲作付農地の総面積の二割以上を占める。参加農家数は、二〇一三年をピークに減少傾向にあるものの、割合は約一〇％を維持している（図4）。すなわち、全体の農家数、農地面積が減少しているということである。また、二〇一二年には、JAが取り扱う佐渡産コシヒカリの要件として、農薬と化学肥料の五割削減が課せられるようになった。環境保全型農業はさらに島全体に広がっていると言える。

認証制度に参加している農家はどのような思いを抱いているのだろうか。二〇一八年度の認証制度参加農家に対してアンケートを実施し、ニーズや課題意識を調査した(2)。アンケートから推測できることの一つは、認証米栽培がエコロジカルな関心の広がりに寄与している可能性があるということである。認証制度に参加したきっかけを聞いたところ、「トキの野生復帰への貢献」と答えた人は一四％と低かった。一方で、このことがやりがいになっていると答えた人は三六％であった。また、農地の活用方法や新たな取り組みとして何に

(2) アンケート対象者数は、個人三九四名、法人二五名。うち、回答者数は個人二八三名、法人一八名であり、回収率は約七二％だった。

関心があるかを聞いたところ、個人の農家では「自然栽培（九八名）」や「無農薬栽培（七六名）」と回答した人が最も多かった。現状よりもさらに高いレベルの環境農法を追求することに、関心を示した人が三割以上いた。水田に生きものが増えたと実感している人は八割を超えており、そうした実感がモチベーションにつながっている可能性もある。農業と生物多様性の保全の好循環が生まれつつある。

もちろん課題もある。アンケートでは、個人農家の六割以上が、後継の目処が立ってい

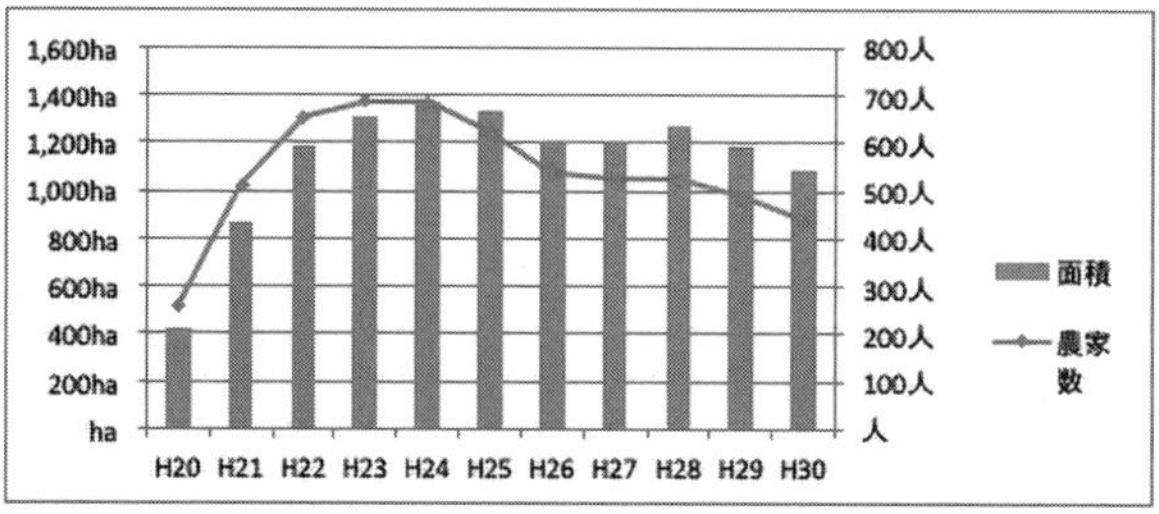

図3　認証制度参加農家数の推移（佐渡市提供）

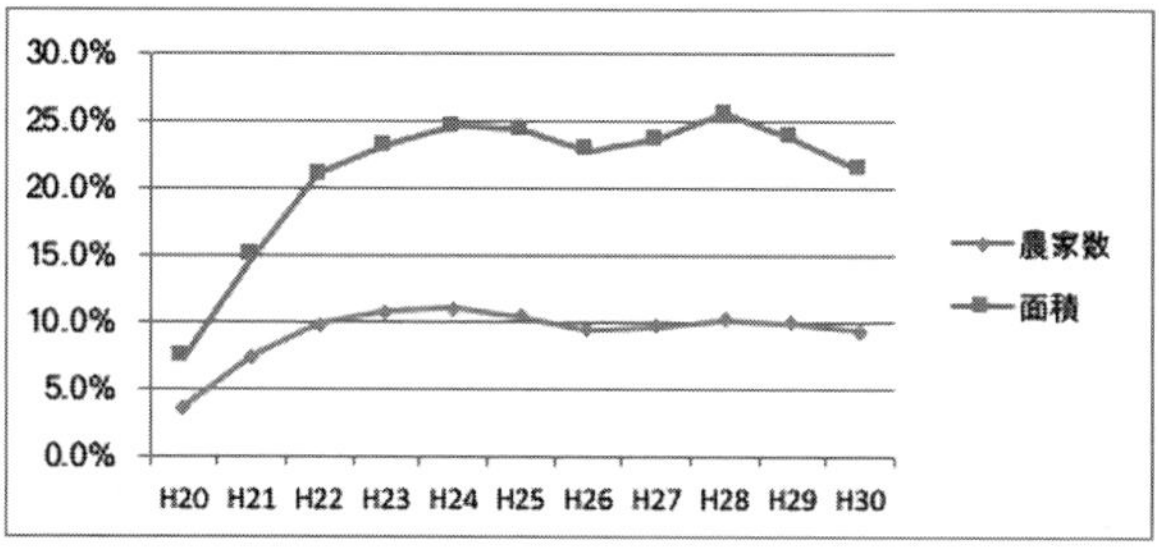

図4　認証米栽培農家数と農地面積の割合（佐渡市提供）

ないと回答している。全体の農家の数も減少傾向にあり、トキとの共生を軸に再生してきた佐渡島の農業を、今後どのように発展させていくかが問われている。その際に重要なことは、認証制度そのものを「生きたシステム」として捉え、環境の変化や農業者の声をもとに、柔軟に見直していくことである。そのための一つの試みとして、認証米農家を対象とした定期フォーラムでは、農家のさまざまな声を集める意見交換の場を設けている。制度について課題に感じていることや、佐渡の農業の発展に必要なことなどを、自由に語り合い、改善策を検討するための材料にしている（図5）。

図5　認証米フォーラムでの意見交換（筆者撮影）

一つのテーマに焦点をあててみても、考え方は人によって異なるため、さまざまな視点をもとに新たな考え方や価値を生み出す合意形成は不可欠だ。例えば、経済的なインセンティブをどのように追求するかということについて、農家の意見は分かれている。金銭的メリットが参加の動機になっている人もいるはずだが、販売戦略がうまくいっているとは言えず、農業の活性化につながっているか疑問だという声がある。一方で、認証制度の目的は、自分たちの農業を見直すことであり、経済性中心で考えるべきではないという声もある。もちろん産業として安定しなければ、先に述べたような後継者獲得の問題を改善することは難しい。経済と環境は、佐渡島の農業の両輪として機能していく必要がある。さらには、こうした問題について、消費者と共に考えていくことも重要だ。フォーラムでは、消費者が何を求めているかを踏まえて生産すべきという声もあった。環境農法のミッションは、佐渡の農業者だけでなく、都市部の消費者を含め、多くの人が共に考えていくべきテーマである。

3 世界農業遺産の島としての挑戦――失われつつある里山の風景を継承するために

トキとの共生をきっかけに展開してきた佐渡島の農業は、世界からも高い注目を集めている。新潟県佐渡市は、自然と共生する農業・農村を追求してきた取り組みが評価され、二〇一一年に国連食糧農業機関（ＦＡＯ）から「世界農業遺産（Globally Important Agricultural Heritage Systems）」として認定された。石川県能登地域と並んで、先進国ではじめての認定地となった。

世界農業遺産は、通称「ジアス（ＧＩＡＨＳ）」と呼ばれ、二〇一八年までに日本では一一地域が認定されている。同じく国連の機関が認定する「世界遺産」との大きな違いは、伝統を継承しつつも、現在なお変化しながら生き続けている農業システムを評価するしくみであり、保護や保存ではなく、時代と環境の変化に応じて活用・発展させていくことを求めていることである。生業の場としての機能を維持・向上していくことが、ジアス認定地の重要なミッションである。

ただし、今ある里の風景を未来へと繋いでいくことは、非常に困難な状況になっている。

図6　歌見地域の棚田（1970年頃）

最大の懸念は、人口減少、特に農業人口の減少である。その傾向が顕著に現れているのが、棚田地域だ。斜面勾配が二〇分の一以上の急斜面に開発された水田を「棚田」と呼ぶ。佐渡島には、中山間地域等直接支払制度の集落協定のうち、棚田を有するものが一六九もあり、その総面積は二〇〇〇万平方メートルに及ぶ。[3] ただし、島を訪れても、棚田の風景を目にする機会は少ない。こうした棚田は段丘や山の斜面に作られているため、海岸沿いの佐渡一周線（新潟県道四五号線）を車で走っていても、ほとんど見ることはできないのである。実は、佐渡島には段丘が多い。段丘の面積は、低地の面積の二・五倍にのぼるという。

佐渡島に棚田が多く開発されたことは、江戸時代の金山開発と深く関係している。鉱山技術の発展で島の人口は爆発的に増加した。そうした状況の変化に応じて、新田開発が進んでいった。佐渡の農村風景は、産業とのつながりで発展したものであり、文化遺産としてもユニークな価値を有する（図6）。

棚田の特徴は、一枚の水田の面積が小さいということと、畦畔の面積が広いということだ。つまり、平場の水田と比べて、非常に多くの手間がかかる。そのため、放棄が急速に進んでいる。こうした問題は佐渡島に限ったことではない。全国の中山間地域で同様の問

（3）佐渡市農業政策課提供、中山間地域等直接支払交付金第4期対策のデータにもとづく。

題が深刻化している。ジアス認定地である佐渡は、こうした観点からも先駆的な取り組みを進め、他地域のモデルとなっていくことが期待されている。

地域の多彩な農業の風景を守るために、わたしたちに何ができるのだろうか。農地を農作物の生産に留まらずさまざまな観点から価値づけていくこと、例えば、生きものの命を育む場として、美しい景観として、学びの場として、あるいは防災インフラとして評価していこうということは、「農業・農村の多面的機能」というコンセプトのもと日本各地で取り組まれてきた。こうした考え方の重要性は広く認知されるようになったものの、多面的機能を維持する、あるいは高めるために何ができるかということについて、まだ十分な答えが見出されていない。農業・農村をめぐる課題は、食にかかわることであり、わたしたち一人ひとりがつながっているはずだ。トキの野生復帰に取り組んできた佐渡島の重要なミッションは、環境と農業の持続的な発展について、これまで蓄積してきた経験をもとに、島内外の多くの人と共に考える機会を創出していくことである。

〔参考文献〕
国松俊英『最後のトキ　ニッポニアニッポン―トキ保護にかけた人びとの記録』金の星社、一九九八年
佐渡市教育委員会・佐渡ジオパーク推進協議会『佐渡島の自然（地学編）―ジオパーク解説書』改訂版、二〇一七年
豊田光世「朱鷺と暮らす郷づくり認証制度の評価レポート」二〇一九年（unpublished）
豊田光世「トキとの共生をめぐる新たな挑戦―生きもの育む農業をめざして」『WILDLIFE FORUM：野生生物井戸端会議』二四、二〇一九年
油田照秋「トキ―保全の歴史と現在の生息状況」『WILDLIFE FORUM：野生生物井戸端会議』二四、二〇一九年
渡辺竜五「人とトキがともに生きる島づくりを目指して」『野生復帰』二、二〇一二年

column

新潟が誇る米作り——湿田の技術——

森　行人

新潟県は米どころとして知られ、とりわけ越後平野は水田が広がる稲作地帯である。二〇一八年度の新潟県の水稲収穫量は六二万七六〇〇トンで都道府県中最大、県下では越後平野中央部に位置する新潟市が市町村別で第一位となっている。

この新潟市域の水田が、わずか一世紀前に多くが湿田であったことを、現在の景観から想像するのは難しい。湿田とは収穫期にも排水できない水はけの悪い田をいう（図1、図2）。もと越後平野は低湿地が広がり、多くの潟があった。現在では鳥屋野潟や福島潟などに名残をとどめる。戦国時代末期から江戸時代前期、急速に開発が進み多くの村々が成立し、新田開発は低湿地へと対象を広げていった。

図1　湿田（本間喜八氏撮影・新潟市歴史博物館蔵）

図2　湿田の収穫風景（新潟市歴史博物館常設展示）

新田の開発は瀬替えや放水路の開削など大規模な工事だけにとどまらない。各地で村や家を単位として湿地や潟端の開発が進められた。開発の技術の一つにヤチ起こしがある。ヤチとはヨシなどが繁茂する半湿地を指す方言で、ヤチ起こしとはヤチを開墾する方法である。ヨシは地下の根茎で広がる植物であるため、ヤチを水田にするためには地上部分のヨシを刈り取るだけでなく、地中でからみ合った根茎を除去する必要がある。その作業には刃渡り六〇センチに及ぶ大形の鎌を用いた（図3）。この鎌で根茎の層を一尺四方に深く切り下げ、三本鍬で掘り起こしてその後に土を入れた。起こした根茎層をしばらく置いて、鍬などで砕いて埋め戻す場合もあった。こうしてヤチに水田を拓くことができた。

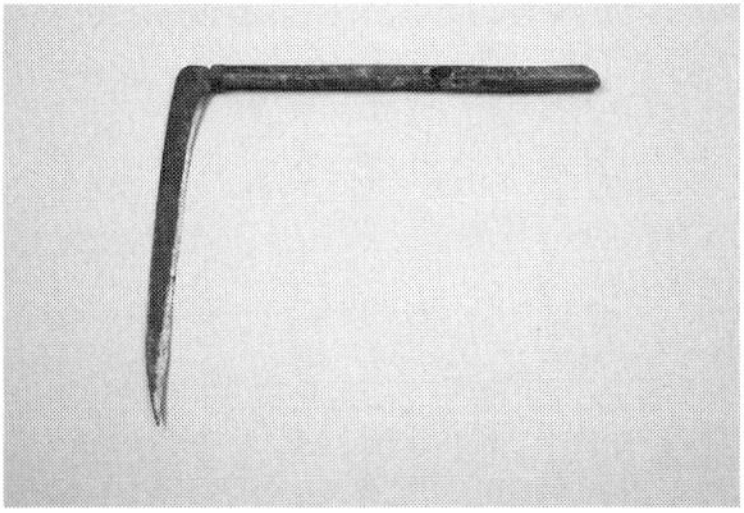

図3　ヤチキリガマ（新潟市歴史博物館蔵）

ただ、低湿地を拓いた田は湛水《たんすい》を被りやすい。そこで、田に土を入れる作業を行って、耕地を高めるよう努めた。田に入れる土には畑の土のほか、川や潟の水底に堆積する泥土（ゴミ）を用いた。水底の堆積物を浚う仕事を土取りやゴミカキと呼んだ。潟や川の水面に舟で漕ぎ出し、舟の上から長い柄を付けたジョレンという道具で水底の堆積物を掻き上げた。水底の堆積物を入れることで、地力を上げる肥料としての効果も得られた。重い泥土を水中から舟いっぱい掻き上げる仕事は大変な苦労を伴ったが、低湿地の農家では非常に重要な仕事とされた。

湿田を維持する技術は田の作り方にも見られた。収穫を終えた冬の間、湛水した田は広々とした湖面の様相を呈した。ここに季節風が吹くと波が生じ、土を塗り立てた塗り畦《あぜ》は波を受けて崩されてしまう。そこでヤチを開墾する際にヨシを残したり、ヨシを植え付けたりして畦とした。これをカヤ畦等と呼び、風浪による表土流出を抑える工夫であった。

湿田で使われた農具にも低湿地の特色が見られる。その一つが田舟《たぶね》である。田舟とは田で苗や肥料等を運搬する、全国的に広く使われた道具である。箱や桶など多様な形状のものが使われたが、新潟市域の農村で使われた田舟は乗用の舟と相似した形状を持つ。この型の田舟をキッツォ等と呼び、乗用の舟に比べれば小形であるが、全長は二、三メートルに及び田舟としては大きい。水を吸って重い稲の運搬には、舟の浮力を活かした運搬が合

図４　イタアワセ型の乗用の舟（新潟市歴史博物館蔵）

理的であった。田の中ではキッツォを綱や手で押し引きして稲を運び、乗用の舟に積み替えて稲架場や集落へ運んだ。乗用の舟はイタアワセ等と呼ばれ、水路や潟を使った水上交通や収穫物の輸送、ゴミカキや客土《きゃくど》、様々な用途に用いられた（図４）。現在の新潟駅の南側はかつて湿田の多い地域であり、明治初期に戸数の倍に及ぶ舟を所有する集落もあった。舟農業と呼ばれるほど、新潟の湿田農業では舟の利用が欠かせなかった。

また、湿田は稲の生産だけの場ではなかった。かつて水田は水路を介して潟や川、海とも接続する水域であった。様々な魚が入り込み、農閑期にも湛水する湿田は農家の漁撈《ぎょろう》の場でもあった。夏には水田や水路でドジョウ捕りを行い、おかず捕りや小遣い稼ぎとした。冬には氷結した田の水面下に潜む魚の追込み漁を行い、仲間との楽しみの一時にもなった。

湿田は低湿地農業の技術が結実する場であり、低湿地の生活文化が展開する場でもあったのである。

〔参考文献〕
金塚友之亟『新潟県民俗学会叢書　蒲原の民俗』野島出版、一九七〇年
新潟市歴史博物館『蒲原の二〇世紀』二〇〇九年
新潟市歴史博物館『開墾の技術史』二〇一二年
農林水産省大臣官房統計部『平成30年産水陸稲の収穫量』二〇一八年一二月
（https://www.niigatamai.info/files/elfinder/seisaku_syukaku/index-60.pdf）最終アクセス二〇二〇年三月三〇日
北陸農政局統計部統計企画課『平成の米　新潟県』二〇一九年七月
（http://www.maff.go.jp/hokuriku/stat/）最終アクセス二〇二〇年三月三〇日
安室知『水田漁撈の研究』慶友社、二〇〇五年

原発を争点とした住民投票運動とその記憶の継承

渡邊　登

1　新潟県旧西蒲原郡巻町における原発建設計画の顛末

新潟県西蒲原郡巻町《にしかんばらぐんまきまち》の名が、全国に知れ渡るようになったのは原子力発電所建設計画の是非を問う（住民投票条例に基づく）住民投票が全国で初めて実施されたことによる。(1)本章では住民投票運動成功の立役者として「巻原発・住民投票を実行する会」（以下、「実行する会」）に焦点をあてて考察していくが、「実行する会」の活動の背景には「二七年間に及ぶ長く厳しい地元町民の原発反対運動があったことを見逃してはならない」ことも確認しておきたいと思う。(2)

なお、後で詳述するようにそれまでの巻町の上意下達的な意思決定スタイルの転換に決

（1）　住民投票条例の公布は一九九五年七月。それまでに原発建設に係る住民投票条例は一九八二年七月窪川町、一九九三年二月三重県南島町、同年一〇月宮崎県串間町で、それ以後に同年一二月に三重県紀勢町で公布されたが、実施はされていない。

（2）　中村正紀『明日への伝言　巻原発35年の闘いの全記録』ブリコール、二〇一七年。

定的な役割を果たしたのは「実行する会」であるが、「青い海と緑の会」（以下、「緑の会」）にも触れておきたい。「緑の会」は町民から政党・労働組合主導と捉えられてきた原発建設反対運動に従来参加していなかった女性層とりわけ主婦層に運動を拡大し、反対派の運動に新たな展開をもたらしたグループである。「運動のプロ」による従来の反対運動に違和感・疑問を感じ、その意思表明の場を希求していた人々に彼らの目線から語りかけ、日常生活の延長線上の身近な存在へと原発反対運動を転換した功績は非常に大きい。紙幅の都合で今回は説明出来ないが、詳細については（渡邊、二〇一七）をぜひ参照してほしい。

さて、東北電力による原発建設計画が公となったのは一九六九年六月三日の新潟日報による。これに対して、様々な住民グループによって反対運動が展開されたが、原発が差し迫ったものという認識が町民には弱かったため拡がりに欠けていた。また、原発問題が町の権力をめぐる保守系の政争の具とされたり、建設予定地内の土地の所有権をめぐる訴訟問題などで、足踏みを続けていた。

この問題が動きはじめたのは佐藤莞爾町長の二期目の終わりに差し掛かった一九九四年三月であり、彼は公約であった原発建設凍結の解除を言明し原発推進に転じ、八月の町長選挙では原発建設問題が大きな争点として浮上することとなった。選挙では、推進の佐藤莞爾町長、慎重の村松治夫氏、反対の相坂功氏の三者の闘いとなり、原発推進の佐藤氏が九〇〇六票を獲得して三選を果たし、これで町有地売却、原発建設へと一気に進むかにみえたが、慎重派（六二四五票）、反対派（四三八二票）の得票数合計が佐藤氏の得票を大きく超える状況で、原発建設推進の姿勢に、住民から様々な疑問が示されることとなった。

そこで、町長選挙の結果は原発建設に関してその是非を問う住民投票の必要性を示していると主張する「巻原発・住民投票を実行する会」が自営業者を中心に結成される。[3]

この会は原発建設に対しては推進、反対の立場をとるものではなく、その意思決定は住民によるべきであると主張した。これまで、原発問題に全く関与してこなかった、どちらかといえば「体制側」にいた町の有力自営業者が、表舞台に登場し意思表明を行ったことは、この問題を「タブー」視し、沈黙を守っていた大多数の住民に与える影響は大きいものがあった。[4]この動きに対して原発反対派は、大同団結し「住民投票で巻原発をとめる連絡会」（以下「連絡会」）を結成し、同会と住民投票の成功を目指していくこととなる。

「実行する会」は町長に住民投票の実施を申し入れたが拒否されたため、九五年一月二二日から二月五日にわたって全国で初めて自主管理による住民投票を実施し、投票率四五・二四％（有権者数二万二九三九人、投票総数一万三七八人）で原発建設反対が九八五四票、賛成が四七四票と、九五％が反対の意思を示すという結果となった。これに対して、佐藤町長は「民主主義のルールに基づいた行為ではないので行政は拘束されないし、町政に影響も与えない」（「朝日新聞」、九五年二月七日）として、それに呼応するかのような東北電力による町有地売却申し入れに応じて、そのための臨時議会の開会を強行しようとした。これに対して反対派は町役場で座り込み等の抗議行動を行い、議会を流会に追い込む。一〇年程前にも第一次公開ヒアリング時の阻止行動（八一年八月）があったが、そのときは労働組合による動員主体のものであった。しかし今回は今までこのような活動に参加したこともない一般町民の主体的な行動によって町議会を流会にしたのであり、今までの原発建設反対運動とは様変わりした状況であった。

その後「実行する会」「連絡会」では同年四月の町議選で二二議席中一二人の「条例制

（3）「巻原発・住民投票を実行する会」趣意書による。

（4）渡邊登『「核」と対峙する地域社会』リベルタ出版、二〇一七年、二四頁、なお初出は伊藤守・渡邊登・松井克浩・杉原名穂子『デモクラシー・リフレクション』リベルタ出版、二〇〇五年、二五頁（以下、『リフレクション』と略称）

定派」を誕生させ、議会勢力の過半数を占めたが、推進派の水面下での議会工作により勢力が逆転し、条例制定の可能性が遠のいたかのように思われたが、案に相違して六月議会で条例は可決される。これに対して推進派は条例改正の直接請求を行い九月議会で成立させ、実質的に住民投票条例の無効化を図った[5]。

これに対して「実行する会」は佐藤町長に対するリコールを宣言し、「連絡会」と協力をしてリコール署名運動を開始し（一一月一四日）、一万二三一名の署名簿を選挙管理委員会に提出する。佐藤町長は辞意を表明し、九六年一月二一日に「実行する会」代表の笹口氏が新町長に選出され、九六年八月四日住民投票が実施される。その結果、投票率が八八・二九％（当日の有権者数二万三二二二人）、反対一万二四七八票（六〇・八六％）、賛成七九〇四票（三八・五五％）と反対が六割を占めることとなった。笹口町長は「結果を尊重して原発予定地内の町有地は（東北電力に）売却しない。売らないことで原発建設は不可能になる」と言明し、「（二〇年以上にわたって）十分な情報を得ながら原発問題を考えてきた町民が原発とは共生しない道を選んだ。この結果は世代交代が行われるまで、町長が変わろうが、議会が改選されようが絶対に尊重されなければならない」と強調した（『新潟日報』一九九六年八月五日）。巻町での原発建設は困難になったはずであったが、議会での過半数を占める推進派によって思う通りには進まなかった。

「実行する会」は住民投票条例制定を公約に掲げながら当選後「原発推進派」に鞍替えし、笹口町長の脱原発に向けた町政に徹頭徹尾反対をしているS議員に対するリコール運動を開始して法定数の署名を集め、九月にリコール投票が実施される。解職賛成は有効投票の約三分の二を占める六〇七七票となり、リコールは成立した（『新潟日報』一九九七年九月八

（5）　施行後九〇日以内と規定されている実施時期を町長が議会の同意を経た時点に改正するというもの（『朝日新聞』一九九五年七月二九日参照）。

日）。投票率が四一％と低いことは、このリコール運動に対する一様ではない住民評価を示しているものとも言えるが、「公約違反」に対して住民が厳しい審判を下したことは、公約とは主権者と議員の「契約」であり、それが代議制民主主義の根幹をなすことを再確認させたわけで、「実行する会」の活動は高く評価すべきである。

とは言っても、次の議会選挙（九九年四月）においては「原発問題は終わったとする」言説が流され、原発が争点とならず、推進派が過半数をしめ（二二人中一三人）、状況に変化を起こすことはできなかった。このままでは翌年予定されている町長選挙で同様の「争点隠し」の中で敗北することになれば、「巻原子力発電所一号機、二〇〇二年度着工、二〇〇八年度運転開始」という計画を変えない東北電力が推進に向けた攻勢に出ることは火を見るよりも明らかであった。

このような情勢の中で八月三〇日笹口孝明町長は原発予定地内にある町有地の一部を随意契約で「実行する会」メンバーなど町民二三人に売却する。同町長は売買の目的について「住民投票で示された（『原発ノー』という）町民の意思を、町政に反映させるため」と説明をした。推進派側から「町長が代われば、町有地を売ればよい」との声が聞こえ始めたため、危機感を感じていたのである（『毎日新聞』一九九九年九月三日新潟版）。その後の町長選挙で笹口氏の対抗馬として前町農政課長田辺新氏が立候補し、笹口氏が争点を原発問題の最終決着（国と東北電力による計画撤回）としたのに対して、田辺氏は「町づくり政策」と主張し議論は全く噛み合わない状況であったが（同新聞、二〇〇〇年一月一〇日、新潟版）、同氏は推進派の支持を受けており、町長選挙は再び原発建設をめぐる対立の構図となった。結果は笹口孝明氏が二六七票という僅差で再選を果たす。

選挙後、推進派は町有地売却に対する住民監査請求を退けられると、監査結果を不服として住民訴訟を行うが（二〇〇〇年四月）、翌年三月新潟地裁は「住民投票の結果に基づいて原発計画を推し進める余地がないようにした町長の判断は不合理といえず、裁量権を逸脱しておらず違法ではない」と原告の請求を棄却、最終的に最高裁でも棄却され（二〇〇三年一二月一八日）推進派の敗訴が確定する。これによって巻町における原発建設は事実上不可能となり、東北電力は建設計画白紙撤回を表明することとなった。

2　巻町で原発建設計画を撤回することが出来たのはなぜか？

巻町が位置していた西蒲原郡には「西蒲選挙」という言葉があった。買収などの選挙違反が横行する西蒲原地方の選挙を指す言葉で、巻町の住民投票運動を追ったBSN（新潟放送局）のドキュメンタリー「原発に映る民主主義～巻町民二五年目の選択」（一九九五年五月二七日放送）では辻々に選挙運動員が立ち相手陣営の動きを一晩中監視している姿が映し出され、この選挙の過熱ぶりが金権選挙を産み出したと説明する。

ある社会学者は日本の地方政治について「国政、県政の保守政治の底辺構造を構成」し、「このパターンは、地域社会における日常の社会的諸関係を直截に反映」すると指摘している。「機能的にはこの日常的諸関係が、本来の保守政党の下部組織が果たすべき政治的機能を代替している関係」つまり、「社会的なものが政治的なものに置き換えられている」という構造だという（間場、一九八三：一一頁）。巻町の町政はこの典型とも言えるものである。ここでいう日常的諸関係とは血縁、地縁、仕事の関係を指す。もちろん、このような日常的な様々な関係によって日常生活は成立しているが、それが人々の自立的な、主体的な決定を縛ることになるとそれは問題である。巻町で反対運動が拡がらなかったことに対して、当初から反対運動を担い、後に「実行する会」にも参加したAさんは

「あの頃は、町の組織というのはみんな捕まえられているわけですね。区長とか地区の青年団とか、そういうのが全部捕まえられている」[6]

としつつ、実際には多くの人からこっそりとカンパをもらったりしたと述懐している。反対の意思があっても、表面的には原発賛成を装い、内心忸怩たるものを感じていた層が厳然と存在して密かにカンパをし、エールを送っていたというのだ。おそらく、その後ろにはさらに一切の働きかけすら出来ない多くの住民がいたことはその後の巻町の顛末から考えると容易に想像ができる。[7]

このような状況の中でなぜ巻町で住民投票運動によって原発建設計画を撤回に追い込むことが出来たのだろうか。これを理解する鍵は「実行する会」を立ち上げた自営業者層のもつエートスにあるのではないかと思う。それは彼らが地域で生業を営む上での生活態度＝智恵とでもいうべきものである。

彼らは既存の地域における「枠組み」（＝既存の秩序構造）は決して踏み外さない。ここでいう「枠組み」とは地域社会の政治権力構造から日常の社会関係・規範・慣習、町民の（潜在的）意識・世論を含みうるものの総体と規定できる。彼らの活動は常に既存のこの「枠組み」との摺り合わせが基本になる。既存の枠組みとの摺り合わせは「地方」においては決定的に重要である。この「枠組み」との整合性を図りながら、自らの意思の現実化を企

（6）前掲書、一一〇頁

（7）同、一一四頁

図する。原発建設計画に対する住民投票の提起は、原発建設推進を唱える町当局への公然たる異議申し立てにはならない。つまり、「枠」を踏み外していない。住民投票への賛成は、原発に対する意思表明にはならないからである。ただし、それは既存の意思決定方式に対するラディカルな批判となる。[8]

「実行する会」のリーダーの一人であり、私が最大のキーパーソンと考えるBさんは、次のように指摘する。

「住民投票という言葉は、原発反対と同じような意味合いの中で使われているけれども、原発反対とは言ってないわけよ。住民投票と言っているんだから、非常に言いやすいかたちで、話が浸透していくというかたちはありますね。[9]」

少なくとも町が原発建設推進を唱えている以上、それに公然と異議申し立てを表明することなど出来ない。しかし「住民投票」に賛成であれば原発に対する意思表明とはならない。

この文脈の中で「実行する会」の活動を考えたとき、その成功への転轍点は自主管理の住民投票にある。先ほど触れたドキュメンタリーでは自主管理の住民投票に対して推進派がいかに危機感を持って、総力を挙げて阻もうとしていたのかを描いている。その典型的なシーンは町連合区長会の会長が住民投票に行かないようにチラシをもって商店街を配って歩いている姿である。原発推進派からの要請で区長までが自主管理の住民投票のボイコットに加わったことを示している。

（連合区長会会長は記者のインタビューに答えて）「行政の方針に従って、行政がいろいろこう方向について、各区長はそれについて協力していくのは当然のことですから[10]」

（8） 渡邊、前掲書七七〜七八頁

（9） 同五九頁

（10） 同、五二〜五三頁

住民にとって区会は日常的な社会関係の基礎であるから、住民がこのような働きかけに抗して投票所に足を運ぶことは非常に厳しかったのは容易に想像できる。

「条例に基づく住民投票であろうと、あのハードルを越えるよりももっと簡単に越えられたんだと思いますよ。巻の町民にとって、反対の表明をするというのは初めてのことです。あのハードルの高さというのは、桁違いの高さだったんだと思います。たとえ自主管理であろうとも、自主管理であればあるほど、自分たちがそこに行って投票しようという行為というのは、彼らにとってものすごく高いハードルであって、切実なことだった。」（Bさん）[11]

それは自らの意思を白日の下で表明することが、それまでの巻町の政治作法の対極にあることを痛感しているからであった。したがって、町民が意思を表明するのに出来るだけ負担の少ない方法として、一五日間の投票日程、午後九時までという投票時間、そして居住地域に限らず、「実行する会」事務所の同じ敷地内に設けた投票所での投票を可能にするなどの方策を講じたのである。その結果が投票率四五・二四%、原発建設反対九八五四票、賛成四七四票と、九五%が反対の意思を示すということになった。

原発建設反対は決して少数派ではない、ここで今まで声に出せなかったサイレントマジョリティの意思がはっきりと人々の目に見えることとなった。町民は堂々と自分の考え、意見を言って良いのだ、この町の雰囲気の変化がその後を決定づけたと言えるだろう。もちろん、この後に続く一連の出来事、町議会議員選挙の勝利、薄氷を踏む住民投票条例の制定、同条例の改正（推進派による住民投票無効化の企て）、町長リコール運動、住民投票派町長の誕生、町議会議員選挙での敗北、町有地売却、それに対する推進派の町有地売却

（11）前掲書、五三頁

無効訴訟、同訴訟の最高裁棄却、そして東北電力の原発建設計画白紙撤回表明にいたるまで、様々な駆け引きが繰り広げられたが、この自主管理の住民投票の成功に全てが集約されているというのは実行する会のリーダーたちの共通の見解である。[12]

それ以降、人々は地縁、血縁、社縁による日常的な社会関係で規定され（拘泥され）、上意下達的であった意思決定構造から自由となり、主体的な意思表明を行うことが可能となった。

3　地域の「記憶」としての住民投票運動

巻町は住民投票で原発建設にノーを突きつけ、建設を撤回させた。最高裁による棄却決定が出されたときは、町長選挙を一月一〇日に控えており、原発問題を最重要争点として笹口町長の支持を受けた「住民投票を実行する会」の前町議高島敦子氏と前回選挙で「推進派」に「側面」支持されて立候補した元巻町農政課長田辺新氏との対決構図が鮮明となっていた。しかし、原発問題で二分されていた「町の空気は明らかに変化した。原発さえ決着すれば、みんな早くあの住民投票前の地域の絆、人間関係を取り戻したいのだ。街宣車に手を振ってくれる人の数も目に見えて減って」いったという。[13]

結果は田辺氏が当選し、新潟市との合併の可否を問う住民投票が八月八日に実施され、賛成六一・八％ 反対三八・二％と合併賛成が過半数を上回り、結局、巻町は二〇〇五年一〇月一〇日に新潟市に編入合併されることとなり、一八九一年からの一〇四年の歴史を

（12）　原発建設計画が明らかになって以降、反対運動に取り組み、その後「実行する会」でもリーダーの一人であった高島民雄はその著書『もう話そう　私と巻原発住民投票』現代人文社、二〇一六年で「巻原発住民投票運動を勝利に導いた最大の要因は、それはこの自主管理の住民投票派の成功にある」と断言している（七六頁）。

（13）　高島民雄、前掲書、一〇二頁

閉じた。[14]

しかし、その後も乗り越えがたい対立構図が存在していた。巻町の「中心街はくしの歯が欠けたようにシャッターを下ろした店が目立つ。（中略）不況も相まって、元原発推進派の間では長く『原発さえあれば、交付金が入り、こんなに町は疲弊しなかったはずだ』という不満がくすぶってきた」という。[15] 当時の推進派町議を束ねていたC町議会議長も新潟日報へのインタビューで「原発論議といえば安全より町の活性化のことばかりだった」と答えており、推進派の間では「大規模プロジェクトでいかに原発マネーを呼び込み、地域を発展させるかの方が大事」（建設会社役員）との考えが主流だったのである。[16]

それが二〇一一年の三月一一日の東日本大震災による福島第一原発事故によって一変する。元推進派の間でも、結果的に原発が建設されなかったことへの安堵《あんど》感が広がったという。推進派の議員の一人はテレビのインタビューで次のように言っている。

「（推進派には）原発の交付金を利用した中で住民を増やし豊かにしていこうという考えがあったと思いますよ。町づくりが進もうが進むまいが住民が望んだことじゃないですか」

住民投票によって町が豊かになる機会を逸したことを後悔しつつ、しかしながら

「ある面では住民投票が行われて結果が出たことは今になってみればよかったのかもしれませんね。今になって思えばね[17]」

当時原発建設を推進しようとしていた人々が全てが変わったわけではないが、少なくとも建設されなかったことの安堵感が拡がったことは事実だろう。

この年に非常にシンボリックな出来事があった。九月一日に東北電力巻営業所の跡地に巻図書館が開館したのだ。ここは原発建設計画を地元で強力に推し進めるために巻原子力

(14) 「新潟日報」二〇一一年八月二八日一二版 二八頁

(15) 同上

(16) 同上

(17) BSNNEWS「ゆうなび∇原発NOの民意・巻住民投票二〇年」（二〇一六年八月二日）での元推進派町議へのインタビュー

新潟市立巻図書館

建設準備本部が設置されていた場所であった。旧巻町の住民らは以前から図書館設置要望の声を上げており、二〇〇五年一〇月の新潟市への合併の際に図書館建設事業が合併協議で盛り込まれ、その用地として同所を新潟市が購入し、開館となったのだった。この図書館の開館に当たっては二〇〇七年一一月に市民による「巻図書館を応援する会」が結成され、二〇〇八年度の基本設計・実施設計の段階から、市（中央図書館）との意見交換会・懇談会が重ねられていた。主なものでも同年一〇月一五日の同会と図書館との懇談会を皮切りに、二〇〇九年の一二月までに七回にわたる公開での意見交換の場を設けている。巻図書館は市民と行政の協働によって作られたのだ。この図書館に特徴的なのは、原発・住民投票の関連書籍コーナーが設けられていることである。二〇〇八年二月二六日に開催された会合では「新図書館に要望すること」として、そのコンセプトを「お年寄りや子供にやさしい図書館」「地域の人に喜ばれる図書館」とするとともに、《蔵書》について「巻独自の図書・資料の充実」がその一つに挙げられており、具体的には自然風土、伝統芸能、郷土史より先に、「原発問題に関する記録＝市民活動、住民投票、電力会社の記録」が挙げられている。ただし、「図書館に関しては誰でも推進のひとも反対の人もみんな来てもらいたいから、こう色眼鏡で見てもらいたくないと思ったので」、原発が強調されることは避けたいと思っていたそうだ。ただ、その雰囲気が「がらっと変わった」のが福島第一原発事故だったという。市民にとって図書館とは何か？　試行錯誤していく中で辿り着いたのは何だったのであろうか。

「市民が自分から何かを探して、調べて、そしてそれをまた発信していくっていうようなことをするためにこの図書館は絶対必要なものだ」「市民が自分から足を運んで、自分で調べてっていう自立的な行動をするために」必要なのが図書館であるということだ(18)。巻町では市民が問題を提起し、行動し、解決するという営為は住民投票で学んできたことである。

巻町の住民投票運動による「社会的学習」は地域における様々な葛藤がありつつも地域の記憶として継承されている。おそらく、この図書館という場も地域の記憶を紡ぎ、その記憶は絶えず参照され、また新たに紡がれていくだろう。たえず参照される「地域の記憶」としての意味づけが与えられていくのだ(19)。

〔参考文献〕

間場寿一編『地域政治の社会学』世界思想社、一九八三年
M・アルヴァックス、鈴木智之訳『記憶の社会的枠組み』青弓社、二〇一八年
伊藤守・渡邊登・松井克浩・杉原名穂子『デモクラシー・リフレクション』リベルタ出版、二〇〇五年
高島民雄『もう話そう　私と原発住民投票』現代人文社、二〇一六年
中村正紀『明日への伝言　巻原発三五年の闘いの全記録』ブリコール、二〇一七年
渡邊登『「核」と対峙する地域社会』リベルタ出版、二〇一七年

（18）以上は二〇一六年八月二四日「巻図書館を応援する会」メンバーおよび元西川図書館長松原伸直さんへのインタビューに基づく。

（19）モーリス・アルヴァックスはその著書『記憶の社会的枠組み』で「社会の思考とは本質的には記憶」であるとしつつ、「それぞれの時代に、その時点の枠組みのうえに作動する社会が再構成しうるものだけが、その一つだけが存続していく」とする。

column

新潟水俣病患者の生活世界——阿賀野川と生きる(1)

渡邊　登

新潟県阿賀野川流域において第二の水俣病が発覚したのは一九六五年であるが、それから半世紀以上もの年月が経っており、多くの人々は既に解決した問題と考えている。

しかし、実際にはこの間、たとえば新潟では五次に亘る患者認定・補償を求める裁判が起こされており、第五次訴訟は提訴（二〇一三年）から六年たった今に至るも一次審で係争中である。二〇二〇年一月末までの認定申請者数延二六六六人のうち認定を受けたのは、七一五人に過ぎず、一四七六人が棄却処分を受けたという厳然たる事実が存在する(2)。実際には水俣病と闘いながらも、未だに水俣病と認定すらされない多くの水俣病患者(3)が日常生活を送っているという現実がある。新潟水俣病問題は公式確認から半世紀近く経ってもなお未解決の問題であり、水俣病被害の全貌が明らかにされていないのだ。

他方でこのような状況に対して新潟県では一年間をかけ、患者団体、支援団体、関係自治体、昭和電工、有識者で議論し、公式確認五〇年に「ふるさとの環境づくり宣言二〇一五～新潟水俣病公式確認五〇年に当たって～」を発表した。その第一項に「新潟水俣病の解決へ向けて、潜在患者が名乗り出ることのできる環境整備や、被害を受けたすべての方々が等しく患者と認められ、救済を受けることのできる恒久的な制度を確立すること」を掲げた。新潟水俣病問題は、この半世紀、少なくとも新潟県においては未だ解決されていないと公的に認識されている。この未解決の現状を踏まえつつ、若干異なる角度から、この問題にアプローチしたい。

私たちは新潟水俣病に関するこの現状を知るとたじろぐ。現在においても偏見と差別が存在し、かつそれと格闘している被害者、差別と偏見の中で苦しみ、未だに口を閉ざす人々の存在とともに、そのような現状に強い怒

写真1　旧安田町にてH氏より説明を聞く

写真2　昭和電工旧鹿瀬工場を見ながら、H氏から説明を受けている

りをもち、闘い続ける被害者像に言葉を失う。

新潟県において新潟水俣病共闘会議による同問題への取り組みは下流域を中心として展開されており、中・上流域への影響は相対的に小さかった。私はこの中流域に焦点を絞って学生とともに聞き取り調査を行った。中流域にあたる旧安田町では共闘会議が組織化を図る以前に、当時の本田富雄町長によって被害者組織として「明和会」が作られた。「明和会」は共闘会議による共同交渉への申し入れにも応じずに、独自に交渉を行っていった。当時の患者認定申請は「本人申請制度」であった。患者がみずから役場に赴き、申請をしなければならない。広く門戸を開いているかのように思われるこの制度が、人口一万人程度の関係性の濃密なこの町では、逆に申請を妨げる機能をもつ。このような閉塞状況の中から「地元で集団検診を実現させる会」（現在の「安田患者の会」〔以下「患者会」と略称〕）が結成されるのだが、この会の展開を考える意味で重要なキーパーソンがH氏であった。同問題の代表的研究者である関は「地域住民である被害者の日常的感覚に基づいた『地域のやり方』を重視し、被害者の意思と自発性とを優先させながら、それをサポートする」H氏の活動なしでは安田町での水俣病運動の展開は考えられなかったことを指摘している（関、二〇〇三：二一三頁）。

インタビューの対象者は患者会のメンバーで、一九一六年から三三年生まれの女性四人、男性二人の六人と、この会の活動のキーパーソンの

H氏であった。

生い立ち、阿賀野川との関わり、そして新潟水俣病をどのような経緯で罹患するに至ったのか、その後、その被害をどう訴え、この病気とどのように向かい合ってきたのかを話して頂いた。

阿賀野川で遊び、水浴びをし、川魚を食べ、あるいは川を行き来し、彼らにとって川との関わりは生活そのものであったことが明らかにされる。そして、その生活の中に水俣病との闘いが語られる。

川魚を毎日のように食べていて、手足が痺れて、感覚が麻痺してくる。病院に行っても決して治らない。また、その中で認定申請、行政不服運動、訴訟（そして和解）の話、さらに昭和電工本社に抗議活動に行った話も淡々と語られる。さまざまな苦しみが、なぜか「楽しげ」（にでも見えるように）に語られる。まさに、どこにでもいる穏やかな高齢者という印象を私たちはもった。

彼らが軽症というのではない。しかし、目の前にいる彼らに、私たちが求めていた水俣病患者像、被害者像は揺らいでいき、大いに戸惑い、悩む。私自身がもっていた水俣病患者の被害者像の自明性の一端が崩れ去っていく。地域社会の人間関係の編み直し＝コミュニティ再生の視点から新潟水俣病問題を考えるというテーマをもって調査に臨んだが、それは新潟水俣病患者の地域社会における日常生活世界への理解が何よりも大前提であるということに否応なく気づかされたのである。

「患者さんは可哀想でつらいもんだと。それをなんとかするためには、世論って言うかね、社会に訴えるためには、よりつらい話を求めてしまう。より水俣病患者らしい話を求めてしまう。つらい話を。でもいっくらつらい人でも、二四時間つらいままでは生きれないんですよね。」（H氏）

ともすれば私たちは一面的な患者像を作り上げてしまい、それを期待する。しかし個々のそれぞれの顔をもつ生活者であることを決して忘れてはならないのだ。

〔参考文献〕
飯島伸子・舩橋晴俊編『新潟水俣病問題　加害と被害の社会学』東信堂、一九九九年（二〇〇六年改訂新版）
堀田恭子『新潟水俣病問題の受容と克服』東信堂、二〇〇二年
関礼子『新潟水俣病をめぐる制度・表象・地域』東信堂、二〇〇三年

〔注〕
（1）本稿は渡邊登「新潟水俣病の生活世界を描く―新潟大学人文学部社会調査実習報告」『社会と調査』Ｎｏ．七、二〇一一年、一〇〇～一〇三頁を加筆修正したものである。
（2）「新潟日報」二〇二〇年二月一一日
（3）二〇〇八年に制定された「新潟県地域福祉推進条例」においては「新潟水俣病患者」を「新潟水俣病の原因であるメチル水銀が蓄積した阿賀野川の魚介類を摂取したことにより通常のレベルを超えるメチル水銀にばく露した者であって水俣病の症状を有する者」と定義する。

column

新潟における災害ボランティアから広がる文化 ——

前田洋介

阪神・淡路大震災は都市型災害の恐ろしさを人々に認識させる一方で、多くのボランティアが被災地や被災者の支援に駆け付けたため、災害時におけるボランティアの存在感を大きく高める機会ともなった(1)。同震災を契機に、全国各地に災害救援や防災に関するＮＰＯやボランティア団体が設立されていくとともに、災害ボランティアに関する全国ネットワークが構築されていった（たとえば、前田二〇一二）。そして現代の日本では、大きな災害の際には、被災地に災害ボランティアセンターが設置され、そこに全国からボランティアが集まるようになっている。ボランティア活動は、水害時における床下の泥出しなどのハード面の支援活動から、被災者に足湯につかってもらいながらコミュニケーションをとるといったソフト面の活動まで多岐に渡る。こうした災害ボランティアをめぐる動きは、同震災以降の新たな文化ともいえるだろう。

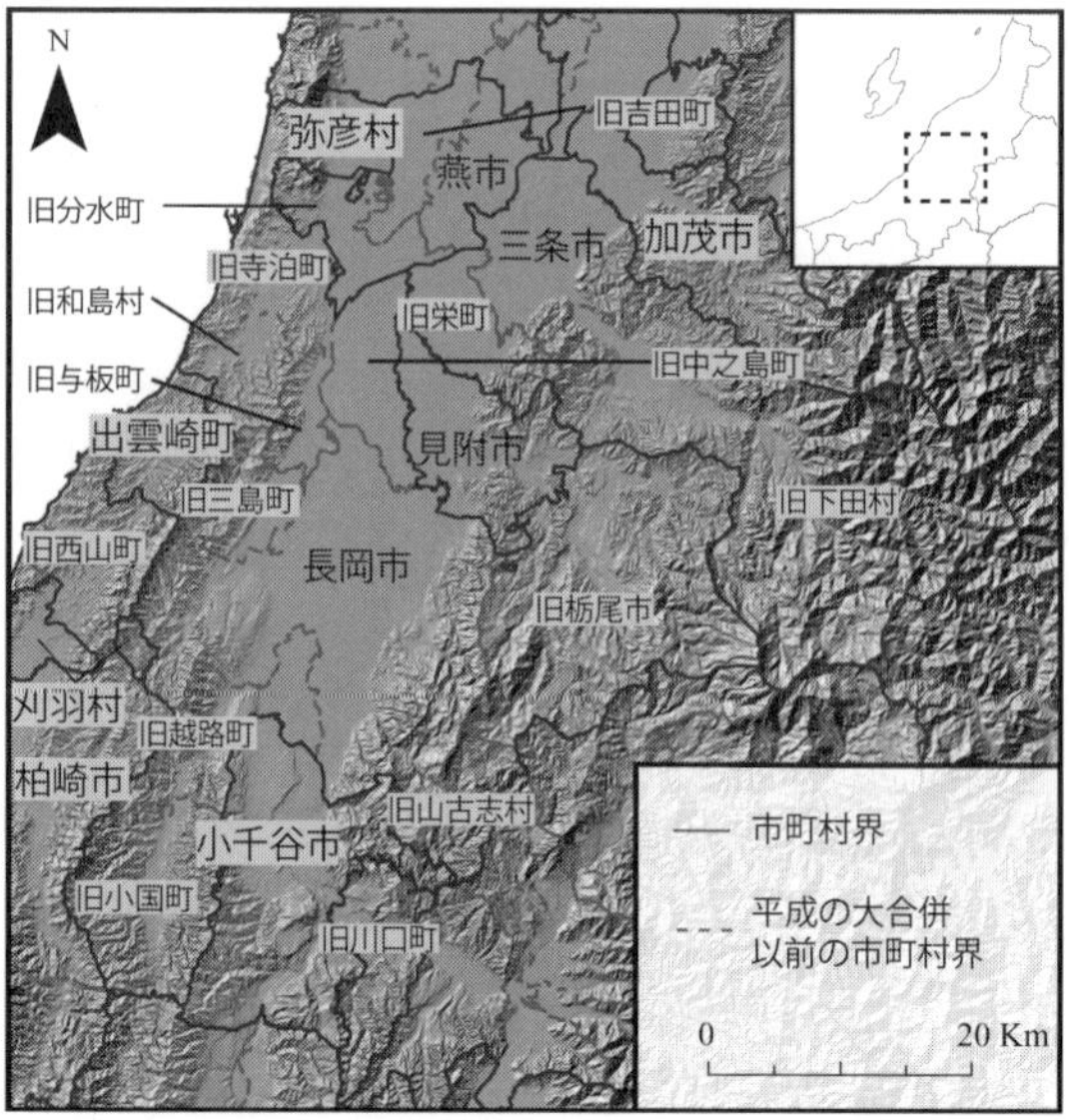

図1　中越地方の市町村界（ベースマップには地理院タイルを使用。https://maps.gsi.go.jp/development/ichiran.html）

　この文化は新潟にも根付いている。特に新潟では、二〇〇四年七月の七・一三水害と、同年一〇月の新潟県中越地震の影響が大きい。七・一三水害では、信濃川水系の五河川で一一カ所破堤するなど、三条市、旧中之島町（現長岡市）、見附市を中心に大きな被害がもたらされた（図1・図2）。また、旧川口町（現長岡市）を震源とするマグニチュード六・八の新潟県中越地震では、多数の地すべりや斜面崩壊が生じるなど、特に中山間地域で甚大な被害が生じた（図1）。以下では両災害を経て誕生した二つの団体に着目しながら、新潟における災害ボランティア活動を起点に広まった文化をみていく。

一つ目は、三条市に拠点をおくNPO法人にいがた災害ボランティアネットワーク（以下、NSVN）である。同団体の設立は七・一三水害に遡る。七・一三水害では三条市にも災害ボランティアセンターが設置され、そこには、阪神・淡路大震災でのボランティア経験者をはじめとする全国からのボランティアやNPOに加え、地元の企業や青年会議所などの各種団体、そして福祉分野などのNPO等も集まっていた。こうした支援活動の場は、同じ地域でも普段は一堂に会することのない様々な分野の人たちが集まる機会でもあった。そうした中で、この場を一過性のものにせず、災害時にはいつでも応援できる体制の構築が希求され、二〇〇五年五月にNSVNが設立された。

今日では、NSVNは国内や県内の様々な団体・組織とネットワークを構築しながら、平常時には災害や防災に関する人材育成を担っている。災害時には全国各地の被災地に災害ボランティアのコーディネーター役を派遣するとともに、学生をはじめ、多くの人に、現地で災害ボランティアを経験してもらうことにも精力的に取り組んでいる。また、被災地でのボランティア活動にはスコップや運搬用の一輪車など様々な資機材が必要となるが、NSVNは、こうした資機材の管理・貸し出しを行う、

図2　2004年7.13水害時の実績浸水深を表した水位標（新潟県三条市内）

図3　NSVNで管理されている資機材

図4　返却された資機材に寄せられていたメッセージ

国内における一大拠点となっている（図3・図4）。そして災害時における資機材の搬出や搬入もまた、NSVNの地元を中心とする多くのボランティアによって支えられている。

二つ目は、長岡市に拠点を置く公益社団法人中越防災安全推進機構である。同機構は新潟県中越地震を契機に設立された、防災力の向上や復興支援、地域おこしなどに取り組む中間支援組織である。新潟県中越地震の際にも多くの災害ボランティアが集まり、専門家とも連携しながら被災者の支援が行われた。その後、復興支援の取り組みを継続するための枠組みが模索されるようになり、二〇〇五年五月に中間支援組織の中越復興市民会議が立ち上げられた（稲垣ほか二〇一四を参照）。主な被災地が中山間地域という特性から、復興とともに地域おこしも必要とされ、「おこす・よりそう・つなぐ・つたえる・かんがえる」を核とした活動が展開されていった（図

5・図6）。後に同会議は、産官学で連携しながら研究活動等を推進していた中越防災安全推進機構と合流し現在に至っている。現在の同機構の主な取り組みの一つに、地域づくりの担い手育成が挙げられる。復興支援の過程で地域おこしや過疎対策の必要性が感じられるようになり、そこで培われた経験をもとに、地域で暮らす人たちが自分の「モノサシ」で暮らせるような、生きがいややりがいを重視した地域づくりの担い手の育成が県内外で手がけられている[2]。

また、同機構は防災力の向上や災害時の被災地の支援にも取り組んでいる。これについては、同機構が事務局を担うなど、同機構と一体的に動いているネットワーク団体のチーム中越に注目する。チーム中越はもともと、新潟県中越地震の被災者や支援者が、二〇〇七年の新潟県中越沖地震や二〇〇八年の四川大地震の被災者を募金等によって支援する取り組みが中心であった。この活動では、これまで支援される側の被災者が支援する側にま

図5　旧山古志村（長岡市）の様子

図6　長岡震災アーカイブセンターきおくみらいの館内の様子（きおくみらいは、新潟県中越地震の記憶や教訓を「つたえる」、4施設3公園から成る中越メモリアル回廊の施設の1つで、中越防災安全推進機構が運営している。同施設では、初めて訪れた人でも中越地震の被害や復興への道のりが体感できるようになっている。撮影時（2020年7月22日）には、期間限定で新型コロナウイルス感染症対策を講じた避難所モデルが展示されていた。）

わることにより、被災者自身が力づけられることにもつながった。その後、将来の災害に備えることも重視されるようになった。現在では、「チーム中越／長岡協働型災害ボランティアセンター」として、長岡市を中心としたNPOや各種団体、企業など三二組織により構成され、長岡市内での災害の際は社会福祉協議会と連携しながら、協働型の災害ボランティア・センターの設置・運営を行う一方で、県内外の被災地の支援や平常時における勉強会を実施している。

阿賀野川と信濃川の氾濫を幾度となく経験してきた越後平野に象徴されるように、新潟は災害と隣り合いながら発展してきた土地といえよう。災害ボランティアを起点とする災害や地域づくりに関する新しい動きは、新潟と災害との関係史に新たな一頁を付け加えている。そしてこの動きは新潟にとどまらず、全国各地にかかわるものとなっている。

〔参考文献〕
稲垣文彦・阿部　巧・金子知也・日野正基・石塚直樹・小田切徳美『震災復興が語る農山村再生―地域づくりの本質―』コモンズ、二〇一四年
前田洋介「ボランタリー組織を主体としたローカル・ガバナンスの形成とその地理的特徴―名古屋市の地域防災を事例に」『人文地理』六四―四、二〇一二年

〔注〕
（1）阪神・淡路大震災の起きた一九九五年は、「ボランティア元年」と呼ばれる。
（2）復興支援から地域づくりへの展開については、稲垣ほか（二〇一四）が詳しい。

新潟を醸《かも》す日本酒文化

渡辺英雄

はじめに

もう随分と昔の話になるが、私の高校時代の友人の一人が、卒業後に関東の大学へ進学した時のことである。入学後、自己紹介で新潟県出身であることを告げると、先輩や同輩たちから一様に、「スキーができる」と「日本酒が飲める」とレッテルを貼られたそうだ。その両方が苦手だった友人にとっては、なんとも苦痛に感じたそうだが、それが新潟のイメージであると言えば、そうかも知れない。では、「新潟県のイメージを三つ挙げてください」と言われたら、あなたは何を連想するだろうか。私なら、先に取り上げた友人の例に含まれている通り、「雪」、「日本酒(1)」、そして「米」と答える。実はこの三つの要素はと

(1) 酒税法上、日本酒は「清酒」と定義される(酒税法第三条第七号)。また、二〇一五年一二月には、国税庁が国レベルの地理的表示として「日本酒」を指定した。本章では特に断りの無い場合、単にお酒と標記した場合も日本酒を指す。

もに関係が深く、特に酒造りにおいては米と雪が重要な役割を果たしているのだ。そこで本章では、新潟の文化のひとつである酒にまつわる物語を綴ることで、新潟の魅力を紹介していく。

1　日本酒の「いま」

日本酒の飲まれ方の変化

新潟とお酒の関係を語る前に、まず日本酒の「いま」を知る必要がある。そのために、国内でどんな日本酒が、どれくらい飲まれているのか、またそれらが時代とともにどのように変化してきたのかを把握しておこう。

国内における日本酒の出荷量は、一九七三（昭和四八）年の一七〇万キロリットルをピークに、二〇一一年まで減少の一途を辿っていった。それ以降は僅かながら増加傾向にあったものの、二〇一七（平成二九）年現在ではピーク時の約三分の一程度に落ち込んでいるのが現状だ。図1はお酒のタイプ別[2]に課税移出量[3]の推移を示したものである。傾向として特に注目して欲しいのは、普通酒と呼ばれる安い価格帯のお酒の出荷量が大幅に減少している一方で、特定名称酒や純米・純米吟醸酒と言った比較的高級なお酒が、一定の出荷量を保ち、または増加傾向で推移しているという点である。また、図2は酒造会社の出荷金額と単価の推移を示している。この図からは、国内における日本酒の市場規模が全体として縮小していく中で、単価が高いお酒の出荷が増えていることが分かる。これらの図が示

（2）　特定名称酒とは、清酒の製法品質基準に定められた要件により分類されたもので、「吟醸酒」「本醸造酒」などが該当する。また「普通酒」とは、特定名称酒以外の清酒をいう。

（3）　納税義務を伴った出荷量のこと。

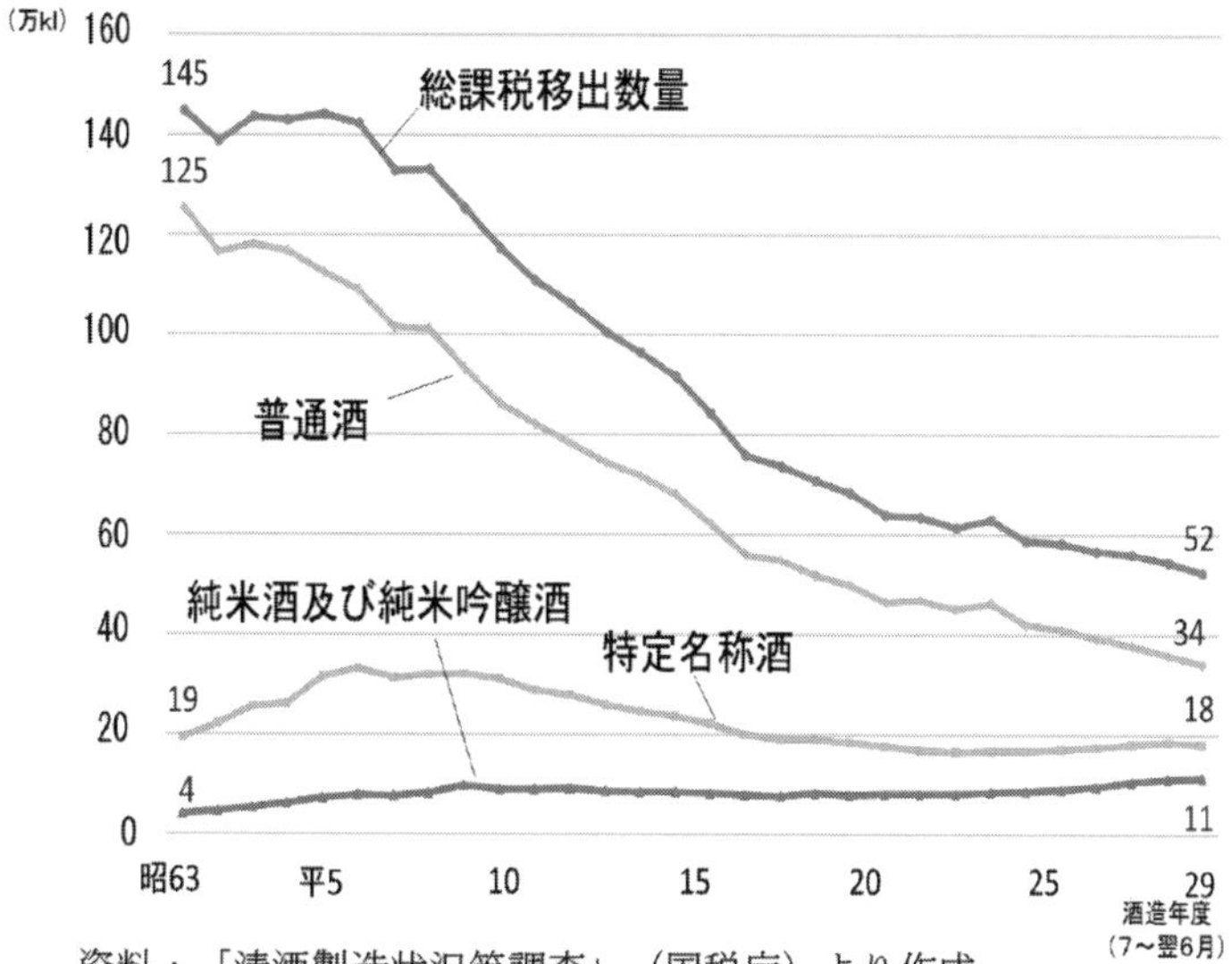

資料：「清酒製造状況等調査」（国税庁）より作成

図1　日本酒のタイプ別 課税移出数量の推移
出典：国税庁『酒のしおり（平成31年3月）』

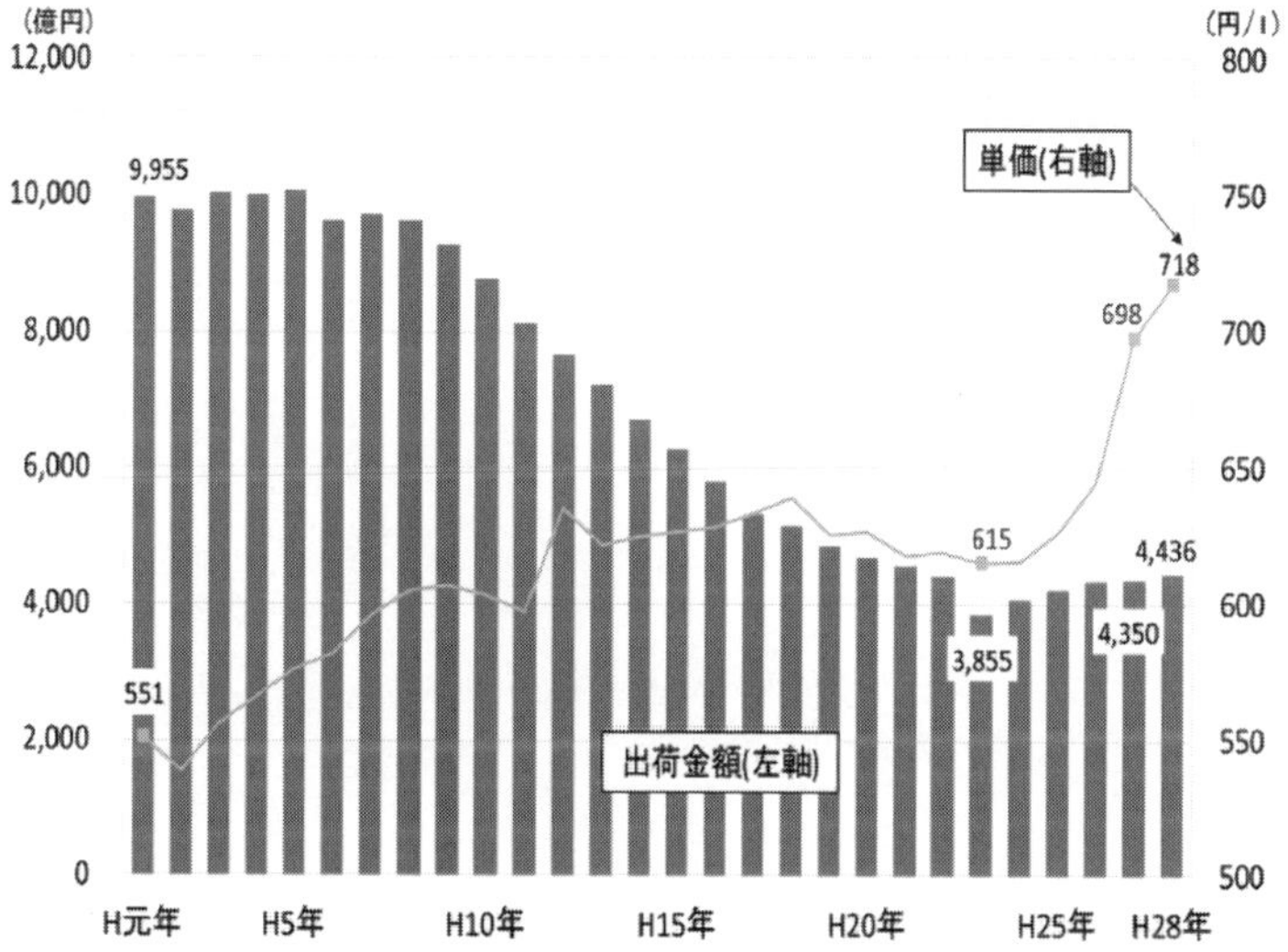

資料：　経済産業省「工業統計表」より作成
（注）　従業員４人以上の事業所

図2　酒造会社の出荷金額と単価の推移
出典：国税庁『酒のしおり（平成31年3月）』

しているのは、日本酒の消費の傾向が、安い酒を毎日のように晩酌で大量に飲む時代から、良い酒を大切な時に少しだけ嗜《たしな》む時代へ移った、すなわち、量から質の時代へと変化したという事実である。

日本酒は多様化の時代へ

日本酒はいま、過去の歴史の中で最も品質が高く、また非常にバラエティーに富んでいると言われている。従来は酒の造り手（杜氏《とうじ》）の経験と勘によって管理されていた発酵過程に対し、科学的な解析を取り入れることで再現性が高く安定した酒造りが行えるようになり、輸送や冷蔵といった物流技術の発達は、従来は蔵元でしか味わえなかった新鮮な生酒[4]の販売を容易にし、また新たな醸造機器や技術の進歩によって、低アルコールやスパークリングといった様々なタイプの日本酒が市場に送り出されている。

酒類全般の国内市場を見ると、一九九二（平成四）年をピークに成人一人あたりのアルコール消費数量が減少しており、人口の減少とも相まって、縮小傾向にある（図3）。そうした中で、酒類業界では様々なタイプのアルコール飲料が商品開発されており、ビール類似のいわゆる「新ジャンル飲料」やチューハイの売れ行きが伸びている一方、いわゆるパイの奪い合いにより、日本酒はかなりの苦戦を強いられている（図4）[5]。このように日本酒業界は、時代のニーズに合うよう革新を迫られており、消費者の嗜好に合わせた多様な商品が求められているのである。

（4）一般に常温で流通している日本酒は、「火入れ」と呼ばれる加熱殺菌を行うが、生酒はこの工程を省くことで、より新鮮な風味を残すことができる。

（5）二〇一九（令和元）年におけるそれぞれの課税移出割合は、清酒六・六％、ビール三三・二％、発泡酒とその他の醸造酒等を合わせて一四・五％、リキュール二八・七％である。

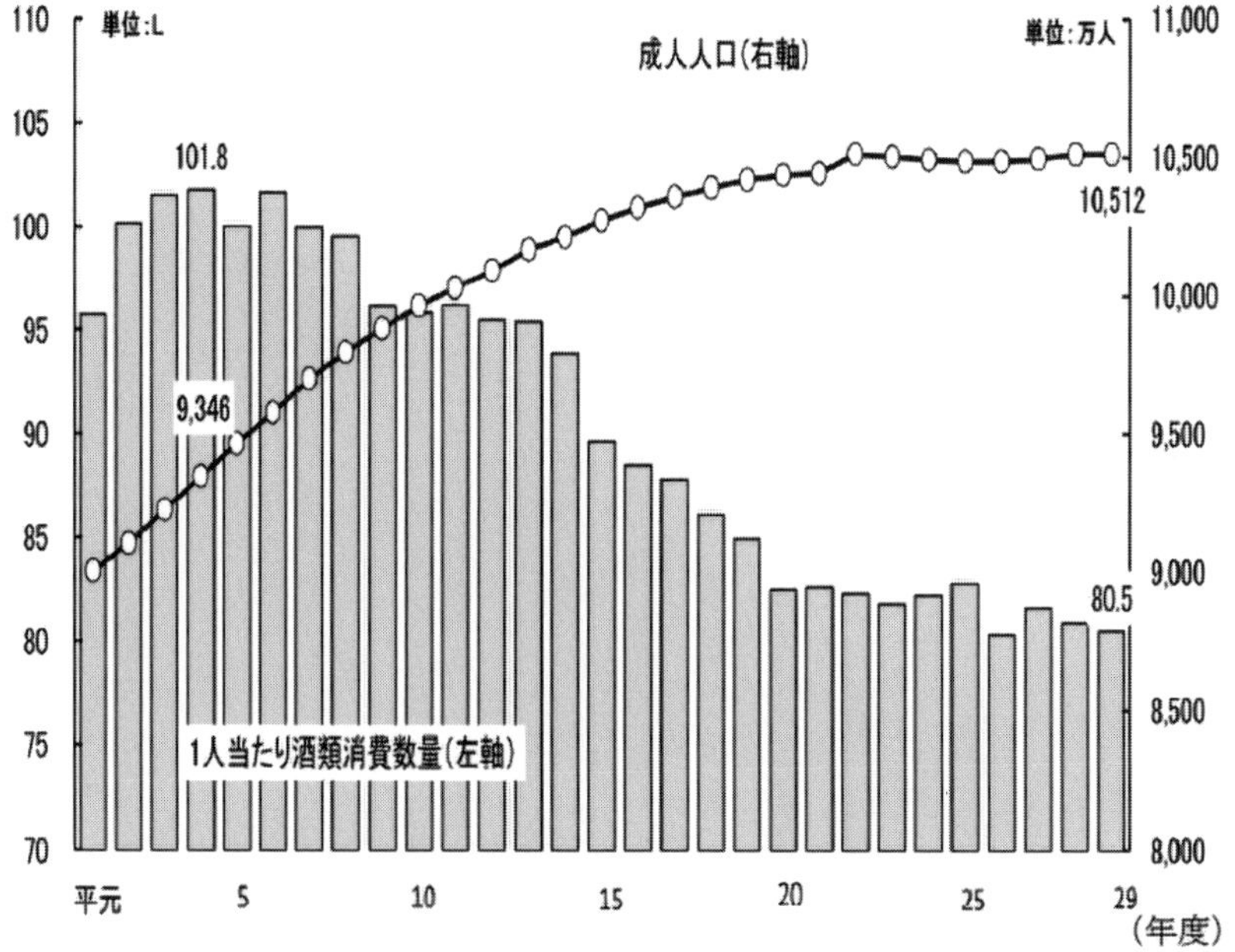

資料：成人人口は、国勢調査結果・人口推計（総務省統計局）による。
（注）１人当たり酒類消費数量（左軸）に沖縄分は含まない。

図3　成人1人当たり酒類消費量の推移
出典：国税庁『酒のしおり（平成31年3月）』

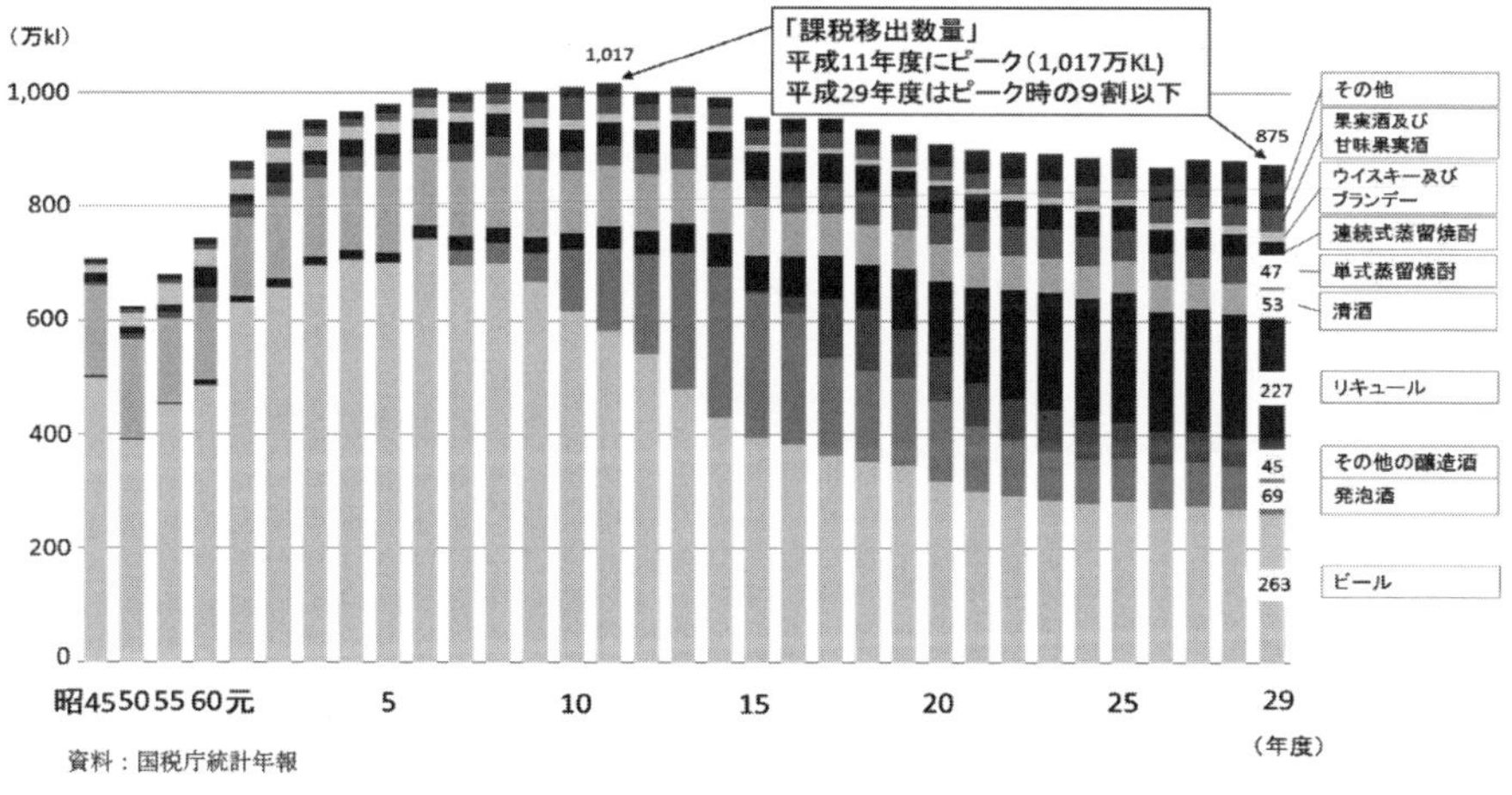

図4　酒類別課税移出数量の推移
出典：国税庁『酒のしおり（平成31年3月）』

2　新潟清酒の特徴とそれを育む土壌

新潟清酒の特徴

新潟県産の清酒をデータでみると、二〇一八（平成三〇）年の都道府県別の清酒出荷量で兵庫県、京都府に次ぐ第三位であり、そのシェアは八・一%となっている。また、清酒製造場数は二〇二〇（令和二）年現在で八八社と全国一位を誇り、まさに「酒どころ」の名にふさわしい。中でも特筆すべきは、全国平均に比べて普通酒の出荷割合が半分程度と低く、特定名称酒の出荷割合が六割以上を占めている点にある（図5）。しかも、吟醸酒（純米吟醸酒を含む）の出荷量は全国一位であり、そのシェアは日本酒全体における新潟県のシェアに比べると二倍を超える二〇%近くにも達している（表1）。

先に述べたように、日本酒に対する消費者の傾向が量から質へと変化している中で、新潟県はいち早く時代の流れをつかみ、高品質なお酒を生産してきたと言える。日本酒の国内市場が全体的に落ち込んでいる中で、新潟県ではこうした取り組みにより、県産清酒の販売数量の減少率が全国平均よりも低い数値で推移している。

新潟の気候風土と酒造り

ではなぜ新潟県は全国一の蔵元数を誇る酒どころなのだろうか。その理由として、冒頭で触れた新潟のイメージである、雪と米が深く関わっている。言わずと知れたように、酒

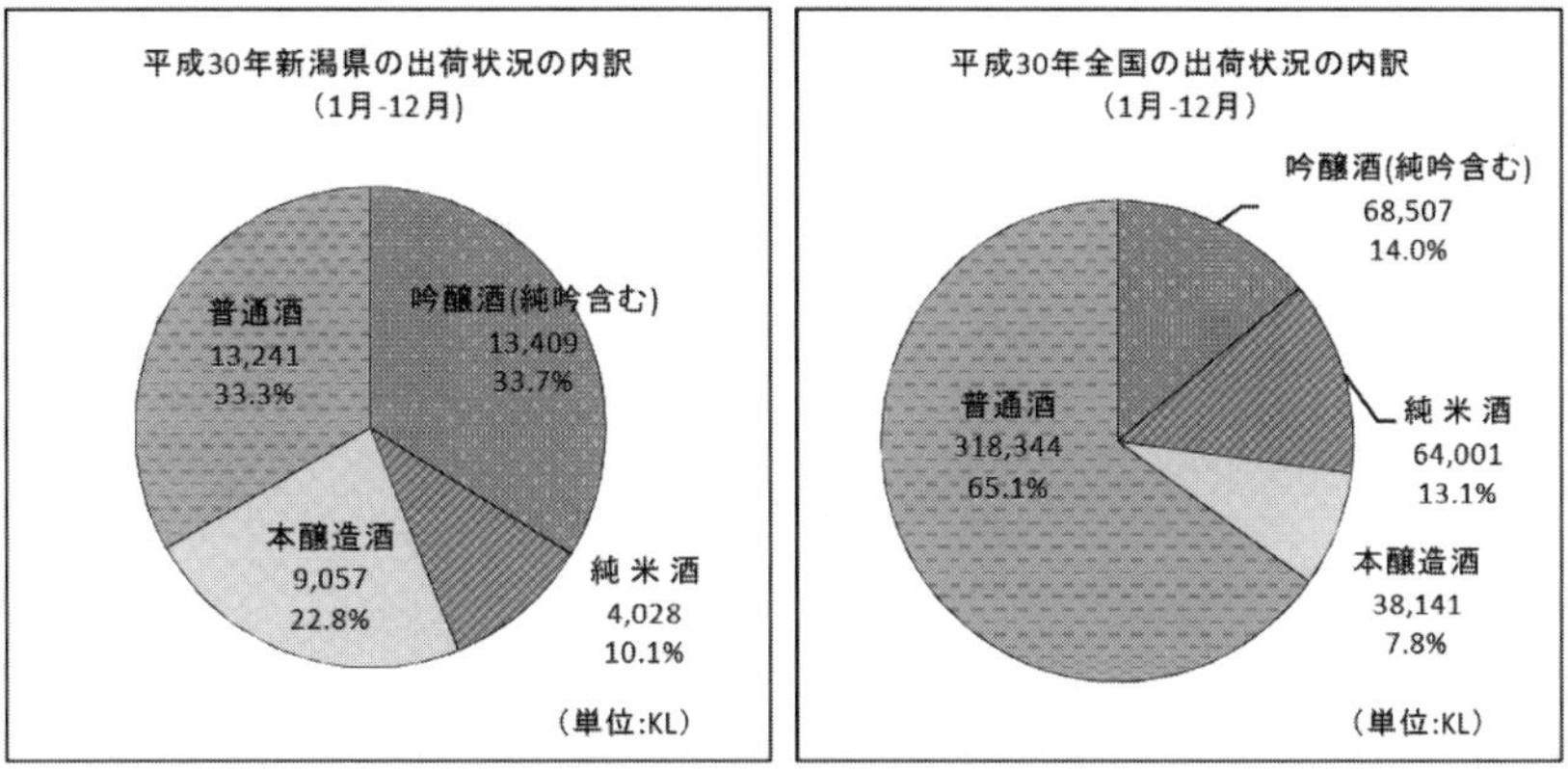

図5　清酒のタイプ別出荷割合の内訳（2018年）
資料提供：新潟県酒造組合

順位	都道府県	出荷量	シェア
1	新潟県	13, 409	19. 6%
2	山口県	5, 493	8. 0%
3	兵庫県	5, 168	7. 5%
4	秋田県	4, 047	5. 9%
5	山形県	3, 826	5. 6%
	その他	36, 564	53. 4%
	全国計	68, 507	100. 0%

表1　吟醸酒出荷量上位五県とそのシェア（2018年）（単位：KL）
資料提供：新潟県酒造組合
※新潟県以外は日本醸造組合中央会調べ

の原料は米であり、新潟県は水稲の作付面積が全国一位の米どころである。(6) 新潟県では古くから、多くの酒造会社が県産米を原料とした酒造りを行っており、(7) 安定して原料を調達できることが、強みのひとつである。主として酒造りに使用される米は「酒造好適米《しゅぞうこうてきまい》」または単に「酒《さか》米《まい》」と呼ばれ、(8) 一般の食用米とは異なる品種である。新潟県で開発された主な酒米には「五《ご》百万石《ひゃくまんごく》」と「越淡麗《こしたんれい》」があり、いずれも新潟県内の酒造会社で広く利用されている。(9)

(6) 農林水産省、二〇一八年度作物統計調査による。
(7) 新潟県酒造組合の調べによれば、二〇一八年産の原料米における県産米比率は九〇%を超える（各酒造会社が直接買い付けた原料米の分量を除く）。
(8) 農産物規格規程で「醸造用玄米」として定められているもので、道府県ごとに産地と銘柄が指定されている。
(9) 農林水産省「令和元年度　醸造好適米等の需要量調査結果」によれば、五百万石の自県自給率は九四%、越淡麗は一〇〇%である。https://www.maff.go.jp/j/seisaku_tokatu/kikaku/attach/pdf/sake_r1chousa-10.pdf（最終アクセス二〇二〇年六月二三日）

また、新潟県は特に山間地域において積雪が多い。この雪が酒造りにもたらす影響について、新潟清酒に関する書籍にはこのように記されている。

「積雪がもたらす安定した適度な低温は、清酒造りに使われる麹菌や酵母などの微生物の働き方に最適な環境をつくると同時に雑菌の繁殖を防ぎ、きめ細かい新潟清酒の味わいを生み出す要因の一つとなっている。また、雪は空気中のちりなどの微粒子を包み込むため、雪が降ると空気が澄むともいわれている。このように、淡麗な清酒を作るために欠かせない『低温長期発酵』に適した環境は雪によって形成されているのだ。(10)」

日本酒造りの様々な工程において、雑菌が繁殖すると製品の味わいに悪影響を及ぼす恐れが高くなるため、適正な衛生管理が必要となる。冬の間に雪が降ることによって、安定した低温状態と清澄な環境が保たれ、結果として品質の安定した酒造を行うことができる。そして春になり暖かくなると、雪解け水は豊富な水資源となって、地下水脈は醸造用水に、河川の水は農業用水にそれぞれ利用される。このように、自然からもたらされる恵みが、新潟県の米作りや酒造りを豊かにしているのである。

(10) 新潟清酒達人検定協会(二〇一八)二四―二五頁。

3　新潟の酒文化を育む――自然環境と共に生きる酒造会社

自然豊かな地に建つ麒麟山《きりんざん》酒造

福島県境の程近く、悠々と流れる阿賀野川に、支流である常浪川《とこなみがわ》が合流する風景を一望できる場所に、麒麟山酒造の本社は建っている。対岸には、社名の由来となった、想像上の動物である麒麟の姿に似ていることから名づけられた、麒麟山を拝する（写真1）。なんとも風光明媚な場所である。一八四三（天保一四）年創業の同社は、この地区内だけでなく、新潟県内でも名を馳せる酒造会社である。

「麒麟山の宝物」――水源である山を守る活動

麒麟山酒造では、酒を仕込む原料として常浪川の伏流水を利用している。常浪川は、阿《あ》賀町《がまち》の上川地区にある御神楽岳《みかぐらだけ》を源流とする一級河川であり、麒麟山酒造では、この水資源を守るために、二〇一〇年から御神楽岳の森林保護活動を行っている。この活動について、同社の常務取締役・営業部長である漆原典和さんにお話を伺った。

阿賀町は、面積の約九割を森林が占める山間地であり、古くは林業も盛んにおこなわれていたそうである。しかし、安い輸入建材におされて需要は低迷し林業は衰退、植林された杉の木は手付かずのまま放置され、山は荒れ痩せた姿へと変貌した。このまま放置していては、山林が水を貯える力＝水源かん養機能が失われ、水資源の確保が困難になるばかりか、災害の危険性も高まる。そこで麒麟山酒造は「企業の森づくり」活動として、新潟県および山林の土地所有者と二〇年間の協定を締結し、森づくりをとおして、豊かな水の恵みを守り、次代へ受け継いでいく取組みを行っている。[11]

東京ドーム約一個半の土地を地権者から借り受け、荒れた杉を伐採し、新たにブナと杉をバランス良く植林することで、森を徐々に本来の姿に戻していく。重労働に加え、時には急斜面での作業など危険性を伴ううえ、周囲の環境整備（トイレ）も整っていないため、参加するのは主に男性社員となっているが、女性社員も困難な中で取り組んでいる（写真

（11）新潟県のWeb参照。https://www.pref.niigata.lg.jp/sec/chisan/1314223316726.html（最終アクセス二〇二〇年六月二三日）

写真1　常浪川と麒麟山（筆者撮影）

写真2　森を守る活動に参加した麒麟山酒造の男性社員
（写真提供：麒麟山酒造株式会社）

2）。社内の部署に関係なく全社員がこの作業へ年に数回交代で参加することで、次第に社員の意識にも変化が表れているという。「水は身近だけど大切なもの。酒蔵にとって水は血液のようなもの」という漆原常務の言葉が、この活動の重要さを物語っている。

　この一〇年間で森づくりを行った面積は、御神楽岳の麓の山林のうち、ごく一部に過ぎない。将来的には阿賀町全体の課題として、自治体にも積極的に働きかけたいと漆原部長は話す。例えば、地元以外からこの活動に賛同する人々に参加してもらうことができれば、経済効果も期待できる。地域の活性化につながるという訳だ。麒麟山の宝物であり、阿賀町の最大の魅力でもある自然環境。それを守り、後々の世代に残していく活動は、未来永劫に続く物語である。

4　新潟の酒文化を育む――若者が地域を興す酒販店

わたご酒店の二代目へ

新潟市江南区（旧亀田《かめだ》町）は、鉄道や主要道路など交通の利便性から新潟市中心部へのベッドタウンとして発展している街だ。その住宅地の一角に、一九七七年創業の酒屋「わたご酒店」がある。いわゆる町の万事屋《よろずや》のような店舗として営業していたこの酒屋（写真3）を、二〇一七年に二八歳の若さで引き継いだのが寺田和広さんだ。もともとは母方の祖父母が切り盛りしていたが、一念発起しての事である。

寺田さんは大学卒業後、酒の卸し問屋に就職し、大口の顧客に酒を卸す仕事に就いていた。商品の魅力をお客様に伝えるというより、電卓をたたく日々。そんな中、新人研修先で知り合った酒販店の人に連れられて行った新潟の酒造会社で、酒造りに携わる人々に直接触れることで、その人柄に惹かれるようになった。「酒蔵との関係を築いて、その人たちが造っている酒を売りたい」という想いから、実家の酒屋を継ぐ決心をしたという。

ローカルの魅力、地域とのつながり

大学時代にローカルの魅力と可能性について考えていた寺田さんは、酒屋を継ぐにあたってやりたいことがあった。それは、お客とのコミュニケーションを通じて、地域コミュニティと共生し、街づくりに関わりたいという想いの実現である。地方の個人商店経営者

写真3　店を引き継いだ当時のわたご酒店（写真提供：わたご酒店）

にも高齢化の波が押し寄せ、後継者不足が問題となる中、若い人が後を継ぐことにより、地域の活性化につなげたい。そうした寺田さんの考えに賛同する地元の若い後継者四名が集まり「亀田会議」が結成され、様々なイベントを通じた町おこしを行っている。

その活動の一つに、亀田西小学校六年生の総合学習で地元特産の梅をPRする企画への協力がある。小学生たちは、梅の魅力を知ってもらうため、オリジナル料理の考案から、実際の調理、イベントの企画、そして当日の運営まで、主体となって学習活動を行い、わたご酒店を中心とした若者グループ亀田会議は、これを二カ月間に渡ってサポートした。子どもたちにとって、自分たちが楽しみながら地域の魅力を再発見する機会になり、また周囲の大人たちが一緒になって活動することで、地域の輪が広がった。

日本一入りやすい酒屋を目指して

寺田さんが目指す酒屋は、熱心な酒好きだけをターゲットにした「地酒専門店」ではない。物流が発達し、ネット通販の売り上げが大きく伸びる一方で、地方の小売店の多くは苦境に立たされていると言える。そんな時代の生き残り策として、地酒に特化するという方向性も考えられる。しかし、地域コミュニティとの共生を目指す酒屋の将来像は、違った形をとる。

そもそも酒屋は「敷居が高い」という。日常的にお酒を飲む人でも、スーパーなどの大規模店で購入する層が多く、酒屋には年に数回しか行かないそうだ。この「酒屋離れ」に歯止めをかけるには、酒屋自身が変わらなければいけない、と寺田さんは話す。

特に意識しているのは、家族連れでも入りやすい点だという。子どもから大人まで、地

写真4　寺田さん夫妻。店内にはお酒の他にも様々な商品が陳列されている（筆者撮影）。

写真5　リノベーションした外装。大きな窓が明るく開放的な雰囲気を演出する（筆者撮影）。

域の人が集う場所づくりが、コミュニティの形成には重要だからである。そのためには、酒以外の商品も多く取り扱う。店には、地元の農家が育てた野菜、加工食品、お菓子などが並ぶ。更には、店舗隣りに厨房を増設し、妻の菜々子さんと友人の二人で料理のケータリングビジネスも立ち上げた。将来的には、店舗内で料理やおつまみを出す計画もある。

　モノを売るだけが仕事ではない。消費者の求めに応じて、生産者の想いが詰まった商品を届けることで、そこに人と人の繋がりが生まれる。その繋がりの輪が広がれば、コミュニティが形成される。目指すのは「日本一入りやすい、まちの酒屋」。地域と共に歩む酒屋の姿が、そこにはある。

おわりに

「酒屋万流」という言葉がある。これは、酒造りを行う「酒蔵」にはそれぞれ酒に対する思い入れがあり、出来上がる酒も様々に個性があるという意味である。つまり、造り手は自分が良いと信じる酒を造るのだから、どの酒が一番美味しいかという問いに正解はないということでもある。この点は、酒を売る「酒屋」にも共通しており、どのような業態が酒屋として最も適しているのか、その答えは経営者によってさまざまであるように思う。

新潟県には大小さまざまな規模で全国一の数を誇る酒蔵が存在しており、また地域ごとに特色のある酒屋も多く残っている。そのそれぞれが、新潟の日本酒文化を担い、未来へと継承していく主人公である。今回取り上げたのは、ほんのごく一部の物語に過ぎない。引き続き、新潟の日本酒文化に関する調査研究を行い、広く人々に紹介していきたい。

〔参考文献〕

新潟清酒達人検定協会監修『改訂第2版　新潟清酒ものしりブック』新潟日報事業社、二〇一八年

日本酒サービス研究会・酒匠研究会連合会『新訂 日本酒の基』NPO法人FBO、二〇一八年

国税庁課税部酒税課『酒のしおり』国税庁、二〇一九年
https://www.nta.go.jp/taxes/sake/shiori-gaikyo/shiori/2019/index.htm（最終アクセス二〇二〇年三月三〇日）

『月刊にいがた』（株）ジョイフルタウン、二〇二〇年三月号

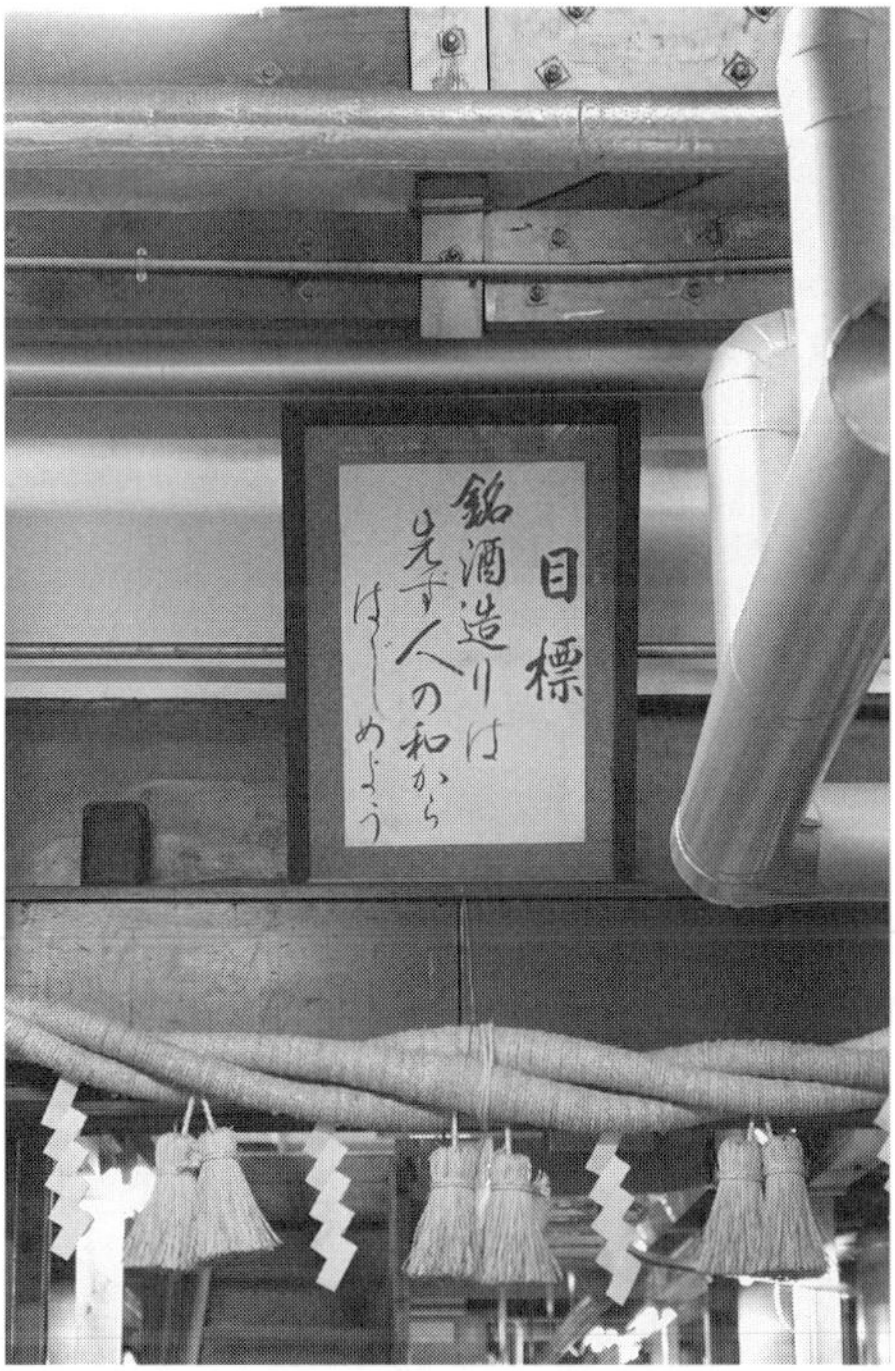

麒麟山酒造の仕込み蔵に掲げられた酒造りの目標。
地酒として人々に愛され続けるわけは、造り手だけでなく飲み手を含めた「人と人との繋がり」を大切にする社風に由来しているのかもしれない。

column

新潟の〝えご〟を未来へ
――越後えご保存会と博物館学芸員の挑戦――

大楽和正

「えご」という料理を知っているだろうか。エゴノリの和名をもつ海藻を原料とし、これを煮溶かして固め、醤油や酢味噌をつけて食べる料理である。新潟県でも越後側では一般に羊羹のように厚切りにし、一方、佐渡ではこれを「いごねり」と称し、薄く延ばして固め、きしめん状に切って食す。越後と佐渡とでその製法や食べ方に違いはあるが、新潟県を代表する郷土の海藻食だ。

写真1　えご（糸魚川市）

筆者は民俗学を専門とする博物館学芸員であるかたわら、「越後えご保存会」の会員でもある。同会は、えご食文化の保存と普及啓発を目的に、二〇一三年五月に発足した団体である。新潟県長岡市を拠点に、九〇名弱の会員が在籍し、茶話会と称する会員同士の情報交換会のほか、『えごだより』の発行（毎月一回）、料理教室やＰＲイベントなどを主な活動としている。

えご作りでは、原料であるえご草と水の配合比率や火をかけて練る時間、草の産地の違いによって、固さや弾力等が微妙に変化する。えごは新潟の郷土料理や伝統的な食文化とされるので、その原料はすべて新潟近海で獲れたものと理解している読者がいるかもしれない。しかし、近年、新潟県のえご草の漁獲低迷により、県内では青森県産や石川県産のえご草が多く流通し、他県産に依存しているのが現実である。出雲崎や寺泊で漁獲されたえごは、その大半が市場を通さない個人売買で取引され、一般の消費者が入手しにくい状況にある。しかし、新物のえごが出まわる九月頃になると、越後えご保存会の茶話会では、出雲崎や佐渡の県内産のほか、青森県内だけでも深浦や小泊、三厩などの産地別のえごがお茶請けとして提供される。「今年の小泊産は、柔らかめだが滑らかで美味しい。色は緑っぽい。」、「出雲崎産はやはり弾力がある。」などの声があちこちから飛び交い、その年の味や色などを会員同士で吟味する。まさに、えごに魅せられた人たちならではの会話が繰り広げられる。

近年は同会員の中でも、えごの探究に熱心な三名のおじさんたち（通称「えご調査隊」）と多くの調査行動をともにしている。彼らから教えてもらった調査の流儀は、調査地に手製のえごを持参することだ。ときに訪問先で自家製のえごをいただく場合があり、互いに食べ比べすることで話が膨らむ。彼らはそれを「えご談義」と呼ぶ。彼らの対話の様子を観察していると、質問を投げかけて話を聞くよりも、ついつい自分たちの話す時間の方が長くなることが少なくない。他者から知識や情報を得ることだけでなく、どのようにすれば美味しいえごを作ることができるのか、さらには次世代の人びとに関心を持ってもらえるのかなど、調査の場における現地の人びととの議論や交渉をとおして、一緒に考えようとする姿勢がそこにある。それは、えごの魅力を互いに再認識し、地域と食の未来を模索する営みでもある。

写真2　水揚げしたえご草の選別作業（出雲崎町）

新しい人と人とのつながりの中で、「えご」をめぐる探究は今も続いている。越後えご保存会では、四年に一度のえごの祭典「えごリンピック二〇二〇」と銘打った普及啓発イベントの開催を計画している（新型コロナウイルスの影響により二〇二一年に延期予定）。新潟だけでなく、これまで交流を深めてきた長野県や山形県などの各地の自慢のえごが大集合する催しだ。〝えご〟から地域の食をどう動かすか、そしてどう魅せるか。越後えご保存会と博物館学芸員の挑戦が始まっている。

〔参考文献〕
大楽和正「『えご』をめぐる調査研究と実践―二〇一八年の活動記録―」『新潟県立歴史博物館研究紀要』二〇号　一〇九―一二四頁　二〇一九年

写真3　越後えご保存会主催のえご作り講習会

写真4　えごリンピック2020に向けた盆供のえごの情報募集とパネル展示（新潟県立歴史博物館）

近代文学に現れた新潟の都市イメージ

——長沼光彦

1　坂口安吾が語る雪国の気質

一九〇六（明治三九）年新潟市に生まれた作家、坂口安吾は、小説「母を殺した少年」（『作品』一九三六年九月）で、新潟市を語るために、雪国生まれの気質の話から始める。

雪国生れの人々は気候のために故郷を呪いがちであった。いつもいつも灰色の空。太陽は生命と希望の象徴であるが、象徴を失うことが現実に希望と生命を去勢する無力さを、彼等は知らねばならなかった。ためらいや要心や気憶《きおく》れや、人間関係の弱さだけで沢山だった。そのうえまるで植物のように自然界の弱さまで思い知らねばならないのだ。雪国の叡智を育てるものは疑い深い要心と抜け目ないためらいだった。

雪国の人間は、生命の源である太陽を灰色の空に遮られ、疑い深さとためらいを特徴とした「叡智」を育むことになるという。続く文では、その疑心のために「味方すら信じきれない細心と孤立者の諦め」さえ持つとする。疑い深さが雪国の特徴だというのだ。

また反面、「不思議なまでに無智な行為者に還元」するのが、雪国の「本能」だと付け加える。疑い深いにもかかわらず、時に無謀な行動に走るというのだ。「母を殺した少年」は、それら猜疑の知と無謀な本能の二面性によって、雪国生まれの気質を特徴づけている。さらに、その二面性は、若者の行動の矛盾となって現れるという。

北国では少年の夢がすでに故郷を脱走する。そして不可能への憧れが彼等の中に育つのだ。それは不可能を可能たらしめる荘厳な人間苦には結晶せずに、現実すら不可能に粉飾し、不可能を憧れながら諦らめる二重の欺瞞を愉《たの》しむ詩人にするのであった。

北国の少年は、不可能への憧れを抱く。だが、その実現には目を向けないまま、あきらめるという。「二重の欺瞞」とは、不可能な夢の実現が叶うかのように自分をごまかしながら、同時に、その実現に向かおうともしない虚偽の姿勢を言うのである。

この虚偽の姿勢は、猜疑の知と無謀な本能の矛盾が生み出すものだ。本能は、現実を見ずに夢に向かおうとするが、知性は実現を疑い、何もせずに停滞に甘んじる。要するに、夢を見ても現実に立ち向かう姿勢を持たないのが、北国の人間だというのである。

雪国生まれにはありがたくない評価だが、奥野健男『坂口安吾』（文藝春秋、一九七二年）が「魂のふるさとへの言葉にならない無限の切なさ、あこがれ、憎しみ」というような、複雑な感情が投影されているのだろう。自分の一部である故郷だからこそ、単純な肯定の言葉にならないということだ。興味深いのは、この雪国観が、作家の感情吐露とはならずに、新潟の人と土地と歴史を結びつけた風土論に展開していくところである。

2　雪国の気質を反映した新潟の町

「母を殺した少年」で新潟市は歴史的に、雪国生まれの気風を反映した街だとされる。

新潟市は旧幕時代は天領だった。町の血管に武人気質を持たなかった。生れながらの港町で、生きた貨物と遊び女と浮かない心の町人が住んでいた。稼ぐことと遊ぶことと、それに絡まる厭世感とを恐らく大坂が代表する。大坂のあらゆるあくどさを風土的にぬいたものが新潟であった。新潟はそもそも風土的に気弱だった。その町の町人達はなんらの知識を賭けることなく虚無的だった。その虚無感には苦悩を重ねた行路の跡も秘められていない。虚無感が町の鼻唄にすぎないのだ。

江戸時代の新潟は港町であったが、町人が虚無的であるため、大坂のように商売や遊興で目立った特徴を持たない。くわえて町人の虚無には苦悩が欠けており、むしろ、鼻唄のように気ままな態度として現れるという。まさに北国の少年のように、実現に向けた苦悩を持とうとしないまま、日常を過ごすのが、新潟の町だというのである。やがて、その町の性質が、近代を迎えた際の機会を失わせることになる。

幕末には、寄港地として利用するため、外国の船が新潟周辺に現れる。だが、現実に向き合わない新潟の町では、町人が家に引きこもるだけだった。町の虚無的な性質ゆえに、対策をとろうとする者が現れないというのだ。そのような状況の中、新潟は開港される。

> 列国の領事館が立ち始めた。因循《いんじゅん》怯懦《きょうだ》の厭世港は黎明《れいめい》日本に皮肉な一役をつとめたのだ。然し結果は恰《あたか》も町の性格どおりにあっけなかった。港は信濃川の河口にあった。日本海の激浪を避けることには便利であったが、屈託のない大河の運ぶ土砂のために港内は浅瀬の広がるばかりであるし、火輪船の船体は日増しにふとる一方だった。列国は新潟港の将来に見切りをつけねばならなかった。

新潟港は、信濃川から運ばれた土砂のため水深が浅く、大型外国船の入港ができない。やがて、寄港地には適さないと諦められることになる。その成り行きは、虚無的な町の性質と同様だというのだ。つまり、町の性質を方向づけた雪国の気質が、歴史的な運命をも決めた、ということだろう。生命の象徴としての太陽を失った新潟の人と土地と歴史は、何も実現しない虚無性に帰結するというのが、「母を殺した少年」の新潟風土論である。

3 新潟市の成り立ちと坂口安吾のイメージ

「母を殺した少年」の新潟風土論は、史実に照らすと、いくつか異なる点がある。新潟が古くから海運で栄えた地で、江戸時代には各地から年貢として米が集まったことから、取引に関わる町人の町と言うことはできる。ただし、江戸時代を通して新潟が天領だったわけではなく、幕府直轄の地となったのは、幕末の一八四三（天保一四）年である。また、それ以前は、長岡奉行所が置かれており、武人がいない町というわけではなかった。

また、日本近海にロシアやイギリスの船が現れたことから、一七九二（寛政四）年には幕府の命を受けた長岡藩が海岸防備を整えていた。その後天領となったのも、北陸地方の海岸防備を幕府が意図したためだ。江戸時代に外国船に対する備えがなかった町だとする記述は、新潟の虚無性を談ずるための誇張と言わざるをえない。

一八六九（明治元）年の新潟開港は、一八五八（安政五）年の修好通商条約で定められた開港期日から八年の遅れとなった。信濃川の河口港であるため水深が浅く、各国が日本海側の開港場を別に要求していたからだ。開港後は、運上所（税関）や灯台など港湾設備が整えられる共に、英学校や病院が開設され、開港場にふさわしい町づくりがなされた。開港が新潟市成立の基盤となったのは確かであり、何も生まなかったわけではない。

水深の浅さから外国貿易は進まず、オランダ、アメリカ、ドイツ領事館は早々に新潟に見切りをつけ、一八七九（明治一二）年には、イギリス領事館が閉鎖され、開港場としての面目は失われた。この点で、「母を殺した少年」の見方は妥当と言える。ただし、港湾の欠陥はその後も放置されていたわけではない。一九〇七（明治四〇）年から一二年継続する、水深維持を図った浚渫工事を始めとした近代港湾化が計画され、一九三一（昭和六）年まで周辺開発は続けられた。この開発は、新潟の都市としての発展を促すことになる。

建港竣成記念として編纂された『新潟市史』（新潟市役所、一九三四年五月）には、前新潟市長中村淑人による「序」が付され、「由来越後の地風雪の期間頗る長く、加之畳嶂たる国境山脈のために、嘗ては交通の自由を妨げられ、文運久しく遅々たりしは既往における事実なり。／然りと雖も慧敏なる市民は風雪をもつて刻苦錬膽の資となし自ら堅忍不撓の性を作り、且又海上舟楫の便により諸方の文化を遺憾なく吸収し」と、雪国生まれの我慢強さと、海上交通により諸方と交流してきた積極性を、新潟市発展の理由とした。

「母を殺した少年」執筆と同時期に、公に新潟市の発展を賞揚する言葉があったことに注目しておきたい。坂口安吾の新潟風土論は、この称賛の辞に、あえて逆らうように書かれたものとも見える。新潟港は昭和に入って発展を遂げたように見えるが、かつては挫折があり、その原因は、雪国生まれの虚無性だ。称賛の辞を裏返せば、我慢強さは猜疑の知がなす気後れであり、積極性は無謀な本能の現れである、と言うのだろう。公の言葉のように、近代新潟の発展を手放しに肯定できないのが、坂口安吾の故郷への思いだった。

4　伊藤整の見た新潟市

　ここで、坂口安吾と同世代の作家、一九〇五（明治三八）年北海道渡島国松前郡生まれの伊藤整が執筆した小説『若い詩人の肖像』（新潮社、一九五六年八月）を取り上げよう。『若い詩人の肖像』は、伊藤整の一七歳から二四歳頃の経験を題材とした私小説である。その中に、新潟市を訪れるエピソードが登場する。

　主人公は一九二五（大正一四）年二〇歳で小樽高等商業学校を卒業後、新設の小樽市中学校に英語教師として勤めた。その七月末に、新潟高等学校で開かれる英語教育講習会の受講を校長から命じられる。この新潟高等学校は旧制で、現在の新潟大学の前身である。

　生まれて初めて北海道を離れる主人公は、青函連絡船から鉄道を乗り継ぎ、新潟に到る。北海道育ちの主人公は、本州と四国と九州を合わせた地域を「内地」と捉える。

　　私はいま少年時代の教科書の挿絵や、また写真か絵の複製で見た純日本の風景の中に自分が現実にいることを、新鮮な印象をもって感じた。それ等の風景を私はよく知っていた。しかし私は文学作品や絵や写真を通して、類推や想像によって知っていたのみであった。現実に自分がその中にいるのであり、目の前に内地という古い日本の伝統的な風物があるということは、私には絵や写真の中に自分が歩み入った、という感じを与えた。

この旅は主人公が、書物や絵でしか知らなかった内地の風物を実際に見聞きする機会だ。その日常と異なる体験を実現するのが、近代的な交通機関である鉄道である。鉄道は、物資や人を大量に早く運び経済活動を促す社会的基盤だが、人の知見を広げ文化交流を促す手段でもある。日本は、一八七二（明治五）年の新橋・横浜間の開通以来鉄道網を広げ、西欧並に近代化を進めようとしてきた。ただし、主人公が利用した秋田から新潟の新津に到る羽越線は、前年の一九二四年に全通して間もない路線だった。

鉄道網の発達が遅れたのは、米穀中心の経済から貨幣経済に移るにつれ、江戸時代より米の輸送を担った新潟の評価が下がり、鉄道敷設の必要を見出せなかったからだ。ようやく一九〇〇年頃より、石油事業など産業の近代化が進むと共に、軍事的要請も相俟って、新たに鉄道敷設が行われていく。羽越線の全通は、日本海沿岸を縦貫し関西から東北をつなぐ鉄道の完成という画期的な出来事であり、新潟市の近代化を支える役割を果たした。

主人公が講習会を受けた新潟高等学校もまた、新潟市近代化の礎である。新潟高等学校は一九一九（大正八）年に設置されたが、それ以前に高等学校は全国に八校しかない。旧制高等学校は、帝国大学に進学する選ばれた人材を育成する教育機関だったのである。一九一九年の時点で帝国大学は、東京、京都、東北、九州、北海道の五校である。高等学校は、県内外から入学者を迎える、地域における教育の中心であり、文化発信の場だった。

夜に主人公は、高等商業学校の同窓で新潟出身の池主に、繁華街の古町へ案内される。

その賑やかな町の続きに遊郭があった。その一劃の街角から見ると左右に格子戸のはまった家々が隙間なく続き、男たちが群れて歩いていた。池主の説明によると、新潟の遊郭は、長崎とともに全国でたった二つ、張見世の許されている所だから、一度は見ておいた方がいい、というのであった。

新潟の遊郭は、港町に栄えた、江戸時代より高名な色里である。張見世《はりみせ》は、往来に面した店先の格子越しに遊女が並ぶ、江戸期の風俗だ。主人公は「自分の中にある知識の寄せ集めによって、これが歌舞伎の世話ものの世界であり、多分江戸時代の吉原遊郭などの形を模したものであることを理解した」という。主人公は新潟市を、近代化されながら、古い日本の伝統的な風物が残る内地の街として捉えたのである。

ただし伊藤整は執筆時の視点から付け加える。「私はその遊女たちが、東北地方の貧民の身売りをした子供で、教育のない哀れな娘たちであることを考えるだけの余裕がなかった」。若い主人公は、読書から得た知識だけで遊郭をとらえ、その背景にある近代社会の矛盾に気づかなかったというのである。選ばれた者が教育を受ける高等学校がある街には、教育を受けられない貧しい娘のいる遊郭がある。日本の近代が、社会的弱者を置き去りにしたまま、発展しつづけてきたことを示唆するのだ。

伊藤整は、坂口安吾とは異なるが、『新潟市史』のような公の言葉に現れない、近代都市の暗部に目を向けている。文学者の言葉は、人間と社会を多面的に捉えるのである。

5 坂口安吾が語る近代都市としての新潟

坂口安吾は「母を殺した少年」と同じ頃に、一九三〇年代に東京を離れ新潟に戻った青木卓一の生活を描く小説『吹雪物語』（竹村書房、一九三八年）を発表している。

一九三×年のことである。新潟も変った。雪国の気候の暗さは、真夏の明るい空の下でも、道路や、建築や、行き交う人々の表情の中に、なにがなし疲れの翳《かげ》を澱ませて、ひそんでいる。そういう特殊な気候の暗さや、疲れの翳が、もはや殆んど街の表情に見られないのだ。まず第一に舗装道路。表通りの商店街は、どの都市にもそっくり見かけるあたりまえの商店建築が立ちならび、壁面よりも硝子《ガラス》の多い軽快な洋服商店、ビルディング、ネオンサイン、酒場《バー》、同じことだ。築港の完成。満州国との新航路開通というこの市《まち》の特殊な事情もあるけれども、変わったのは、あながちこの市《まち》の話だけではないらしい。世界大戦を境にして、と言うところだが、日本では、恐らく関東大震災を境にして、と言うのであろう。日本中の都会の顔が、例外なしに変わったらしい。

新潟市は一九三一（昭和六）年に港湾整備が完了し上越線が全通すると、首都東京と、一九三二年に建国された「満州国」とをつなぐ役割を担うことになる。その結果、東京と似た近代化された街並みが作られ、雪国特有の「翳《かげ》」を見ることができなくなったという。暗さが無くなった景観は発展の証とも思われるが、ここでは肯定的に受け止めていない。一九二三（大正一二）年の関東大震災以後、日本の街が均質化し無個性になった流れの中にあるものとするのである。規格化されたモダンな街並みは、地域性を喪失させる。瑕疵とも思える暗さも、その地域の独自性を作り上げてきた、捨て難い風土だということだ。「母を殺した少年」で語られた新潟の虚無性は、近代都市としての新潟にふさわしくない非生産的な気質である。街の発展と共に忘れられるかもしれないが、鬱屈や欺瞞という人間らしさの現れでもある。後に「堕落論」（『新潮』一九四六・四）で「人間だから堕ちるのであり、生きているから堕ちるだけだ」と語る坂口安吾は、逃れられない人間の必然と受け止めていたのではないだろうか。

故郷の否定とも思われる「母を殺した少年」の風土論は、認めがたい人間の陰翳を見直した文学の言葉である。そのため、肯定的な側面だけを見ようとする、近代新潟を賞揚した公の言葉とは相容れないものとなったのだろう。

〔参考文献〕

猪狩章他編『新潟県文学全集』第一期一〜七、第二期一〜七、資料編、一九九五年〜一九九七年
新潟市編『新潟開港百年史』新潟市、一九六九年
新潟市編『新潟湊の繁栄』新潟市、一九九八年
新潟市編『新潟港のあゆみ』新潟市、二〇〇三年
新潟市編『鉄道と新潟』新潟市、二〇一〇年
森田義明編『生誕ここに―新潟高等学校史』財界評論社、一九七七年
藤村誠『新潟の花街』新潟日報事業社、二〇一一年

column

新潟のメディア文化——映像事始め——

原田健一

近代メディアとしての映像（写真）が、日本で実際に写されたのは、ペリー来航のおり、幕末の一八五四（安政元）年のことであった。さらに、日本人が初めて撮影したのは一八五七（安政四）年、薩摩藩（鹿児島県）の島津斉彬の下命を受けたものだった。つまり、映像は近代になって、ヨーロッパで生み出された新しい科学技術（洋物）として、外から日本社会にもたらされ、為政者や富裕層などの上層階級から広がった。

ところで、新潟県で実際に映像が写されたのは、それから約一〇年後、一八六六（慶応二）年頃、南魚沼市六日町の今成無事平《いまなりぶじへい》・新吾《しんご》によって写されたものが最初となる。現在、六日町は上越新幹線で東京からだと越後湯沢駅と浦佐駅の間にあり、不便な中山間地域に位置する。また、六日町は城下町でもなければ、今成家は武士でもない。

しかしながら、人や物の移動という観点からこの地域をみると違った風にみえる。当時、江戸（東京）と北前船の中継地であった新潟湊（港）の間の交通は、陸路で江戸から三国街道を通り、六日町あたりで魚野川の川路に乗り換え、新潟湊へといたる交通の要所としてあった。さらに言えば、新潟湊そのものが、内陸の中山間地域を河川でつなぎ、日本海航路の北前船によって物資を、蝦夷（北海道）と大阪・京都へと移出し、移入する中継の要所として繁栄していた。

こうした六日町の地政的な状況のなかで、幕末、地主名望家であった今成無事平が、江戸に遊学し、写真の技術を学び、写真機、現像機を購入し、六日町で写真を写すことになる。今成無事平が江戸に遊学した背景には、言葉通りの単なる「遊び」ではなく、この地域が縮みなどの織物の産業が盛んで、新田開発も盛んにおこなわれ商業的農業が発達していたこと、幕末には生糸など横浜を通した貿易があり、グローバルな世界的な経済のネットワークが形成されていたため、こうした新しい国際事情を「学ぶ」必要があってのことだった。

もともと、この地域では江戸時代から、山つたいに馬で物を運び、川で船に荷を積み替え、さらに河口の湊で帆船へと荷を変えていく物流の経路が形成されていただけでなく、物を運ぶ人を泊める宿などを含めた流通を支える施設（インフラストラクチャー）があり、それらの施設そのものが地域の文化的な土壌を育むものとしてあった。例えば、信州の中山道と北国街道の分岐点である追分宿で唄われていた馬子唄が追分節となり、北国街道を北上し、越後に入り新潟湊で松前節となり、北前船の船乗りたちが港々に伝え江差追分になった。あるいは、これらの地域は養蚕業の盛んな地域であり、瞽女《ごぜ》の三味線やうたは蚕が喜ぶとされ、新潟、群馬のこうした中山間地域を中心に、瞽女は養蚕信仰のあった地を回るものでもあった。こうした事例は、この地域が江戸と新潟湊を通して他の都市ともつながる商業的な流通経路としてあっただけでなく、移動を通して、文化そのものを生み出すような社会的な環境をもつ地帯であったことが分かる。つまり、近代以前の物流の経路は単なる商業的な行為としてだけあったのではなく、宗教や文化を支えるような文化的な経路としてもあった。

写真：撮影年：1866～1877年、撮影場所：南魚沼市六日町、撮影者：今成無事平、提供：新潟大学地域映像アーカイブデータベース：IF-P-001-023

そうした観点から今成家の写真の内容をみると、地主名望家であった若き当主（無事平と無為平の兄弟）が自ら村芝居である歌舞伎の演目を演じているもの、さらにその芝居仲間による演目の写真を多く残したのは、こうした文化的な文脈そのものを映像に反映しているものと理解できる。これらの映像（写真）が家族を写したものではなく、村人や仲間たちなどの人びとであったことは、地域において映像が生成する場所がどこだったのかを明らかにするものだ。さらに、こうした芝居という遊戯的な仲間による中間的なコミュニケーションの領域が、村の共同規範から微妙にはずれたものであることも映像の受容の社会的なあり方を顕している。どちらにしても、当時も、あるいは現在も、人びとは遊びのなかで、楽しみとして映像と戯れていただけでなく、そうした映像を地域の記憶として大事に残していたのである。

〔参考文献〕
原田健一・石井仁志編『懐かしさは未来とともにやってくる―地域映像アーカイブの理論と実際』学文社、二〇一三年
原田健一・水島久光編『手と足と眼と耳―地域と映像アーカイブをめぐる実際と研究』学文社、二〇一八年

第2部

新潟の〈歩み〉

玉と鉄器からみた新潟の弥生文化

森 貴教

はじめに

弥生時代は朝鮮半島の南部から九州北部へと水田稲作農耕が伝わり、その後列島の各地で稲作農耕が定着することで、本格的な農耕文化が開始した「変革の時代」である。縄文時代以来の文化の伝統性と広域にわたる幾度かの社会変動の影響を受けながら、日本列島の各地域で個性豊かな文化が育まれた。また弥生時代後期（一世紀～三世紀前葉）になると、各種工具の刃先が石器から鉄器へと移り変わり、鉄製品やその素材の入手をめぐり政治的にも地域間の新たな結びつきが生まれた。

新潟県域は日本海沿岸地域における交流の結節点として、北陸地方、東北地方、中部地

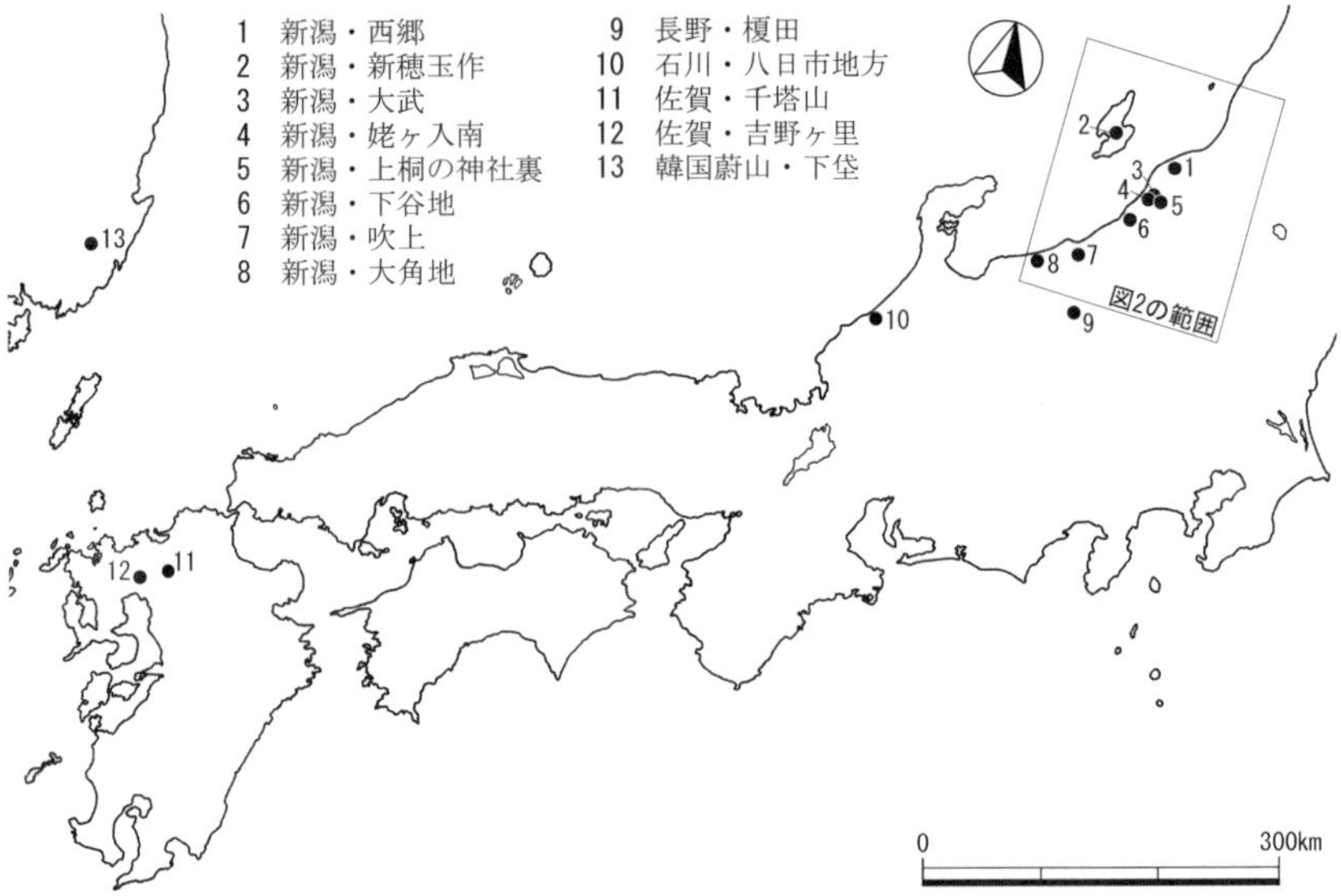

図1　遺跡の位置（S=1/10,000,000）

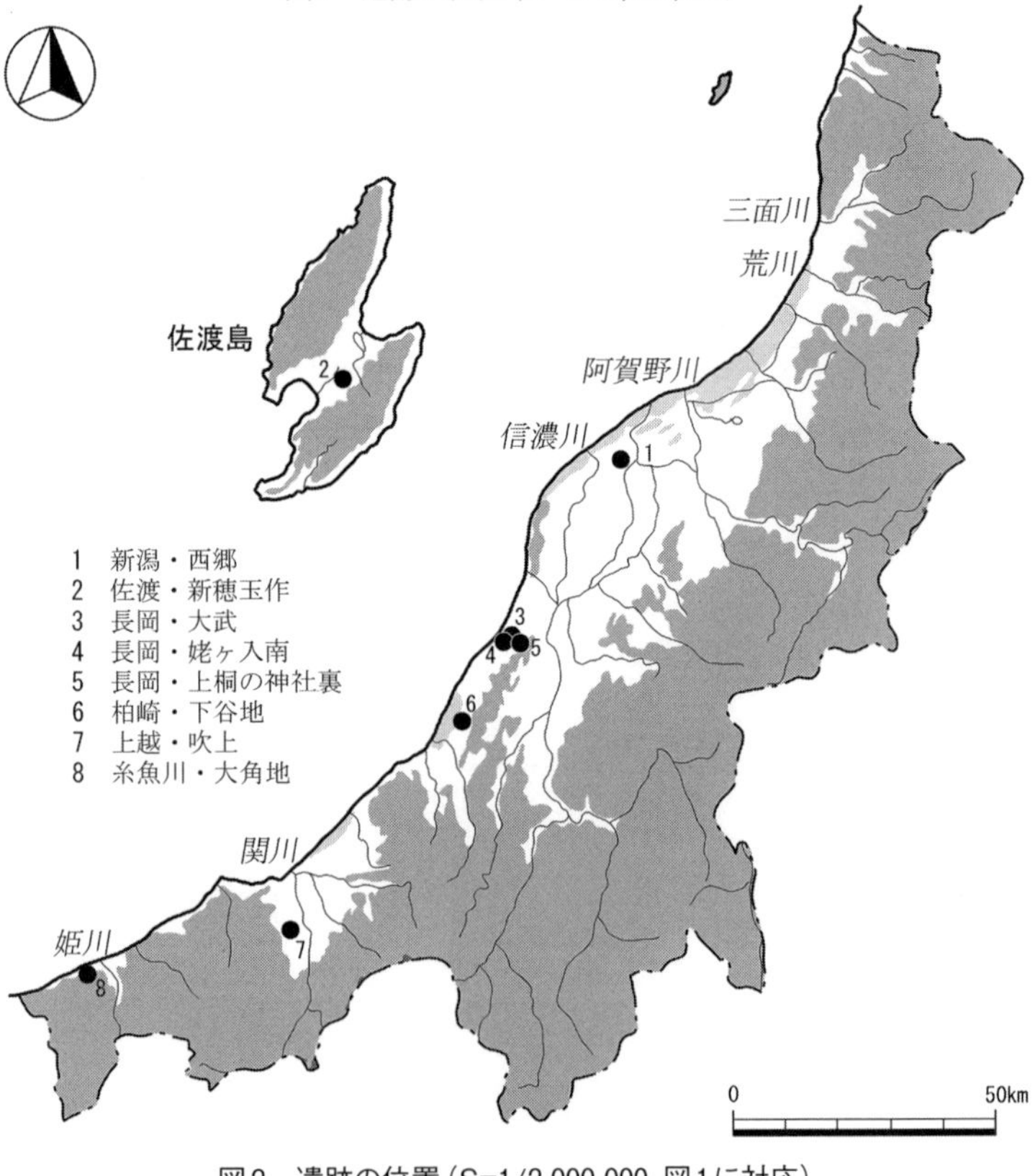

図2　遺跡の位置（S=1/2,000,000、図1に対応）

方、関東地方と密接に関係する地理的な特性を有しており、日本の歴史上重要な地域といえる。本章では、新潟に暮らした人々の育んだ弥生文化がどのような内容と特徴をもっていたのかについて、玉と鉄器に注目して考えてみたい（図1・2）。

1 新潟における玉づくりと交易

新潟県の最西端、富山県との境に位置する糸魚川市は、糸魚川―静岡構造線と呼ばれる大断層・地質境界が南北方向に走り、地質的に多様な構造を有している。この地質構造を背景として、糸魚川市を流れる姫川の上流域には小滝川硬玉産地と青海川硬玉産地の二ヶ所のヒスイ産地[1]があり、それぞれ国の天然記念物に指定されている。日本国内にヒスイの産地は計十二ヶ所確認されているが、糸魚川地域のヒスイは日本随一の質と産出量を誇る。

糸魚川地域におけるヒスイの利用は、縄文時代前期前葉（約六五〇〇年前）の糸魚川市大《お》角地《がくち》遺跡から出土したヒスイ製の敲石《たたきいし》に遡り、これは世界最古の事例とされている。その後、縄文時代中期中葉（約五〇〇〇年前）には、糸魚川市の姫川下流域から富山県朝日町にかけての遺跡で、大珠《たいしゅ》と呼ばれるヒスイ製のペンダントが盛んに製作された。縄文時代後期中葉（約三五〇〇年前）になると大珠に替わって大小の勾玉[2]や丸玉[3]といった玉類が製作され、日本各地に流通した。

新潟における弥生時代のヒスイ製品（主に勾玉）の製作は、中期中葉から中期後葉（前二世紀～前一世紀頃）に本格的に始まった。この時期に北陸地方最大規模の環濠集落遺跡であ

（1）ヒスイ輝石を主成分（九〇％以上）とする岩石で、蛇紋岩中に塊状に産出する。玉に使用されるものは緑色や緑白色で透明～半透明のものが多い。

（2）かぎ状・コンマ字状に湾曲した形で、頭部に紐を通すための孔があけられた玉。

（3）球のような形で、中央に孔があけられた玉。

図3　大武遺跡のヒスイ製勾玉の製作関連資料（新潟県教育委員会所蔵）

る石川県小松市八日市地方《ようかいちじかた》遺跡が成立し、櫛描文《くしがきもん》と呼ばれる、櫛歯状の工具で土器の表面に文様を施す小松式土器を生み出した。この小松式土器は、弥生時代中期の北陸地方を代表する土器様式として日本海沿岸地域に広く分布する。

さらに八日市地方遺跡では、糸魚川地域で採れるヒスイや南加賀の山間部で採れる碧玉・緑色凝灰岩を利用して勾玉や管玉[4]などの玉類を大量に生産し、列島の各地と活発に交流したことが明らかになっている。このような北陸西部の遺跡の動向が越後にも影響を及ぼしたことで、玉づくりが盛行したのである。

弥生時代中期後葉における越後の代表的な玉づくりの遺跡として、上越市吹上《ふきあげ》遺跡、柏崎市下谷地《しもやち》遺跡、長岡市大武《だいぶ》遺跡、新潟市西郷《にしごう》遺跡、佐渡市新穂《にいぼ》玉作《たまつくり》遺跡群が挙げられる。このうち吹上遺跡や大武遺跡では、ヒスイの原石のほか勾玉の製作途中品（未成品）や製作で生じた剥片、玉を磨くための砥石などが多く出土しており、ヒスイ製勾玉が盛んに製作されていたことがわかる（図3）。近年の研究成果によると、新潟で作られた玉類は、北は北海道、東は関東地方、西は北陸地方以西まで運ばれた可能性が指摘されている。

また、日本海に浮かぶ佐渡島にもヒスイとは別の玉の産地がある。佐渡島の中央部、国中平野南側の小佐渡丘陵に碧玉と鉄石英の原産地があり、弥生時代中期後葉の新穂玉作遺

（4）円筒形で、縦方向に孔があけられた玉。勾玉とともに弥生時代の主要な玉である。

跡群（平田遺跡など）ではここで採れる石材を用いて管玉が多量に製作された（図4）。

ここで製作された管玉は形と色に特色があり、長さ一五㎜以上で幅二～三㎜と非常に細長い形態で、碧玉は緑、鉄石英は赤の色調を呈する。原石に石鋸《いしのこ》と呼ばれる擦り切り具によって溝を加え、これを分割することで細長い四角柱状の管玉素材を作り出す方法で製作されている（図5）。そして、押圧技法などによってこの素材の側面を調整し、安山岩製のドリル（石針）で孔をあけたのち砥石で表面を丁寧に磨く。シャープペンシルの芯ほどの極細の孔を垂直方向に長くあける穿孔技術は、まさに職人技といえる。この佐渡産管玉は主に島外の日本海沿岸地域に広がり、さらに長野盆地南部や遠く群馬・埼玉・千葉と

図4　平田遺跡の鉄石英製管玉の製作関連資料（佐渡市教育委員会所蔵）

図5　平田遺跡の玉作関連資料（砥石・石鋸・石針）（佐渡市教育委員会所蔵）

いった関東地方まで分布する。

ところで同じ時期の長野盆地南部の長野市榎田《えのきだ》遺跡では、榎田型石斧と呼ばれる緑色岩類製の磨製石斧が特産品として多量に製作されており、日本海沿岸地域の小松式土器分布圏に広がることが知られている。この方向と反対方向に、佐渡産管玉は上越地方の高田平野から長野盆地南部へと広がることから、榎田型石斧と佐渡産管玉の交易活動が行われ、各集落を数珠つなぎ状に往還していた可能性が指摘されている。(5) 玉を積極的にやりとりすることによって地域と地域が取り結ばれていたといえる。

2　姥ヶ入南遺跡から出土した鉄斧の来た道

弥生時代中期後葉に玉づくりが行われていた長岡市大武遺跡のほど近く、姥ヶ入南《うばがいりみなみ》遺跡で弥生時代後期後葉〜終末期（二世紀後葉頃）に築かれたとみられる周溝墓(6)から極めて重厚な鉄斧が出土している（図6）。本遺跡が位置する長岡市の島崎川流域・東頸城《ひがしくびき》丘陵周辺地域は、弥生時代後期〜終末期の高地性集落や墓が密集する地域として知られており、出土遺物や遺構の内容から近畿地方以西の地域との交流関係がこれまで指摘されてきた。

見つかった墓の平面形は隅丸長方形が崩れたような形で、周溝内側の規模は約六・五mを測る。主体部は長さ約三・〇m、幅約一・六mで、主体部の北東側の地点でこの鉄斧と鉄剣が出土した。出土状況から、鉄斧と鉄剣はこの墓に副葬されたものと考えられる。

（5）馬場伸一郎「栗林式土器分布圏の石器・石製品と弥生中期社会」『長野県考古学会誌』一三八・一三九合併号、一二七〜一二八頁、長野県考古学会、二〇一一年

（6）弥生時代の墓の一形式で、中央に遺骸を納める墓坑（主体部）を掘り、そのまわりに溝をめぐらすもの。

この鉄斧は、全長一四・四cm、幅五・九cm、刃部の長さ六・四cmを測り、重量は約八〇〇gでずっしりと重たい。平面形は長方形で、柄を取り付ける部分（袋部）は鉄板をたたいて円筒状に丸く加工されている。肉眼では袋部の閉じ合わせを観察することはできないが、軟X線による観察によって折り返しの両端が突き合わせになって密着していることが明らかになっている。また、袋部から身部にかけて極端に厚くなっており、部分によって厚さの異なる一枚の鉄板を器用に丸く立体的に仕上げていることがわかる。

鉄は含まれる炭素の量によってその性格が変化する。炭素含有量が約〇・二%〜二・一%のものは鋼《はがね》と呼ばれ、熱しながら打ち延ばして形にする鍛造の方法により鉄器が作られるが、姥ヶ入南遺跡の鉄斧もこのような技術によって作られている。

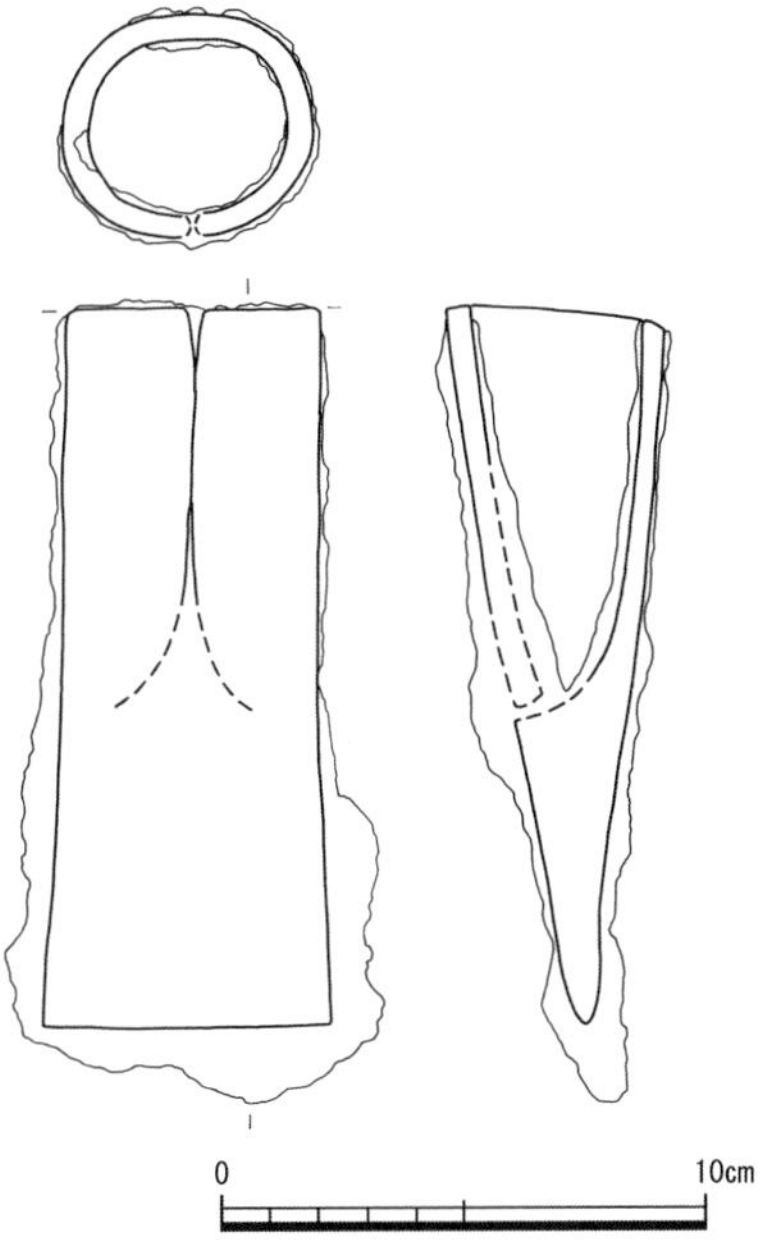

図6　姥ヶ入南遺跡の鉄斧（S=1/3）

ところが、このように袋部がしっかりと閉じ合わされ丁寧に製作された鍛造の袋状鉄斧は、弥生時代後期後葉〜終末期の日本列島ではほとんど見つかっていない。例えば、当時の列島で最も鉄器づくりの技術が高かったと考えられる九州北部の袋状鉄斧をみると、袋部の閉じ合わせがあまく、折り返しの両端が離れている（図7―1・2）。また、北陸地方や中国地方出土の袋

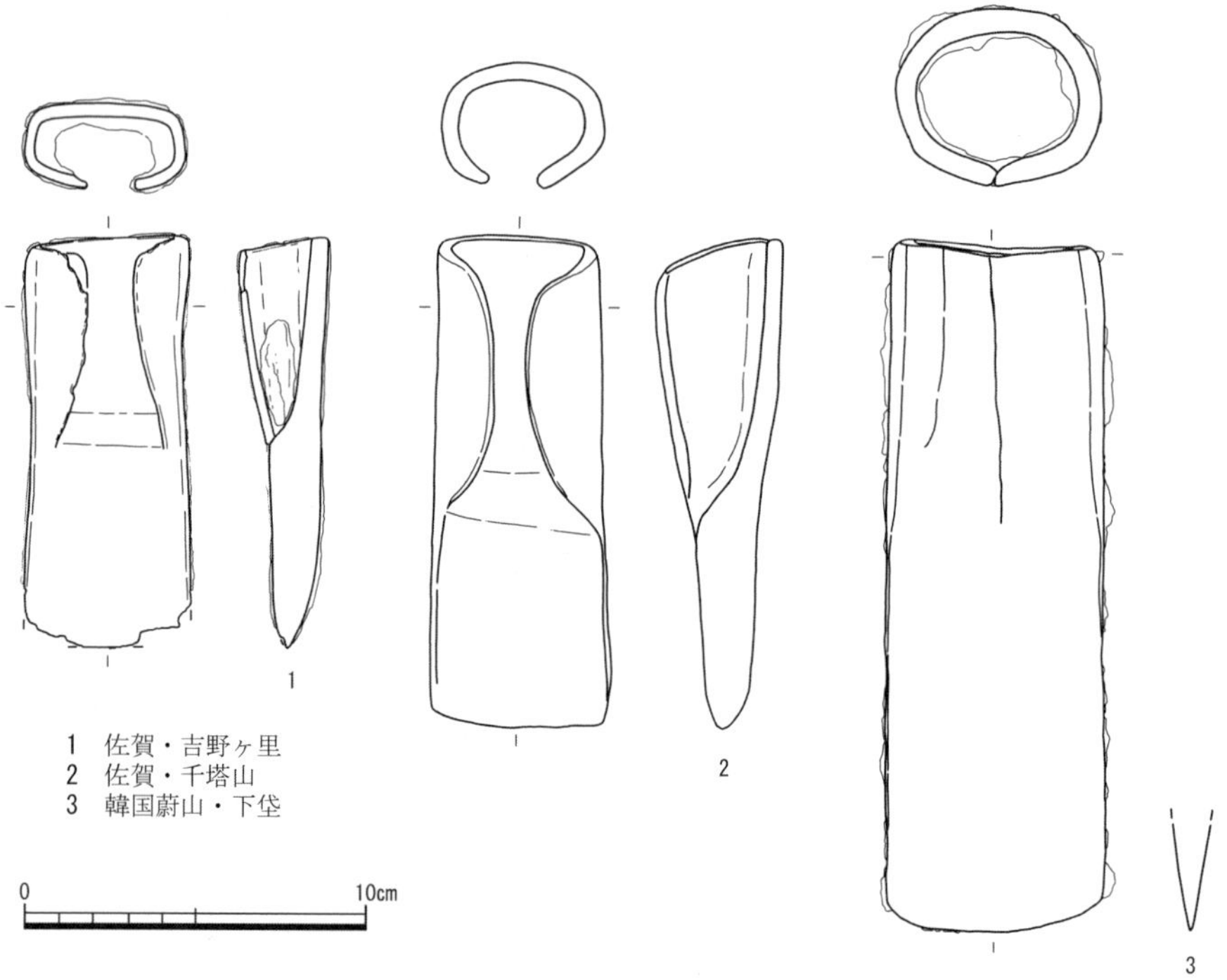

図7　北部九州と朝鮮半島南部の袋状鉄斧（S=1/3）

状鉄斧は袋部から身部までほぼ同じ厚さで、さらに袋部の閉じ合わせがあまく、折り返しの両端が離れた形態である。つまり、姥ヶ入南遺跡の鉄斧とは形に大きな違いがみられるのである。

　では朝鮮半島南部の鉄斧はどうだろうか。二世紀後葉から三世紀頃の朝鮮半島南部は、原三国時代（三韓時代）と呼ばれており、中国の歴史書である『三国志』の『魏志《ぎし》』東夷《とうい》伝韓条によれば馬韓《ばかん》・弁《べん》韓《かん》・辰韓《しんかん》といった政治勢力が群立していたとされる。そのうち東南部に位置していた辰韓の王墓群の一つといわれる、韓国慶尚南道蔚山《ウルサン》広域市下垈《ハデ》遺跡のカ—四四号木槨《もっかく》墓[7]からは、副葬品として瓦質土器や鉄鎌・鉄剣・鉄矛などの武器類、玉類のほかに袋状鉄斧が四点出土している。ここで出土した鉄斧をみると、袋部がしっかりと閉じ合わされており、姥ヶ入南遺跡出土のものに形がよく似ている（図7—3）。

このように、日本列島と朝鮮半島の鉄斧の形や製作技術について比較した結果、筆者は姥ヶ入南遺跡から出土した鉄斧は朝鮮半島の東南部で作られたものと考える[8]。この鉄斧は、弁韓・辰韓の首長から新潟の首長へと贈られたものであり、被葬者とともに墓に納められたのだろう。遠く離れた地域と親しい関係を築き、その関係を維持するための贈り物として海峡を越えたのである。

3　新潟の弥生文化を掘る

新潟の弥生文化について、その地域的な特徴や歴史的意義をさらに深く追究するために、筆者は新潟大学人文学部の学生たちとともに二〇一九年の夏から学術発掘調査を行っている。上述した大武遺跡や姥ヶ入南遺跡をはじめ、弥生時代の特筆される遺跡が密集する長岡市島崎川流域をフィールドとし、発掘調査によって遺跡のもつ情報を増やすことを目標に掲げた。初年度は、大武遺跡や姥ヶ入南遺跡が立地する西山丘陵から島崎川を挟んで対岸、島崎川右岸域・三島丘陵の裾部に立地する上桐《かみぎり》の神社裏《じんじゃうら》遺跡を調査することにし

（7）墓の一形式で、墓坑（墓室）の壁と天井を木材で築き、内部の棺を保護する施設をもつもの。

（8）森　貴教「長岡市姥ヶ入南遺跡出土鉄斧の再検討」『環日本海研究年報』第二四号、新潟大学現代社会文化研究科環日本海研究室、六八〜七五頁、二〇一九年

た（図８）。本遺跡はこれまで分布調査や採集品によってその存在自体は知られてきたが、初めての発掘調査となる。

本遺跡は、桐原石部《きりはらいそべ》神社が鎮座する低い丘陵の頂部から南西方向に広がる緩斜面上に位置している。事前の踏査から、遺物の散布が比較的濃密とみられた地点を中心に、丘陵に直交して東西方向に幅二m、全長五m（一〇㎡）の長方形の調査区を設定し、発掘調査を行った（図９）。調査の結果、地表下四〇～六〇cmまで耕作地としての利用などによって土が乱されていたものの、弥生時代中期後葉の時期を中心とする土器が多く出土した。

一般的に土器は可塑性に富むため製作者の目的やこだわり、妥協といったものが製品の

図８　上桐の神社裏遺跡遠景（大武遺跡から南東を望む）

図９　発掘調査風景

細部に反映されやすいという特徴をもっている。また、製作者が学んだ土器製作技術に起因して、土器の形や施される文様、製作技法などの様々な特徴に地域ごとの個性（地域性）が認められる。そのため土器型式の時間的な変化とともに、地域ごとの型式の違いも注目され、地域間の交流や人の移動などを考えるための題材となっている。

さて、本遺跡から出土した土器の内容についてみると、北陸地方を中心として日本海沿岸地域に広く分布する小松式土器が多いことが分かった。一方で、秋田県域に分布の中心がある宇津ノ台式土器の壺や会津地方をはじめ東北地方南部に分布する川原町口《かわらまちぐち》式系土器の壺もわずかに確認された。また、宇津ノ台式土器には、小松式土器によくみられる製作技術の特徴である刷毛目《はけめ》調整(9)がみられ、土器づくりに関する技術的な要素が組み合わされているようである。

このように、小松式土器のほかに宇津ノ台式土器、川原町口式系土器といった、地域的な由来の異なる土器が一つの遺跡から出土していることは、新潟と周辺地域の密接な交流関係や人々の移住を示していると考える。

なお、今回の発掘調査では玉づくりに関する遺物や榎田型石斧などの磨製石器、金属器は出土しなかった。本遺跡と大武遺跡など周辺の遺跡との関係や弥生時代中期後葉から後期・終末期にかけての遺跡群の変遷などについては今後の課題である。このように島崎川流域における遺跡群の調査はまだ始まったばかりであるが、継続的に調査・研究を行うことで新潟の弥生文化像を大きく塗り替えるような発見が期待される。

(9) 土器の表面に木製の板の小口面を当てて整形する方法。刷毛目は小口面の木目が擦痕としてあらわれたものである。

おわりに

本章では、新潟の弥生文化について玉と鉄器を題材として考えてきた。弥生時代中期後葉～後期・終末期にかけて、新潟に住む人々は各地の人々とモノをやりとりすることによって、その集団関係を維持していたことが分かった。なかには朝鮮半島の東南部で製作され、海を越えてもたらされた鉄斧も認められた。また上桐の神社裏遺跡の発掘調査で出土した土器にみるように、新潟の弥生土器には、様々な地域に由来する土器づくりに関する要素が取り込まれていることから、玉や鉄器といったモノそのものが単体で動いていたのではなく、人や情報も行き交っていたと考えられる。

こうしたことから、新潟の弥生文化の特徴は、周辺の諸地域に住む人々との交流関係を背景として醸成された点にあると筆者は考える。ヒスイや碧玉・鉄石英といった、新潟で産出する良質な鉱物資源を玉類に加工し、これを特産品として積極的に交易することによって集団関係を取り結んでいたのである。こうした交流の舞台となった新潟は、まさに弥生時代における「文化の丁字路」と呼ぶにふさわしい地域といえるだろう。

〔参考文献〕
荒川隆史編『二〇一九年度 秋季企画展 海をわたったヒスイ』新潟県埋蔵文化財センター、二〇一九年
馬場伸一郎「栗林式土器分布圏の石器・石製品と弥生中期社会」『長野県考古学会誌』一三八・一三九合併号、一一四～一三五頁、長野県考古学会、二〇一一年

深田浩編『輝く出雲ブランド　古代出雲の玉作り　企画展図録』島根県立古代出雲歴史博物館、二〇〇九年
森　貴教「長岡市姥ヶ入南遺跡出土鉄斧の再検討」『環日本海研究年報』第二四号、新潟大学現代社会文化研究科環日本海研究室、六八〜七五頁、二〇一九年

〔出典〕
図1・図2　筆者作成
図3　春日真実ほか編『大武遺跡Ⅱ（古代〜縄文時代編）』新潟県埋蔵文化財調査報告書第249集、新潟県教育委員会・財団法人新潟県埋蔵文化財調査事業団、二〇一四年　図版149の下段
図4　坂上有紀・田海義正・高橋保編『平田遺跡』新潟県埋蔵文化財調査報告書第98集、新潟県教育委員会・財団法人新潟県埋蔵文化財調査事業団、二〇〇〇年　巻頭図版4の下段
図5　坂上有紀・田海義正・高橋保編『平田遺跡』新潟県埋蔵文化財調査報告書第98集、新潟県教育委員会・財団法人新潟県埋蔵文化財調査事業団、二〇〇〇年　巻頭図版3の右下
図6・図7　森（二〇一九）を基に筆者作成
図8・図9　筆者撮影

column

縄文土器からみた新潟
―火焔型土器と三十稲場式土器の個性―

小熊博史

歴史の教科書で誰しも目にしたことのある縄文土器。そのなかで取りわけ個性が際立っているのが、炎のような造形美をもつ「火焔《かえん》土器」である。そもそも縄文土器とは、約一万六〇〇〇年前にはじまる縄文時代に粘土でつくられた素焼きの容器で、縄目の模様が多くつけられていることからその名がついた。北海道から沖縄にいたる日本列島の各地で、大小一〇〇を超える縄文土器の様式が確認されており、時期や地域によってその特色には違いがみられる。

写真1　火焔土器（長岡市馬高遺跡出土、重要文化財、長岡市教育委員会所蔵）

「火焔土器」は、一九三六（昭和一一）年、長岡市関原《せきはら》町の馬高《うまたか》遺跡で発見された一個の土器につけられた愛称で、それ以外の類似した土器については「火焔型《かえんがた》土器」と呼んで区別している。「火焔型土器」を含め、同時につくられていたその他の土器群をまとめて「火炎《かえん》土器様式」（＝「火炎土器」）と呼ぶ。なお、土器様式とは、土器づくりの流儀を意味する。

南北に細長い新潟県域は多くの地方に隣接するため、縄文時代には周辺を取り巻く各方面の影響を受けた土器様式が生み出されてきた。その地勢の特徴は、電気は東北、ガスは北陸、郵便は信越、財務事務所は関東など、現代のインフラ等の名称にみられる多様性に通じるものがある。

　縄文時代初めの草創期から早・前期にかけては、多縄文《たじょうもん》系土器、押型文《おしがたもん》系土器、羽状縄文《うじょうじょうもん》系土器など、東北地方や中部・関東地方と同じような器形や文様をもつ土器様式が広がった。一方、縄文時代の後・晩期には、加《か》曽利《そり》B式土器や亀ヶ岡《かめがおか》式土器など、東北や関東を中心として汎東日本的に展開する土器様式がみられるようになる。そのような趨勢のなかで、新潟独特の土器様式として異彩を放つのが、中期の火炎土器様式と後期の三十《さんじゅう》稲場《いなば》式土器様式である。

　約五五〇〇年前、縄文時代の中期に入ると、東日本で遺跡数が飛躍的に増加し、大規模な集落も営まれるようになる。火炎土器様式は、この中期の中ごろ（約五〇〇〇年前）に新潟のほぼ全域で流行し、特に信濃川流域で発展した。新潟はまさに火炎土器の勢力圏、火炎土器のクニであり、長岡市から十日町市にかけての一帯はその中心地であった。

写真2　三十稲場式土器（長岡市岩野原遺跡出土、長岡市教育委員会所蔵）

　火炎土器様式が成立する直前の新潟では、石川や富山方面などの北陸地方と共通する新保《しんぼ》・新崎《にんざき》式土器様式が広がっていた。また、東北地方南部の大木《だいぎ》式土器様式や、さらには関東地方の勝坂《かつさか》式土器様式、中部地方の焼町《やけまち》土器の影響も流入した。このように北陸系統の土器様式をベースに、東北・関東・中部といった様々な地方の影響が混じりあい、文様や器形等の要素を創造的に融合させるかたちで、火炎土器様式が誕生することになったと考えられる。
　火炎土器は装飾的な土器と非装飾的な土器から構成

されていて、装飾的な代表が「火焔型土器」である。口縁部が外側に開く深鉢形で、鶏頭冠《けいとうかん》と呼ばれる四つの大形突起を配し、その突起や口縁にはノコギリ歯状の連続した小突起をつける。また、頸部から胴部には盛り上がった隆線で縦や横に区画して、S字状や渦巻状の文様を組み合わせている。縄文土器でありながら縄文を一切使わないのが特色である。

やがて火炎土器様式が終焉を迎えると遺跡数も減少の傾向をみせるが、その後、約四四〇〇年前の縄文時代後期初頭には、遺跡が増えて再び活況を呈するようになる。その時期に登場するのが三十稲場式土器で、長岡市の三十稲場遺跡から出土した資料にもとづいて命名された。この土器様式には、刺突文《しとつもん》（ヘラなどの工具で連続して突き刺す文様）で甕形《かめがた》土器の全面を覆い、それと対になる土製の蓋《ふた》を多数つくるというユニークな特徴がある。新潟県域を中心に流行した土器づくりの流儀で、特に信濃川や阿賀野川の流域の遺跡に集中している。火炎土器様式とともに新潟の独自性をよく示す縄文土器といえよう。

縄文時代の新潟では、多数の集落が営まれて社会的にも繁栄していたであろう二つの画期に相応して、縄文土器づくりの個性が大いに発揮されたのである。現在、長岡市馬高遺跡出土の「火焔土器」は重要文化財、十日町市笹山《ささやま》遺跡出土の火焔型土器は新潟県唯一の国宝に指定されている。

※写真1　火焔土器（長岡市馬高遺跡出土、重要文化財）
※写真2　三十稲場式土器（長岡市岩野原遺跡出土）
いずれも長岡市馬高縄文館で展示

モノが語る日本海交流

白石典之

はじめに

荒天の翌日、新潟の浜辺を歩くと、おびただしい数の漂着ゴミを目にする。その多くはプラスチック製品である。とくに外国製飲料のペットボトルが目立つ。ラベルの文字はさまざまで、中国や韓国はもちろん、最近では東南アジアのものも多い。

海は世界各地につながっているが、日本海をはさんで真向かいのロシア沿海州や朝鮮半島とは、とくに結びつきが強く、大昔からさまざまな往来があった。国どうしの交流ならば史料（古文書《こもんじょ》）に記録が残り、歴史教科書などを通して、私たちもその内容を知り得る。だが、庶民が主体の交流は歴史の狭間に埋もれやすい。

実際には数えきれない庶民レベルの往来があり、歴史教科書に出てこなくても、それぞれの地域の経済や文化に大きな影響を与えてきたと思われる。そのような身近な過去の出来事を丁寧に解き明かすことで、人々の息づかいを感じられる真の歴史が編める。

真の歴史を探るには、地道なフィールドワークが大切である。五感とフットワークを最大限に活用し、集めた手掛かりを丹念につなぎ合わせて、ストーリーを作りあげていく。文字でなくても、〝モノ（考古資料）〟として残る手掛かりもある。ペットボトルのように流れ着いた過去の〝モノ〟が、歴史の表舞台に出ることのなかった壮大な日本海交流を語ってくれるかもしれない。

1　謎の異国船

日本海の対岸からやって来る漂着物として、最近よく耳にするのが「木造船」である。北朝鮮から来たとされ、全長が一〇メートルもあり、撤去に負担がかかる厄介物である。ただ、漂着船は今だけのことではない。歴史書にも新潟の浜に見知らぬ船が流れ着いたという記述が残る。

五四四（欽明《きんめい》天皇五）年には異様な風貌の者が乗った船が、佐渡の北にある御名部《みなべ》（不詳）と越後の瀬波《せなみ》河浦（村上市瀬波）に出没した（図1）。彼らは粛慎《みしはせ》と呼ばれた。粛慎は日本海北部沿岸にいたといわれるが、よくわかっていない。つづく、七五二（天平勝宝四）年には渤海《ぼっかい》使の船が佐渡に漂着した。渤海は中国東北部、朝鮮半島北部、ロシア沿海州を領土とした盛国で、日本と正式な国交があった。本来の目的地は石川から福井あたりであったが、流されてしまったらしい。

さらに、つぎのような事件もあった。後鳥羽上皇が北条義時に敗れた承久の乱の二年後、一二二三（貞応《じょうおう》二）年の冬のこと、一隻の船が新潟の海岸に漂着した。鎌倉時代に編纂された『吾妻鏡《あずまかがみ》』には「高麗《こうらい》人が乗った船が越後国の寺泊《てらどまり》浦に流れ着いた」と記されている。「寺泊浦」は現在の新潟県長岡市寺泊のことである。また、同時代に書かれた『百錬抄《ひゃくれんしょう》（百練抄）』には「越後国の白石《しろいわ》浦に異国船が漂着した。船の長さは十数丈（約三〇メートル）で、乗組員は四名だけが存命していた」とある。

「白石《しろいわ》」という地名は「白岩」と書かれて寺泊に今も残る。観光客で賑わう鮮魚店街から北に一キロメートルの住宅地で、少し歩けば海に出られる。その浜辺に八〇〇年前

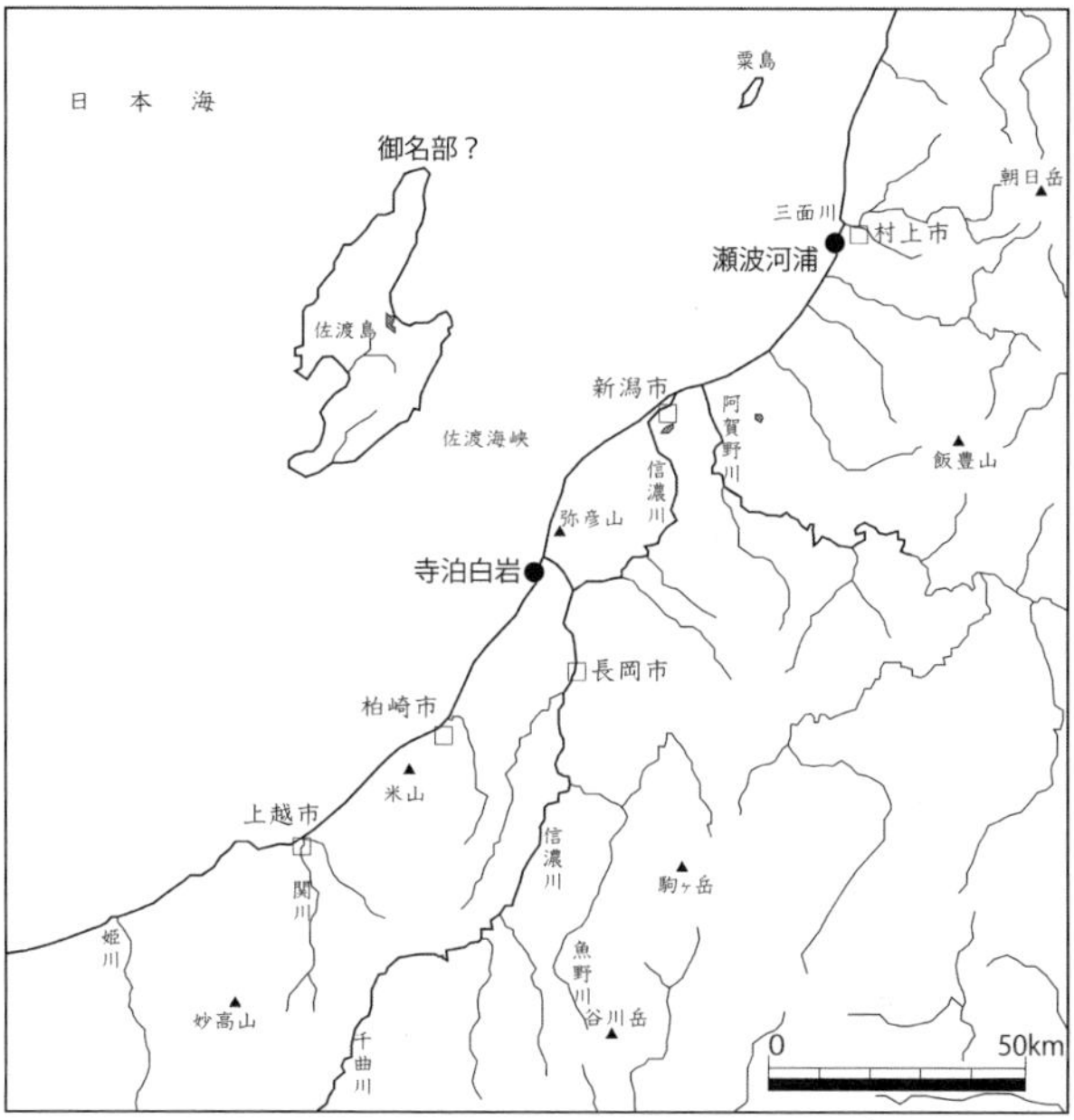

図1　関連する地名・遺跡地図

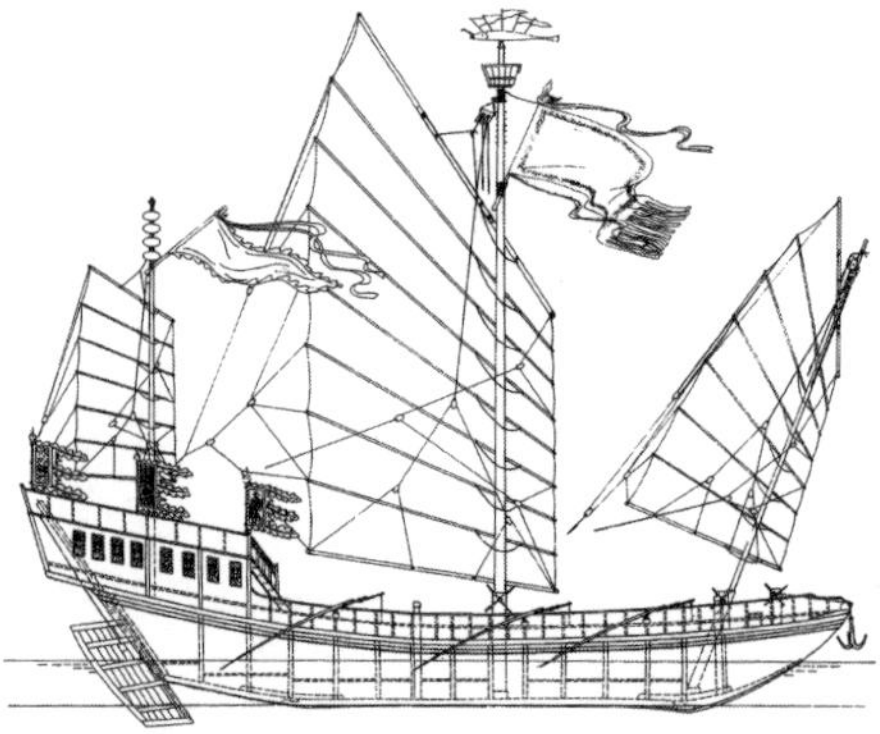

図2　当時の船の復元図(山東省文物考古研究所 2006を筆者改変)

に異国船が流れ着いたと思うと、何やら感慨深い。

全長三〇メートルというのは、当時としては最大級で、規模からいって外洋向けの構造船であったと考えて間違いない。そのころの同じような構造をした沈没船が中国で見つかっている(図2)。

『吾妻鏡』には国籍は「高麗人」とあった。高麗(九一八〜一三九二年)とは朝鮮半島の王朝で、日本とは頻繁に往来があった。だが、『百錬抄』には単に「異国船」とある。なぜこちらは高麗人と断定しなかったのか。

生存者は刀や弓などの武器のほかに、見たことのない銀製の札《ふだ》(銀牌《ぎんぱい》)も携えていた。『吾妻鏡』には「長さ七寸(約二一センチメートル)、幅三寸(約九センチメートル)」の大きさがあったと記されている。別の写本には幅二寸(約六センチメートル)とある。札の一端には穴が開き、紐が通してあったという。おそらく首に掛けたのであろう。

札の片面には見たことのない四文字が書かれていて、鎌倉幕府の学者が集まって読もうとしたが、誰も読めなかったと『吾妻鏡』にある。もし、この船が高麗から来たのならば、漢字で書かれていて、読めた人がいたはずである。しかも高麗とは国交があったので、幕府に通訳がいたに違いない。『百錬抄』の筆者が乗船者を高麗人と断定しなかったのは、不思議な文字を使い、意思疎通ができなかったからであろう。

2　銀のパスポート

それでは、この船はどこからやってきたのか。気になるのが例の四文字である。銀牌は残念ながら現存していないが、『吾妻鏡』に文字の模写が残っている（図3）。それをみると、漢字に似ている。江戸時代には林羅山《はやしらざん》といった著名な学者も解読を試みたが、はっきりしたことはわからなかった。

図3　『吾妻鏡』（吉川本）に記された銀牌の文字（新潟市歴史博物館編2009より）

図4　シャイガ遺跡出土銀牌（新潟市歴史博物館編2009より）

事態が動いたのは一九七七年のこと。ロシア（当時はソビエト連邦）のウラジオストクにある国立極東大学教授のE・V・シャフクーノフ博士が、沿海州のシャイガ遺跡で見つけた銀牌が、謎を解く鍵となった。

その銀牌とは、長さ二二センチメートル、幅六・二センチメートルで、寺泊のものと大体同じサイズであった。寺泊の銀牌には厚さの記載がなかったが、〇・二センチメートルだとわかった。上端には紐通しの穴がある。文字は陰刻されていて、一番上を除き、残る三文字は寺泊のものとほぼ一致した（図4）。

書かれていたのは女真《じょしん》文字といって、中国北部からロシア沿海州にかけて栄えた金国（一一一五〜一二三四年）で制定された文字であった。金を建てたのは女真人で、彼らの話す女真語を表したのが女真文字である。さいわい女真語の辞典が一五世紀ごろに作られていて、現在ではほとんどの文字が解読できている。

二つの銀牌の一番上に書かれていた文字とされた部分は、じつは文字ではなく「花押《かおう》」であった。花押とは現代風にいえばサイン（署名）のことである。サインをした人物はその国の外交を司る高官だと考えられるが、皇帝だという意見もある。

下の三文字は「国の真」と読め、国の用事で旅行する者の身分の証明と、道中の安全の確保を関係各所に依頼したものである。旅行者は常時これを携行した。現代風にいえばパスポートである。

このような仕様の通行証は、中国を中心とする東アジア地域で古くから用いられていた。牌符《はいふ》とか牌子《パイザ》と呼ばれ、身分によって材料が異なり、銀のほか、金、銅、鉄、木なども使われた。もちろん金牌が最高ランクで、つぎが銀牌であった。

寺泊の漂着船には高麗人ではなく、女真語を解す人々、おそらく女真人が乗っていた。女真人といえば「刀伊《とい》の入寇」が思い浮かぶ。一〇一九（寛仁《かんにん》三）年に女真人が北九州沿岸に侵攻して略奪を行ったという事件である。寺泊に流れ着いた女真人の目的は何であったのか。銀牌を携帯していたからには海賊とは思えない。もう少し真相を探る必要がある。

3　シャイガ遺跡への旅

そこで、もう一つの銀牌が見つかったシャイガ遺跡にも触れておこう。だいぶ前になるが二〇〇五年に、私は機会を得てシャイガ遺跡を訪ねることができた。

すでに述べたように、この遺跡はロシア沿海州にある。ロシア帝国は一八六〇年に清帝国から極東の日本海沿岸の土地を手に入れると、そこを沿海州と名付け、「東方を征服する」という意味のウラジオストクに拠点を置いた。ウラジオストクはアジアとヨーロッパの文化が雑居する異国情緒漂う美しい街である。私が訪れた時は新潟から直行便があったので二時間足らずで到着できた。

シャイガ遺跡で発見された銀牌は、ウラジオストク市内にあるロシア科学アカデミー極東支部歴史考古民族研究所の附属博物館に展示されていた。現物は重厚感があり、薄暗いケースの中で黄褐色に光っていた。ほかにもシャイガ遺跡の出土品が展示されていた。

銀牌の見学を終えてから、シャイガ遺跡に向かった。ウラジオストクから東に一二〇キロメートル、自動車で二時間あまりの、スウチャンという川の東岸の丘陵に立地していた。スウチャン川を南へ六〇キロメートルほど下れば、日本海にたどり着くことができるという。

実際に現地を訪れてみると、地形の険しさに驚いた。V字谷の急な坂道が容易に人を近づけないという感じであった。周囲の稜線上には土塁が築かれ、谷全体を三六〇〇メート

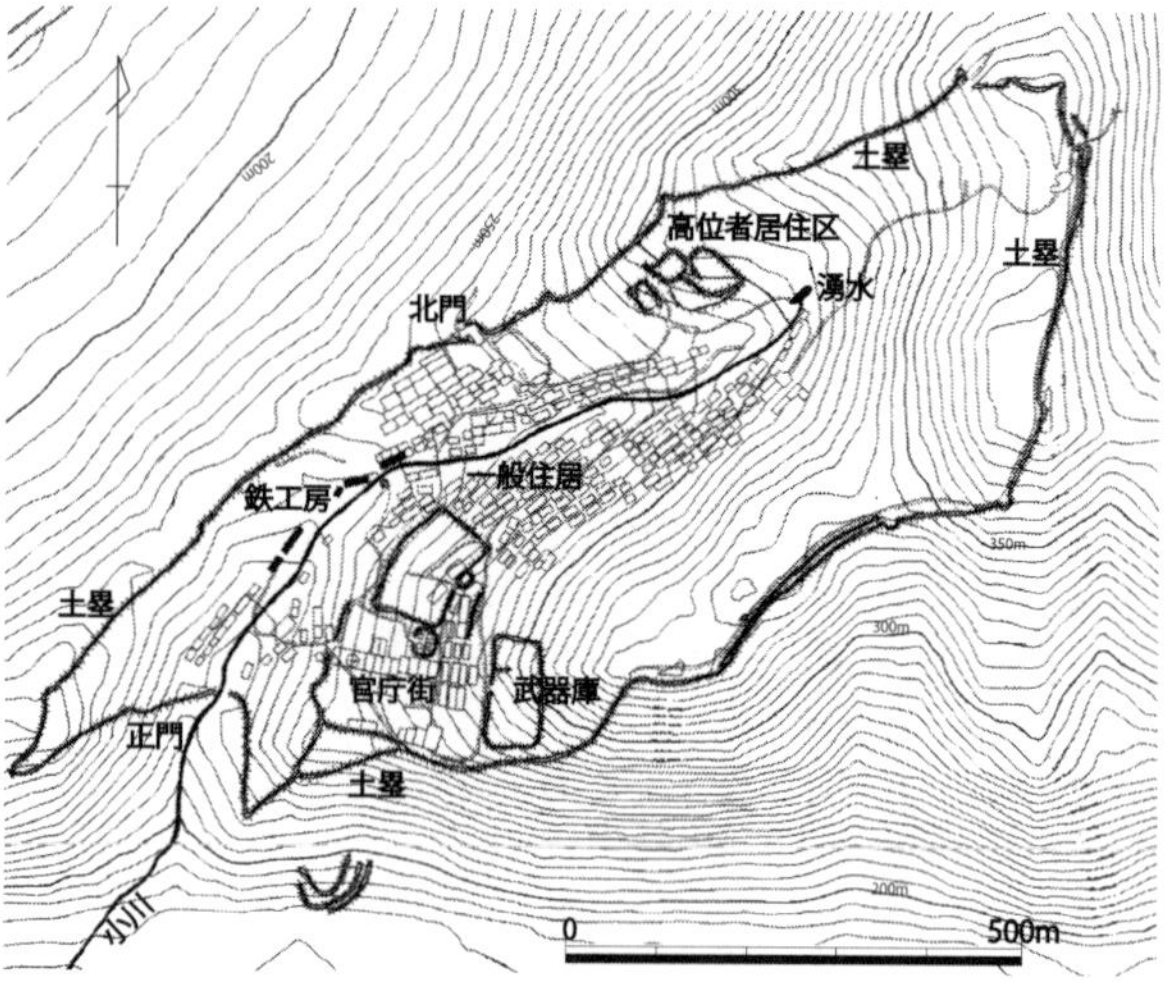

図５　シャイガ遺跡全体図（臼杵2015を筆者改変）

ルにわたって囲んでいた（図５）。土塁の高さは最大で四メートルと堅固な造りで、防御に力を入れていたことが一目瞭然であった。遺跡の総面積は四五ヘクタールで、東京ドームの約一〇個分に相当する。丘陵の谷間に大小の建物跡が認められた。建物跡は四〇〇基以上見つかっていて、数千人がここで暮らしていたと考えられている。銀牌は一五五号住居跡という大型の邸宅跡から出土したという。

ほかに、鉄工房が大規模に操業していたらしい。生活用具はもちろん、武器も生産していた。遺跡内には武器庫とみられる建物跡が見つかっている。

長年にわたりロシア沿海州の遺跡の調査研究を行ったシャクフーノフ博士は、シャイガ遺跡を「東《とう》夏《か》」という国の地方拠点と考えている。歴史教科書に出てこない国名だが、東夏とはどんな国であったのか。

4　東夏という国

東夏について説明する前に、金国の歴史に触れる必要がある。金は現在の中国黒竜江省のハルビン市郊外で、当地の女真人のリーダーだった完顔《わんやん》阿骨打《あぐだ》が皇帝と称して一一一五年に成立した。最盛期には中国東北部から黄河流域までの北中国が版図となった。ロシア沿海州も金国領であった（図6）。

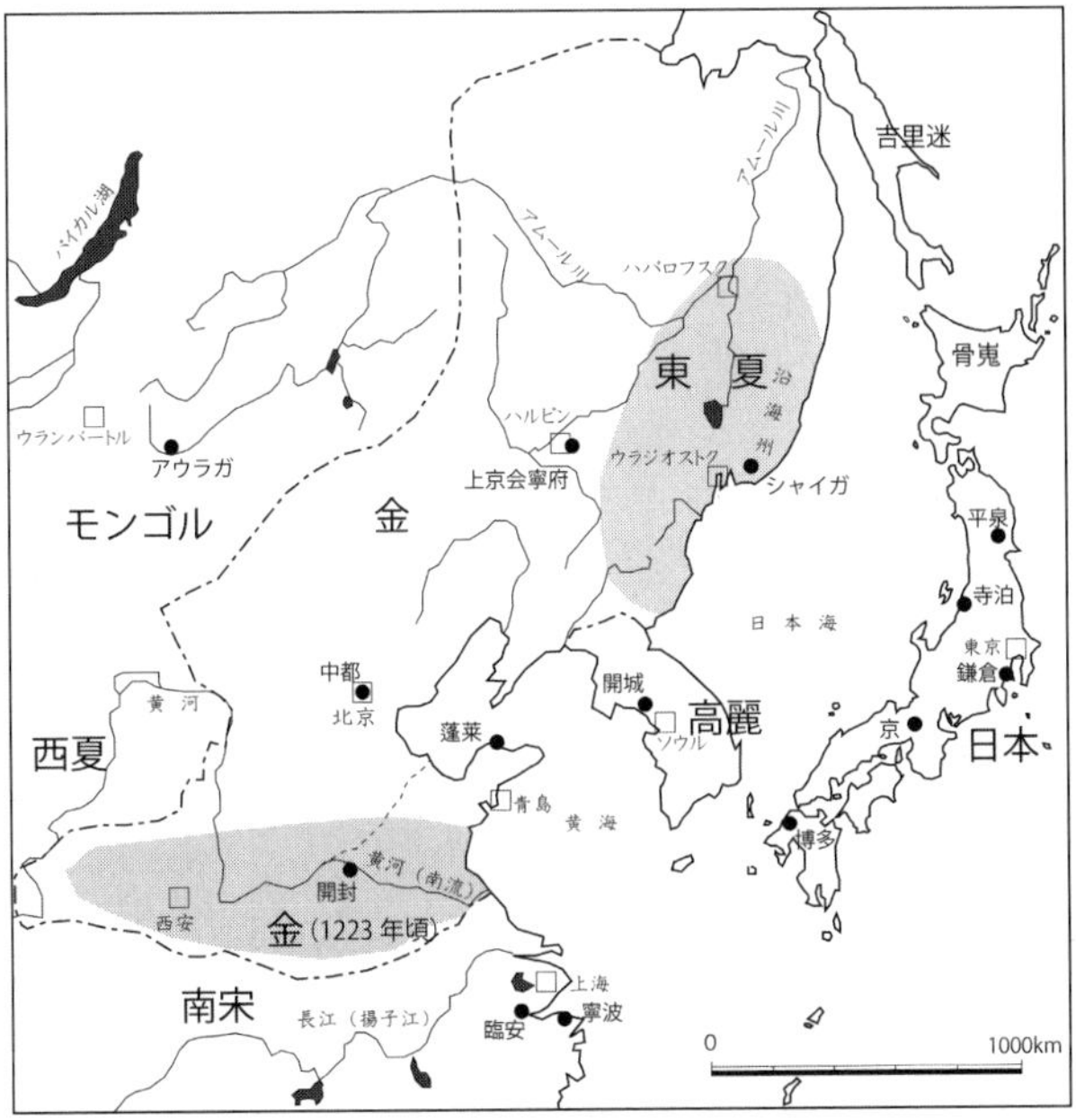

図6　当時の東北アジア

しかし、モンゴル高原に成立したモンゴル帝国によって侵略された結果、一二一六年ごろには領土のほとんどを失い、黄河中流域にわずかな勢力圏を残すのみとなっていた。

金の支配が及ばなくなった中国東北部東半からロシア沿海州にかけての地域には、金の将軍で女真人の蒲鮮萬奴《ほせんばんど》が一二一五年に自立して建てた東夏（東真《とうしん》）という国があった。つまり、寺泊に船が漂着した当時、日本海対岸にあった国は東夏ということになる。

東夏は金国の制度を継承して統治を行った。シャイガ遺跡の大型建物跡のひとつから銅印が出土しているが、金の制度に照合すると、地方を治める副長官の印であった。また、銀牌を携えることができたのは「猛安《もうあん》」という千人の兵士を指揮する軍団長レベルの人物であったとされる。そのような人物がいたのならば、当時のシャイガ遺跡は東夏の行政と軍事で重要な役割を担っていたと考えられる。

東夏はモンゴルに隷属して命脈をつないだ。しかし、モンゴルは真綿で首を絞めるように、じりじりと東夏を圧迫した。金滅亡の前年の一二三三年陰暦九月に蒲鮮萬奴はモンゴルに捕らえられた。ここに東夏は一八年足らずの短い歴史を閉じた。

ロシア沿海州にはシャイガ遺跡同様の土塁に囲まれた東夏時代の遺跡が数多く存在する。そのなかには海に面し、海上交易を行っていたと思われる遺跡もある。

おわりに

寺泊の漂着船は、東夏国の船で、国の命を受けた猛安という高い位の人物が乗船していたということがわかった。おそらく使節団か交易船であったと考える。当時の東夏は陸路をモンゴルに封鎖されたため、日本海に活路を求めたのであろう。目的地は隣国の高麗であった可能性が高いが、日本列島、そのなかでも新潟あたりを目指していたとも考えられる。

なぜならば、金・東夏と新潟との交流を物語る〝モノ〟が存在しているからである。新潟県内の中世遺跡からは「正隆元宝《せいりゅうげんぽう》」や「大定通宝《だいていつうほう》」といった金国で造られた銅銭が少なからず出土している（図7）。それらは東夏でも用いられた。日本全国から出土した中世の輸入銅銭を調べると、ほとんどは北宋や南宋で造られた銅銭であったが、北海道南部と信濃川・千曲川水系だけ金国で造られた銅銭が突出して多かったという。そのことから東北アジアと日本列島とをつなぐ、北回りの日本海交易ルートの存在が指摘されている。まだ仮説の段階だが、〝モノ〟がさらに興味深い新潟の歴史を語ってくれると期待できる。

ところで、寺泊漂着船の四名の生存者は、その後どうなったのか。『百錬抄』によると、四名は京の都に現れ、都大路にある六角堂《ろっかくどう》あたりに出没し、その変わった風貌から衆目を集めたが、それが朝廷の不興を買い、幕府によって都から追放されてしまったという。その後の彼らの行方は誰にもわからない。

〔参考文献〕

臼杵勲「北東アジアの中世―靺鞨・女真の考古学」天野哲也・臼杵勲・菊池俊彦編『北方世界の交流と変容―中世の北東アジアと日本列島』山川出版社、二〇〇六年
臼杵勲『東アジアの中世城郭―女真の山城と平城』吉川弘文館、二〇一五年
川崎保『日本と古代東北アジアの文化―地域社会における受容と変容』雄山閣、二〇一八年
新潟市歴史博物館編『哈爾濱金代文化展（展示図録）』二〇〇九年
三宅俊彦「出土銭からみたモンゴル社会」白石典之編『チンギス・カンとその時代』勉誠出版、二〇一五年
山東省文物考古研究所ほか『蓬莱古船』文物出版社、二〇〇六年

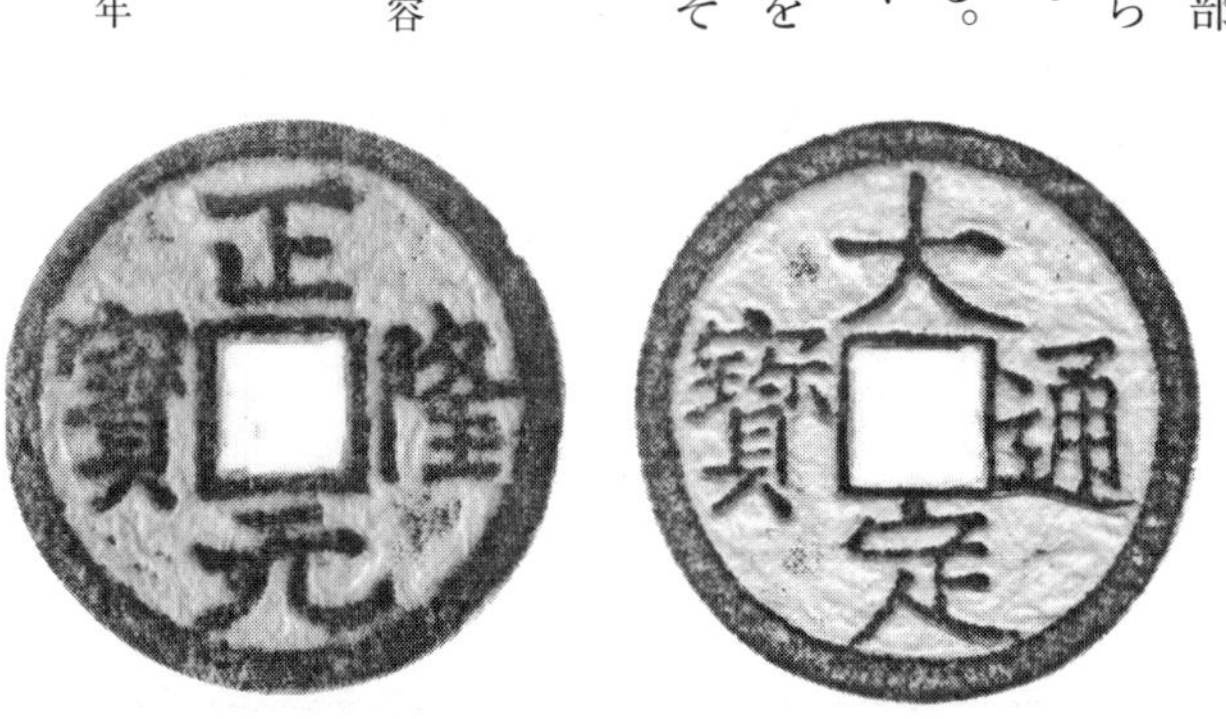

図7　金国で鋳造された銅銭［大定通宝：径2.55cm］（三宅2015より）

column

考古学からみる新潟と北海道
――湊をつなぐ日本海交流――

清水　香

日本海に面している新潟は、江戸時代の物流を支えた北前船の寄港地であり、のちの明治時代に江戸（東京）から新潟を経由して蝦夷地を旅した英国の旅行家イザベラ・バードは、新潟を「日本で最も豊かな国」と称し、当時の日本海側で唯一の開港地で、貿易の拠点として栄えた新潟町の店屋の数々について、驚きをもって詳細に書き記している。「新潟は、ロンドンの商店や市で売られている、あの表面に凸凹のある漆器、つまり黒や朱の地に朱「朱漆」の鳥や竹や竹に交差する牡丹をあしらったお盆で有名である」（イザベラ・バード二〇一二）、これは木彫りに漆を塗り重ねた村上堆朱《むらかみついしゅ》を思わせる記述である。なお、新潟市は一六三八（寛永一五）年に、塗物を専売とする「椀店《わんだな》」地域が定められ、その後自ら製造するようになった。また、村上堆朱漆器は享保年間（一七一六―一七三六）には既に木彫堆朱堆黒《ついしゅついこく》を産し、改良を重ねた結果、今日の村上木彫堆朱として完成したという（沢口一九六六）。新潟と蝦夷地（北海道）を歴史的につなぐ根拠は、廻船による交易の記録や佐渡の砂金山からの技術者招聘など、多くを文献史料による。なぜなら、主に取引された新潟の米や酒、北海道の昆布や俵物といった産物は、考古学的に確認することが難しいからである。明治時代、新潟港から出荷された酒のほとんどは北海道に向けて移出され、安価な清酒や焼酎は市場で優位を占めていた（『東北諸港報告書』一八八〇年より：新潟市歴史博物館二〇〇八）。また、幕末から明治時代にかけて越後で生産された焼酎徳利は、新潟県在住の研究者によって窯場や窯印が明らかにされており（石川一九七六など）、これまでに判明した特徴を基にした調査では、新潟および北海道を中心として確認されている（松下・氏家・笹木一九七八）。さらに松前町の沖合いでは、当時の海運から事故や投棄によると考えられる資料が引き揚げられている。しかし、先に述べた村上堆朱が遺跡から出土した場合、今のところ先行研究から産地を特定するだけの根拠を示すことができない。漆器の産地と流通を考古学的に追究する手がかりを探して、江戸時代の「抜荷」に関する文献史料にたどり着いた。

「北越秘説」は一八四〇（天保一一）年九月、川村修就《ながたか》によって作成された新潟町の「抜荷（密貿易）」に関する報告書である。そこでは新潟町に多い唐物類として、薬種類・唐更紗類・毛氈《もうせん》・珊瑚珠・光明朱・唐瀬戸物類があげられる。これより前から幕府は薩摩藩による唐物の抜荷を調査しており、一八二〇（文政三）年には松前産の俵物が新潟に出回っていることや、薩摩船への密売の事実などを関係者に聞き取りした記録が残されている（新潟市郷土資料館一九八二）。また一八三九（天保一〇）年には、九州を拠点として北国へ向かい、石州・雲州などで抜荷を売買、塗り物産地である能登輪島では、朱塗細工物に薬品や琉球朱を必要とする旨が記されている。当時、朱は幕府によって統制を受け、朱座をとおさずに流通する朱は抜荷であった。こういった中国産の朱や薬種を含む「唐物」が主に売買されたのが新潟だと推測されている（深井二〇〇九）。新潟の抜荷がはじめて摘発されたのは一八三六（天保七）年、村松浜（北蒲原郡中条町：現胎内市）で遭難した薩摩船に積まれた抜荷の売買に関する事件で、関係者は江戸送りとなって処分を受けている。しかしその後も抜荷は止まず、新潟町では抜荷の唐物が江戸よりも安価で入手できるといううわさがあった。「北越秘説」

図1　近世新潟町跡古町通7番町944番地点（椀店があった地域）出土　漆工関連遺物・漆椀類（18世紀後半）

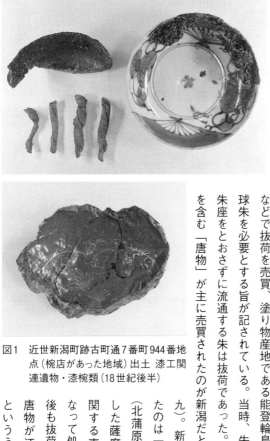

図2　近世新潟町跡一番堀通町地内出土　焼酎徳利（松郷屋）（19世紀）

によれば、新潟の「光明朱」が安いため、北国筋は塗物類や膳具、炉縁まで朱塗りを「専ら」とし、朱は会津、加賀、能登、信州に出回っている。なお以前から抜荷が流通していた会津若松では、中国産の「光明朱」の塗り物が黒色漆器よりも安価で販売されたという（新潟市郷土資料館一九八二）。

　また一八五八（安政五）年、新潟奉行所による産物の書付では、塗物類として膳椀、折敷、重箱、弁当箱、飯櫃、湯当そのほか数品があり、会津（福島県）、南部（青森県）、秋田、庄内（山形県）、海府辺（村上市沿岸部）、このほか周辺から持ち込まれた木材を新潟町の職人が仕立て、轆轤《ろくろ》細工（挽物）の分は加賀（石川県）、越中（富山県）、会津から買い入れたものを新潟町で塗り上げ、中国（中国地方）、信州（長野県）、上州（群馬県）、松前（北海道）、南部、佐州（佐渡）などに販売したとある（新潟市史編さん近世史部会一九九〇、新潟市歴史博物館二〇一三）。江戸時代の新潟は、日本海海運の中継地として蝦夷地から琉球、中国の産物が行き交う場であり、東北や北陸との分業による漆器生産の中心地でもあった。抜荷として新潟を中心に流通した中国産の「光明朱」は、漆器の産地を推測する一例として、今後、考古学・理化学分析を中心とした分布や技術交流の研究に位置づけられる可能性がある。

　北海道のアイヌ文化では、本州産の米や酒、煙草、祭り（送り）の道具や副葬品、宝物（威信財）となった刀剣類や漆器（行器・漆椀・天目台・膳など）が求められた。なお、アイヌ文化への移入が考古学的に確認できる数少ない漆器のうち、その主体となる漆椀は食膳具であり、さらには祭祀・儀礼に使用する酒のうつわとして受容されたという特徴がある。

北海道の出土資料には、琉球漆器と推測される沈金《ちんきん》や（余市町大川遺跡）、鎌倉幕府とのつながりが指摘される特徴的な文様技法（スタンプ文）を用いた椀（厚真町オニキシベ2遺跡）、一七世紀前半には出土資料として各地でごく少数確認され、一八世紀にはほとんどみられなくなる、口縁部の雲文様に金箔で菱形や斜め十字が施された、秀衡椀・南部（箔）椀・大内椀などと呼ばれる漆椀がある（清水二〇一五、二〇一七）。なかでも東北系の箔椀は、産地と考えられる東北地方ではなく、主に江戸の武家屋敷およびアイヌ墓の副葬品として出土している（清水ほか二〇一九）。盛岡藩の家老席日誌『雑書』の一六四四（寛永二一）年の記録によれば、「箔椀」は

図3　東北系箔椀（伊達市有珠4遺跡出土）伊達市噴火湾文化研究所蔵

盛岡藩の重要な産物であり、御留物《おとめもの》として領外への移出が管理されていたが、他領での評価が高くひそかに持ち出されたという（細井一九九七）。この「箔椀」が出土資料に比定されるのであれば、同様の意匠をもつ一七世紀の琉球漆器「葡萄栗鼠漆絵面盆」（東京国立博物館蔵）、中国や朝鮮へ漆器類を輸出していた記録が残る大内氏（山口）に由来する大内椀と東北系箔椀との関係性についても注目される。なぜなら、これらに共通する口縁部の雲文様および菱形や斜め十字の切箔といった意匠の由来はもとより、文様の成立過程が全く分かっていないからである。なお、伝世品が世界各地に残る一六世紀後半以降に主に京都でつくられたという南蛮漆器についても、その詳細はいまだ明らかになっていない。

薩摩藩による唐物の「抜荷（光明朱）」と新潟でつくられた漆器、新潟から運ばれた米と酒（焼酎徳利）、新潟をはじめとする日本

海側および北海道の遺跡から主体的に出土する九州系の焼き物などとあわせて考えていくと、日本海を舞台としたダイナミックな物流がその背景にみえてくる。漆器の産地に関して、人やモノの移動により、複雑に絡み合った事柄全てを関連づけるのは困難である。しかし近年、理化学分析の発達により素材の産地が特定されつつある。今後、漆器を対象とした考古学や理化学、文献史料など総合的な研究を進めることで、新潟を中心とした新たな日本海交流の一面が見えてくるのではないだろうか。

〔参考文献〕

石川秀雄『越後の陶磁』陶磁選書六、雄山閣出版、一九七六年
イザベラ・バード（著）金坂清則（訳注）『完訳 日本奥地紀行』2（新潟—山形—秋田—青森）平凡社、二〇一二年
沢口悟一『日本漆工の研究』美術出版社、一九六六年
清水 香「アイヌ文化期における漆塗椀の基礎的研究」『物質文化』（九五）、物質文化研究会、二〇一五年
清水 香「江戸遺跡から出土した緑色系漆椀の基礎研究」『東京大学構内遺跡調査研究年報一〇 二〇一三・二〇一四年度』東京大学埋蔵文化財調査室、二〇一七年
清水 香・米田 穣・尾嵜大真・大森貴之・本多貴之・増田隆之介「擦文・アイヌ文化における漆椀の実年代—総合的な分析による交流史の復元—」『アイヌの漆器に関する学際的研究』北海道出版企画センター、二〇一九年
新潟市郷土資料館『新潟市郷土資料館調査年報第六集 初代新潟奉行川村修就文書V』新潟市郷土資料館、一九八二年
新潟市史編さん近世史部会『新潟市史』資料編二近世I、新潟市、一九九〇年
新潟市歴史博物館『平成二〇年度企画展酒蔵 近代新潟の酒造り』二〇〇八年
新潟市歴史博物館『平成二五年度企画展「新潟の漆器」展図録』二〇一三年
深井甚三『近世日本海海運史の研究—北前船と抜荷』東京堂出版、二〇〇九年
細井 計（監修）浄法寺町史編纂委員会『浄法寺町史（上巻）』浄法寺町、一九九七年
松下 亘・氏家 等・笹木義友「焼酎徳利について—明治期における新潟と北海道との関連資料—」『北海道開拓記念館研究年報』第六号、北海道開拓記念館、一九七八年

中世に越後・佐渡を訪れる

片桐昭彦

はじめに

中世（おおよそ一一〜一六世紀）の越後・佐渡には数多くの人々が訪れた。京都や鎌倉から遣わされる荘官や地頭、年貢・公事などの物資を運送する人々はもちろん、商人や宗教者、文化人、戦時における軍勢、そして、京や鎌倉から流された罪人などまで様々な人々が訪れている。彼らはどのようなルートを使って越後・佐渡にやってきたのか、国内ではどこを訪れ、どこに宿泊したのかについて見てみたい。

まず中世の越後と佐渡の地理的環境について概観しておこう。越後は、南から頸城《くびき》・魚沼・三島《みしま》（刈羽）・古志《こし》・蒲原《かんばら》・沼垂《ぬたり》・岩船（瀬波）の七郡からなる。国府は頸城郡の直江津（現上越市）におかれ都市として発展し、国府の行政機能はその後守護所に吸収され、府中・府内・越府と呼ばれた。越後は、現在は上越・中越・下越に区分することが多いが、中世には国府のある頸城郡地域を上郡（府郡）と呼び、米山《よねやま》以北・阿賀野川以南の地域は中郡、阿賀野川以北の沼垂・岩船郡地域は下郡・奥郡・揚北《あがきた》などと呼ばれた。

国内の各地域は、街道などの陸路のみならず、海や河川・潟湖などの水路により結ばれていた。例えば、蒲原・沼垂郡の平野部では、信濃川と阿賀野川の大河川は合流して日本海に抜け、河口部に沼垂津・蒲原津・新潟湊という湊を形成した。それに対し、日本海へ貫流できない中小河川は砂丘列の内側に鳥屋野潟・福島潟・島見前潟などの大小多数の潟湖をつくり、河川とともに水運に利用された(1)。

佐渡は、雑太《さわた》・賀茂・羽茂《はもち》の三郡からなる。北側の大佐渡山地と南側の小佐渡山地が北東から南西にはしり、両山地の間にひらけた国中《くになか》平野の北東岸が両津湾、南西岸が真野《まの》湾である。真野湾にそそぐ国府川を中心に国中平野の水運が展開し、国府も国府川左岸の中下流域におかれ、守護所も近くの竹田（現佐渡市竹田）や下畑（同畑野）にあったとされる。いっぽう、両津湾の奥には加茂潟（加茂湖）があり、ほとりの福浦・潟端《かたばた》・潟上《かたがみ》が湊として利用された。

1　佐渡・越後に流された人々

中世の越後・佐渡は流罪の地でもあった。とくに佐渡への流罪は、古代から近世前期ま

（1）田村裕「中世越後国の地域構造」、矢田俊文「沼垂津・蒲原津・新潟湊と本願寺教団免状」など。

で長く続けられ、多くの罪人が流された。配流の地は、都からの距離により近流《こんる》・中流《ちゅうる》・遠流《おんる》と三等にわけられ、神亀元（七二四）年に佐渡は、伊豆・安房・常陸・隠岐・土佐とともに遠流の地と定められた。中世の日本（現在の北海道や沖縄県地域を除く）の人々が認識する「日本」の境界は、東は津軽・外の浜、西は鬼界が島、南は土佐、北は佐渡であった。(2) 佐渡は、遠流の地であるとともに「日本」の北の果てという意味合いもあったのであろう。

　中世に京都・鎌倉から佐渡へ流された人は、文献史料で二〇人ほど確認できる。流罪理由のほとんどは朝廷や幕府の政治事件や反逆行為に関わるものである。例えば、一二二一（承久三）年の承久の乱により流された順徳上皇、一二七一（文永八）年に鎌倉幕府に処刑されるところを免れた日蓮、一二九八（永仁六）年に陰謀罪で流された公卿で歌人の京極為兼、一三二五（正中二）年に鎌倉幕府倒幕の罪で流された公卿の日野資朝、そして、一四三四（永享六）年に室町幕府六代将軍足利義教の不興をかった能楽の大成者世阿弥元清など、日本史上でも注目される者たちが含まれる。

　中世の流人は、流刑先の国の守護の管理下におかれ、守護の手配により配所（宿所）が決められ、現地の地頭などに預けられた。佐渡の場合、配所はいずれも守護所に近い場所にあったと推定されており、流人は佐渡の守護の手を経て、近郷の地頭が預かり、地頭はさらに自領内の有力者たちに世話をさせた。佐渡の人々は、流人たちを迎え入れて交流し、都の文化や生活様式を受容し、島を豊かなものにした。また、著名な流人の配所はのちに名所となり、佐渡に流された世阿弥は、かつて順徳上皇と京極為兼の配所があった旧跡を訪れている。

（2）石井進『日本の中世1中世のかたち』（中央公論新社、二〇〇二年）

流人の多くは数年で赦免された。しかし、二〇年余りの配流生活のすえ死去した順徳上皇や、預かり人の本間山城入道により処刑された日野資朝などのように、帰国できずに佐渡で生涯を終えた者たちもいた。

佐渡に比べると少ないが、越後に流された人たちも確認できる。例えば、一二〇七（建永二）年に念仏停止により弾圧された親鸞や、一五九五（文禄四）年に娘婿の関白豊臣秀次の切腹事件に連座した右大臣の今出川（菊亭）晴季《はるすえ》などがあげられる。しかし、越後へ流された者たちは、いずれも数年で赦免され帰国しており、流刑地としての佐渡と越後には罪の軽重による格差があったとみられる。親鸞の場合には、親鸞の伯父日野宗業《むねなり》が当時越後権介であり、親鸞と共に越後へ下向した妻恵信尼《えしんに》の父三善為則は越後介をつとめ越後に所領などを持っていた。そのため親鸞の配流生活は、日野家・三善家による支えもあり、それほど厳しくはなかったと考えられる。

2 佐渡への航路

佐渡へ行くには海を渡らなければならない。中世における佐渡との往来航路はどこの湊を発着したのだろうか。前述した流人の事例をみてみよう。一二二一年に順徳上皇が佐渡へ流された際、『吾妻鏡』によれば、供奉《ぐぶ》した藤原範経は重病となって「寺泊浦」に留まり渡海しなかったと記されており[3]、上皇が渡海した湊も寺泊であったと考えられる。また、一二七一年に鎌倉から佐渡へ配流となった日蓮は「寺泊浦」から渡海している[4]。そして、

(3)　『吾妻鏡』承久三年七月二十日条。

(4)　文永八年十月二十二日付日蓮書状（法華経寺所蔵文書、『越佐史料巻二』二五頁）。

図1　本章でふれた越後・佐渡の地名

一二九八年に佐渡へ流される京極為兼は、「越後国てらどまりと申す所」の遊女初若から贈られた歌を、自身撰の勅撰和歌集『玉葉和歌集』に収載しており[(5)]、為兼も寺泊から渡海したことがわかる。鎌倉期の佐渡への航路は越後の寺泊を起点とした。

しかし、南北朝期以降、寺泊から佐渡への渡海を文献史料ではみられなくなり、尼瀬・勝見・出雲崎（いずれも現出雲崎町）が確認できるようになる。例えば、一四世紀後半、越後守護代の長尾高景は、揚北の領主黒川氏に対し佐渡への出兵を要請しており、佐渡への渡海地は「あませ・かつ見と申す所」であるとしている[(6)]。また、一五八五（天正一三）年三月に上杉景勝は、佐渡の本間氏一族の争いを調停するために後藤入道を派遣するが、その際に出雲崎で渡海の船一艘を準備するよう命じている[(7)]。

この点について田中聡氏は、南北朝の内乱において寺泊が越後の南朝方の拠点となったため、北朝方の越後の守護上杉氏・守護代長尾氏は新たな渡海地点として尼瀬・勝見・出雲崎を構築したと想定しており重要である[(8)]。

ただ、少なくとも一五一〇（永正七）年には越後守護上杉定実・守護代長尾為景は要害と化した寺泊を掌握しており[(9)]、一五八五年六月に上杉景勝は、村山慶綱ら三人の兵粮を積む船一艘を出すよう出雲崎のみならず寺泊にも命じるなど[(10)]、その後も寺泊の湊や要地としての機能は継続している。新たな湊の出雲崎とともに、寺泊湊も変わらず併用され続けた可能性も考えておきたい[(11)]。

（5）「玉葉和歌集」八（『越佐史料巻二』一二四頁）。田中聡氏は遊女の存在から当時の寺泊の都市的な性格を指摘する（田中二〇一六）。

（6）「三浦和田氏文書」五―四（矢田俊文・片桐昭彦・新潟県立歴史博物館編『越後文書宝翰集　三浦和田氏文書Ⅱ』（新潟大学人文学部附置地域文化連携センター、二〇二〇年）

（7）「景勝公御書」巻四（『上越市史別編2』三〇一七号）。

（8）田中聡「佐渡への道、佐渡からの道」。

（9）「歴代古案」巻五（『歴代古案第二』三八七号）。

（10）「景勝公御書」巻九（『上越市史別編2』三〇二六号）。

（11）越後から佐渡へ渡海する主要な湊は寺泊と出雲崎であったが、直江津や蒲原浦をつなぐルートも確認できる。

3　一五世紀後半に越後を訪れた文人

中世後期の一五世紀後半、多くの文人が越後を訪れ、記録に残している。

歌人の常光院尭恵《ぎょうえ》は、一四六五（寛正六）年と一四八六（文明一八）年の二回訪れ、『善光寺紀行』・『北国紀行』をそれぞれ記した。連歌師の宗祇《そうぎ》は、一四六七（応仁元）年から一五〇〇（明応九）年までの間に八回越後を訪れ、府中を中心に越後各所で連歌会を行ったことが『老葉《わくらば》』『下草《したくさ》』『宇良葉《うらば》』などの自撰連歌句集に散見される。聖護院門跡道興《どうこう》は、一四八六（文明一八）年に東国諸国をめぐる途中に越後を訪れたことを紀行歌文集『廻国雑記』に書いた。漢詩人の禅僧万里集九《ばんりしゅうきゅう》は、自身の漢詩文集『梅花無尽蔵』に武蔵江戸から美濃鵜沼《うぬま》へ帰る途中、一四八八（長享二）年一〇月から翌年四月まで越後を遍歴・滞在した記録を残した。公卿で歌人の冷泉為広《れいぜいためひろ》は、一四九一（延徳三）年、幕府の管領細川政元にしたがい越後を訪れたことを『越後下向記』に記している。

彼ら文人が越後を訪れた目的はそれぞれであるが、いずれも府中に宿泊、滞在している。当時府中には越後の守護上杉房定がいた。房定は、二男の顕定を関東管領山内上杉家の養子に入れ、上杉諸家の長老として幕府と古河公方との和睦（都鄙《とひ》合体）を調停した実力者であった。房定は、府中を訪れた文人たちを歓待し、宿所を提供した。尭恵は最勝院、道興は長松院貞操軒、冷泉為広は長松院に宿泊しているが、両院は禅宗寺院至徳寺《しとくじ》の塔頭《たっちゅう》である。至徳寺は、房定の館のある守護所（伝至徳寺跡、現直江津駅構内および南側に広がる遺跡）

の近くにあったと考えられており、とくに長松院は房定が賓客をもてなす迎賓館として用いられた。[12]

文人たちは府中の近くを遊覧しているが、当時の名所はどこであろうか。

万里集九と冷泉為広は国分寺・円通寺を訪れている。集九は国分寺を「堂宇は山の如く海崖に冠たり」と記すことから、当時の国分寺は岩殿山（現上越市大字五智国分）にあったとされる。両人とも本尊の五智如来を参詣しており、集九は霊験あらたかな琵琶（一九八八年焼失）も見ている。[13] 円通寺は臨済宗寺院として知られ、当時の住持岳英徳林は長尾頼景の兄で、守護上杉房定の使僧として都鄙合体に奔走した。集九は「山本の円通精舎」には「夢窓井（夢窓の井戸）」があり高僧夢窓疎石が修行したという伝承があると記しており、冷泉為広は「山本観音」と記している。[14] 所在とみられる山本は未詳であるが、観世音菩薩が有名だったのであろう。

図2　関山宝蔵院跡（「旧関山宝蔵院庭園」妙高市教育委員会提供）

堯恵と集九は居多《こた》神社へも参詣している。[15] 居多神社は、弥彦神社とともに越後の一宮《いちのみや》として南北朝期以降にみられる。堯恵が「渚近き所に神さびたる社」と記すように、当時は現在地より少し海沿いにあったと考えられる。集九は同行する僧侶とともに「居多大明神霊祠《れいし》」に無事の帰国を祈願し、神前で酒を酌み交わしている。

(12) 矢田俊文「守護所と至徳寺」（『上越市史通史編2中世』第二部第二章第一節）。

(13) 『上越市史資料編3古代・中世』四三〇・四六六号。

(14) 『上越市史資料編3古代・中世』四三二・四六六号。

(15) 『上越市史資料編3古代・中世』三八八・四三一号。

図3　能生白山神社拝殿

尭恵・集九・宗祇はいずれも関山（現妙高市大字関山）を訪れている。[16] 関山には関山三社権現（現関山神社）と別当の妙高山雲上寺宝蔵院があった。尭恵は、信濃の善光寺へ向かう途中、関山でかつて比叡山延暦寺の西塔にいた快芸法師と会い、帰途には彼の住坊に宿泊している。集九は、妙高山の李渓首座に会い留月軒の池について漢詩を作り、また雲興寺の仲成和尚の求めで漢詩を添削している。宗祇は関山の「水おもしろき坊」で開催された連歌会によばれている。当時の関山は文化を求めうる力があった。

彼らは府中以外の場所でも宿泊している。府中から西への往来では、冷泉為広を伴う細川政元の一行は、糸魚川と能生（現糸魚川市大字能生）に宿泊した。[17] 糸魚川では観音寺、能生では金剛院という寺院を宿所としたが、いずれも上杉房定の手配によるものである。万里集九も美濃への帰途、能生の太平寺の理観密坊に五ヶ月余り滞在し、その間に白山神社や小見の竜光寺を訪れている。[18]

また、為広ら一行は府中に北東にある「柏崎宿」（現柏崎市）まで足をのばし、「スカ（須賀）ノ道場」と呼ばれる時宗の福海寺に宿泊した。[19] いっぽう集九は、魚沼郡上田（現南魚沼市）から府中へ向かう途中で柏崎に立ち寄っており、柏崎の「市場の面、三千余家、其

(16)『上越市史資料編3古代・中世』三三二・四二九・五一〇号。

(17)『上越市史資料編3古代・中世』四六六号。

(18)『上越市史資料編3古代・中世』四四三・四四六・四五〇・四五二・四五五号。

(19)『上越市史資料編3古代・中世』四六六号。

のほか深巷《しんこう》凡《およ》そ五六千戸」として都市柏崎の繁栄ぶりを記している。[20]
一五世紀後半に越後を訪れた文人たちが赴いた場所は、ほとんど府中のある頸城郡とその近郊までであった。守護上杉氏の接待力が及ぶ範囲であったともいえる。しかし、中世に越後を訪れた人々すべての行き先と目的が府中や頸城郡にあったわけではない。

4　越後への来訪者と宿泊所

中世に越後を訪れた人々の記録は、宗教関係の史料に多くみられる。

時宗の開祖一遍の死後、時衆をひきいた他阿真教《たあしんきょう》は、一二九三（正応六）年から翌年にかけて越後を遊行している。『遊行上人縁起絵』や『他阿上人法語』によれば、真教は、柏崎に逗留し、越後府中、関山を経て善光寺に参詣しており、その間に蒲原郡の木津氏・池氏、魚沼郡波多岐《はたき》庄の中条氏・妻有《つまり》庄の下条氏、刈羽郡佐橋《さばし》庄[21]の毛利氏などの武士や、刈羽郡鵜川庄萩（鉢）崎（現柏崎市米山町）極楽寺の契範円観坊をはじめ多くの僧侶・俗人の帰依をうけた。その後も歴代の上人たちが遊行を重ね、とくに真教が遊行した柏崎・佐橋・波多岐は時衆の一大拠点となり、蔵王堂（現長岡市）・三条などの地域にも時衆は発展した。

また、真言宗高野山（現和歌山県高野町）清浄心院の僧侶は、越後の各地を訪れ、供養の依頼をうけてまわって供養帳に整理し、供養対象者の戒名・住所・年月日などを書きあげている。そのなかの『越後過去名簿』[22]の写本には戦国時代（一五世紀末〜一六世紀）の約一二〇〇件の供養依頼の記載がある。未詳地名も多いが、府中二一〇件、春日山六〇件を含

（20）『上越市史資料編3古代・中世』四二〇号。

（21）波多岐庄・妻有庄は現中魚沼郡・十日町市、佐橋庄は現柏崎市内、鯖石川流域に所在した荘園。

（22）山本隆志「高野山清浄心院「越後過去名簿」（写本）」（『新潟県立歴史博物館紀要』九号、二〇〇八年）

む頸城郡が約三五〇件と最も多く、次いで蒲原郡約三三〇件（新発田七八件、新潟六八件、黒川二九件、白河二七件など）、魚沼郡約一五〇件（上田一〇二件、妻有三六件など）、岩船（瀬波）郡約八〇件と続き、他郡も一〇〜二〇件ほどずつ確認できる。清浄心院の僧たちが越後国内を隈なく歩いたことがうかがえるが、全体の傾向としては上郡・下郡が多く中郡は少ない。(23)

一五六三（永禄六）年九月から翌年一〇月にかけて、同じく真言宗醍醐寺（現京都市伏見区）の僧侶は、京都から北陸経由で越後、関東、南東北を旅して帰京し、各地で支出した経費を帳簿にまとめている。(24) それによると僧侶が往来の上下で宿泊した場所は、下りでは頸城郡の糸魚川・能生・有間《あるま》川・府中・花ケ崎・直峰《のうみね》・田麦・松平《おっぽう》（松代）、魚沼郡の麻畠・湯ノ沢・浅貝、上りでは蒲原郡の津川・馬下《まおろし》・津島屋・乙宝寺・新潟、刈羽郡の軽井川・鉢崎《はっさき》、山上（三条か）、三島《さんとう》郡の出雲崎、頸城郡の府中・有間川・能生・糸魚川・市振《いちぶり》である。(25) 直峰の大善坊と乙宝寺以外では、いずれも「ハタコ（旅籠）」に宿泊しており、当時越後の湊や街道沿い各要所にはすでに宿泊施設があったことがわかる。一六世紀後半頃には、地域の領主や有力者の知遇を得ずとも、金銭を払えば宿泊できるようになっていたのである。

おわりに

越後や佐渡を訪れ、旅籠に宿泊できない旅人は、仏堂や神社に泊まることもあった。中

(23) 詳しくみると、時衆の拠点である柏崎や佐橋の供養者はみられず、蔵王堂は二件、三条は七件とわずかである。真言宗高野山の僧侶と時衆とは相容れない領域があったのかもしれない。

(24) 山本光正・小島道裕「資料紹介『永禄六年北国下り遣帳』」（『国立歴史民俗博物館研究報告』第三九集、一九九二年）。

(25) 真言宗醍醐寺の僧はここでも時宗の拠点柏崎では宿泊していない。

図4　護徳寺観音堂(前嶋敏氏提供)

世に建立された建造物として現存する越後の頸城郡松代の松苧《まつお》神社本殿(現十日町市)、蒲原郡の平等寺薬師堂(現阿賀町岩谷)・護徳寺観音堂(同日出谷)、佐渡の蓮華峰寺骨堂・金堂(現佐渡市小比叡)では、それぞれ解体修理をした際に嵌板・柱・梁などに多くの墨書銘が発見されている。いずれも中世にこの堂・社に宿泊した旅人が落書したものである。

松苧神社本殿には山城国北白川(現京都市左京区)・河内国交野郡光通寺(現大阪府交野市)・越中国放生津(現富山県射水市)、平等寺薬師堂と護徳寺観音堂には上野国白井(現群馬県渋川市)・常陸国佐久里(現茨城県)・下野国高取(現栃木県)・会津、蓮華峰寺骨堂・金堂には筑前国一貴寺(現福岡県)・大和国西大寺(現奈良市)の僧俗の落書がみられる。[26] 東国のみならず畿内・西国の各国から廻国巡礼者や牢人などさまざまな人々が、理由はそれぞれ、宿泊費を節約しながら越後・佐渡国内を漂泊していたのである。

(26)『新潟県史資料編5中世三』二九二七・二九三五・二九三八・二九四二・三二五四・三二五五・四三六六号など。

〔参考文献〕
阿部洋輔「仏堂の落書」東蒲原郡史編さん委員会『東蒲原郡史通史編1』第三編古代・中世第二章第四節第四項、二〇一二年
小島道裕「中世後期の旅と消費」『国立歴史民俗博物館研究報告』第一一三集、二〇〇四年
田中聡「佐渡への道、佐渡からの道」中世都市研究会編『日本海交易と都市』山川出版社、二〇一六年

田村裕「中世越後国の地域構造」羽下徳彦編『北日本中世史の総合的研究』東北大学文学部、一九八八年
松本学「中世越後における時衆教団の形成と展開」『新潟史学』第四〇号、一九九八年
矢田俊文「戦国期越後の守護と守護代—上杉房定と長尾為景—」田村裕・坂井秀弥編『中世の越後と佐渡—遺物と文書が語る中世的世界』高志書院、一九九九年
矢田俊文「沼垂津・蒲原津・新潟湊と本願寺教団免状」小林昌二編『前近代の潟湖河川交通と遺跡立地の地域史的研究』新潟大学人文学部、二〇〇四年
新潟県『新潟県史　通史編2中世』新潟県、一九八七年
上越市『上越市史　通史編2中世』上越市、二〇〇四年

column

米山周辺の中世石塔を探る

伊藤啓雄

日本海沿岸にそびえ立つ米山は、標高九九三mで、黒姫山・八石山《はちこくさん》とともに刈羽三山と称されている。地形的には高田平野（頸城郡）と柏崎平野（刈羽郡）とを画しており、山麓は交通の要衝でもあった。周辺には米山に関する諸々の資料が残されているが、「米山従奥」（建仁三年・一二〇三）、「越後国米山より奥之分」（永禄三年・一五六〇）と記載された中世の史料もあり、米山が越後を二分すると意識されていたことが考えられている。

筆者が近年注目しているのは、米山周辺の中世石塔である。中世石塔には、板碑・五輪塔・宝篋印塔《ほうきょういんとう》・石仏といったものがあり、供養などのために当時建てられていた。越後では阿賀北・魚沼・頸城などで地域的な展開がみられ、当時の信仰のあり方を垣間見ることのできる貴重な資料となっている。これらの地域に比べると米山周辺の中世石塔は少ないが、おおむね次のとおりの状況である。

まず、板碑は、「中山石《なかやまいし》」と呼ばれる石材のものが分布している。北東麓では、頭部が山形で二条線を刻む小型の形態をなしており、かつてはおびただしい数が柏崎市東の輪町地区で発見されたという。現存資料のうち、正面に「南無妙法蓮華経」を刻むものが一基ある（図1）。

図1　柏崎市東の輪町地区の板碑
（柏崎市立博物館蔵）

図2　中山石の露頭

これに対し北麓や南西麓では、頭部は山形で二条線があるが、額部・基部が張り出した形態で、正面には大日如来を示す種子「バン」が刻まれている例が多い。現在の北東麓・北麓は柏崎市域に含まれるが、北麓はかつて南西麓と同じ頸城郡の一部であったことが形態の違いに関わっていると考えられる。中山石以外では、柏崎平野東部の岩《いわ》之《の》入《いり》地区において、自然石に文字を刻んだ板碑があり、正平一五年（一三六〇）の銘がみられる。自然石の板碑は魚沼に多いので、その影響であろうか。

五輪塔は、全体がのこされている例は少ないが、各地に分布しており、発掘調査でも出土している。中山石による小型品が主体的であるが、稀に大型なものもある。また、東麓にあたる鵜川中流域の柏崎市新道地区には、一三一〇年代の紀年を持つものがあった。

宝篋印塔は、残欠が各地に点在している程度であるが、北東麓に近い柏崎平野中央部ではやはり発掘調査で発見された例もある。石材は安山岩なども用いられるが、一様ではない。しかし、柏崎平野東部の鯖石川中流域では独特の反花文様《かえりばなもんよう》が施されたものがあるように、地域の特徴が見出せる場合もある。

米山周辺の中世石塔に欠かせないのは中山石の存在であるが、柏崎平野においては東部や北東部など米山からやや離れた地域では今のところ確認されていない。また、高田平野は五輪塔が多い地域であるが、中山石が利用されるのは南西麓の上越市柿崎区付近である。中山石は白色凝灰岩で、同区上中山付近で昭和三〇年代まで採掘されていた（図2）。越後を二分するという社会的な境界性を備えていた米山の両側で、中世では山麓付近に限った狭域な範囲ではあるが、その境界性や土地支配を越えた石材の流通があったことがわかる。板碑のように、形態は異なるが、石材は同じ場合もある。完全な姿の中世石塔に出会えないことも多いが、ひとつひとつが地域の特徴を物語っている。

〔参考文献〕　※埋蔵文化財発掘調査報告書は省略
柿崎町史編さん委員会編『柿崎町史』資料編1　柿崎町、二〇〇四年
柏崎市史編さん委員会編『柏崎市史資料集』考古篇1　柏崎市史編さん室、一九八七年
柏崎市立博物館『柏崎の石仏―石が語るもう一つの歴史』（第二〇回特別展図録（開館五周年記念））、一九九一年
中野豈任「『米山より奥』という言葉―上越後と下越後の意識―」『頸城文化』第四二号　中村辛一先生古希記念特集号　上越郷土研究会、一九八四年
水澤幸一『仏教考古学と地域史研究―中世人の信仰生活―』高志書院、二〇一一年
吉川町史編さん委員会編『吉川町史』第二巻　吉川町、一九九六年
渡邉三四一「柏崎市の板碑概観―追加報告を兼ねて―」『石仏ふぉーらむ』第二号　新潟県石仏の会、一九九六年

東へ西へ、南へ北へ
――水陸の道の交点がもたらした繁栄――

原　直史

はじめに

明治初年の港湾調査に基づく表1（次頁）をみると、上位三港が隔絶した規模であること、新潟港と伏木港（現富山県高岡市）が移出・移入額で一、二位を競っていること、直江津（現上越市）や出雲崎（現三島郡出雲崎町）など新潟県の港も含めて日本海側諸港が優位にあること、などが着目される。実はこの調査で対象とされた港湾の範囲は北関東・東北・北陸・山陰に限られており、横浜などは入っていない。調査主体は開拓使である。つまり北海道開拓に伴い関連する諸港を調査したのだが、その際に日本海沿岸諸港が重要であった点にも、改めて注意を向けておきたい。

表1　明治11（1878）年港湾規模上位10港

	移出額（円）		移入額（円）
新潟	2139302	伏木	1957340
伏木	2002668	新潟	1501536
寒風沢	1923474	石巻	1402659
境港	919560	七尾	651800
七尾	802513	土崎	600414
石浜	554831	酒田	600075
土崎	515340	出雲崎＊	555827
直江津	458001	直江津	493247
出雲崎＊	366740	境港	455480
酒田	349880	坂井	343720

金額の円未満は四捨五入
＊出雲崎のみ明治12年の数値
開拓使「二府四県采覧報文」（1879）「東北諸港報告書」（1880）（『明治前期産業発達史資料第2集』1959）より作成

同じ報告書に依れば、一八八〇（明治一三）年頃の戸数人口は、新潟が一万二四九戸、三万七〇七六人であるのに対し、例えば酒田（現山形県酒田市）が三七四一戸、一万七四三七人、石巻（現宮城県石巻市）が二六八〇戸、一万一〇八二人となっている。新潟は、地方港町として飛び抜けた規模を持っていたのである。

こうした状況は、幕末期からあまり変わっていないと考えられる。日本海海運の歴史の中で新潟がひとつの頂点に立った姿を、この表は反映しているのである。以下本章では、その歴史的展開をたどってみることにしたい。

1　西廻り海運と北前船

中世以後近代初期までの日本海海運は、およそ三つの段階に分けて考えてみるのが妥当だと考えられる。第一段階は中世から近世初期までの時期で、小浜や敦賀（現福井県小浜市・敦賀市）を境にして、北東側日本海と南西側日本海との交流があまり無かった時期である。これは、敦賀や小浜が京都の外港の役割を果たしていたことと密接に関係している。この時期の日本海海運の基礎には、遠隔地の荘園公領からの物資が小浜や敦賀を介して陸路琵琶湖岸に至り、琵琶湖舟運を経た上でさらに京都などの本所のもとへ向かうという流れがあったのである。近世に入っても、京都や伏見などでの都市建設に伴う物資が、同様な経路で運ばれていった。

　第二の段階は、近世に入って一七世紀の半ば頃に現れた。日本海側諸藩の年貢米換金にあたって、有利な市場を形成していた大坂への集中が目指されたことがその背景にある。

図1　西廻り航路の概要　新潟都市圏大学連合『みなとまち新潟の社会史』より

大坂への廻米に際し、従来のように敦賀で荷揚げし内陸を経由するのでは大きな経費がかかる。そこで日本海側諸藩は廻米にあたり、下関を回って瀬戸内海に入り、直接大坂への海上輸送を試みた。この試みは一七世紀後期を通じて進められ、やがて定着した。これが西廻り海運である（図1）。これにより東西に分裂していた日本海航路、そして瀬戸内海航路がひとつになった。

　西廻り海運というと、酒田からの幕領米廻米に携わった、一六七二（寛文一二）年の河村瑞賢の事業が著名だが、これは前に記した諸藩の動向の総まとめとして位置づけることができるだろう。瑞賢の事業で注目されるのは、敢えて塩《し》飽《わく》諸島（現香川県坂出市ほか）など瀬戸内の海運業者を用いた点である。これは当時の瀬戸内で先進的な帆走技術を有していた弁才《べざい》船を導入し、漕ぎ手を減らしてコスト減に繋げようとしたからだと考えられる。幕府以外の諸藩も、この点から多く上方の廻船を雇用した。

その結果、この時期の日本海海運には、領主年貢米を積んだ上方の大規模廻船が西廻りの長距離海運を担い、多様な物資を積んだ地元日本海の中小廻船が従来型の航路を行き来するという、重層構造が成立した。

第三の段階は一八世紀後期に登場した北前船の活動時期にあたる。この時期、本州などで産出されるイワシ魚肥の価格が高騰したこと、他方で蝦夷地のニシン魚肥はまだ安価に手に入ったこと、近世初期から蝦夷地産物の流通を伝統的な敦賀ルートを使い担っていた近江（現滋賀県）商人が、その主導権を失っていったこと、こうした諸条件がこの時期に重なったことにより、従来近江商人に雇われていた北陸地域の船主が独立し、蝦夷地〜上方間の長距離輸送に進出した。これが北前船である。

北前船は前述した魚肥の価格差を背景に、蝦夷地でこれを買い取り上方で売却して、差額を利益にするという買積経営を中心に発展をした。やがて日本海海運は、蝦夷地産物に限らず、各地の特産物を買い積みする大小の船によって、空前の活況を呈した。

その最盛期は幕末から明治前期とされている。すなわち「はじめに」でみた時期にあたる。他方で明治三〇年代頃から、通信インフラの整備等による地域間価格差の減少により、買積経営の利点が少なくなると、こうした北前船の経営は姿を消していった。

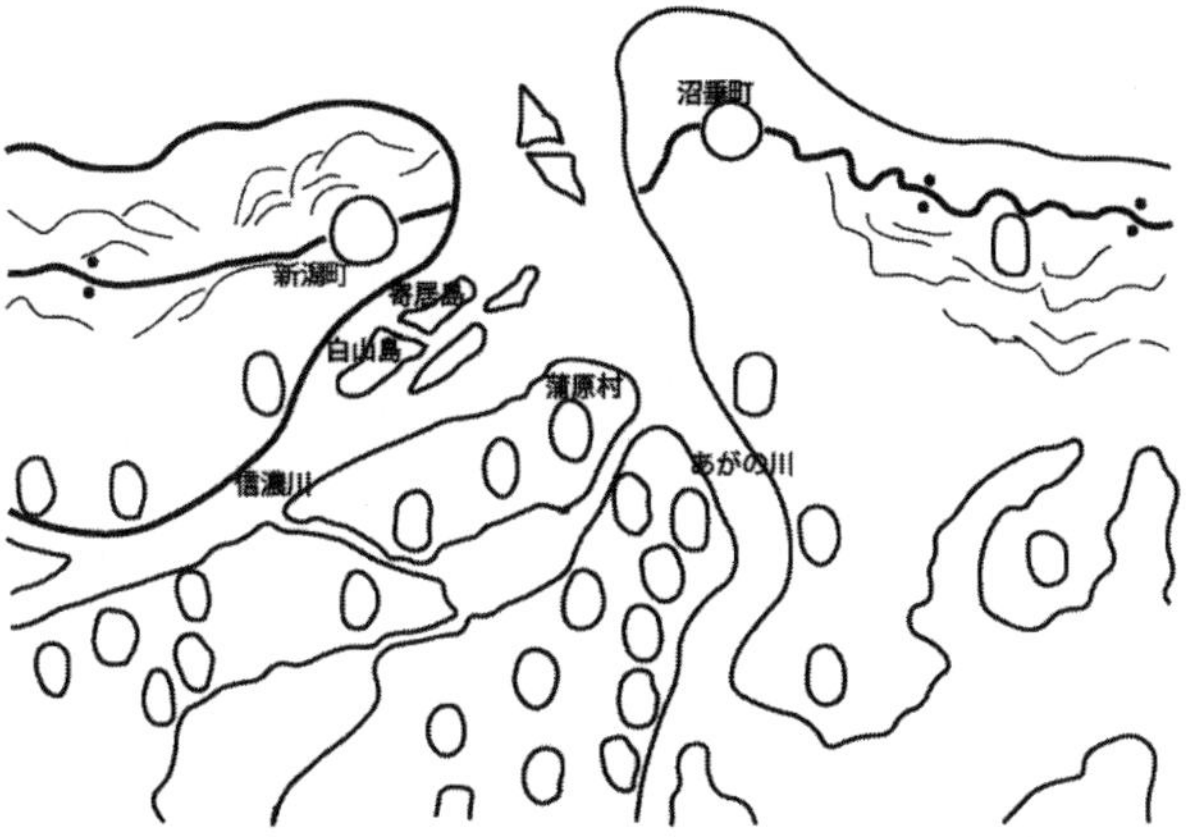

図2　1645（正保2）年越後国絵図部分（筆者によるトレース）

2　移転する湊町

このような日本海海運の展開の折々で、湊町新潟は個性的な姿を見せてきた。次にその新潟町の歴史について概観することにしよう。

戦国時代から近世前期にかけて、信濃川と阿賀野川はほぼ合流して大きな河口部を形成し、この河口部をめぐるように沼垂《ぬったり》・蒲原・新潟の三つの湊町が成立していた（図2）。越後の戦国大名上杉氏は、これを三か津と呼び、代官を派遣して掌握していた。

このうち沼垂は古代の渟足柵《ぬたりのさく》に起源を求められる古い地名で、湊町としても南北朝期から文献に姿が見える。蒲原も古代越後国の国津として指定されていたことが延喜式に記録される、古くからの湊である。一方で新潟は、戦国時代になって初めて記録に登場する。

一五二〇（永正一七）年以降、高野山清浄心《しょうじょうしん》院《いん》の「越後過去名簿」に「新方」「新潟」を冠

した人物の記録がみられる。その直前、一五一八年に伊達氏の使者がこの地域を通過した際の記録には、沼垂と蒲原しか登場しないので、新潟はこの一五二〇年前後にようやく姿を見せてきた新しい湊町だといえる。

さて、近年確認された、魚沼市弘誓寺《ぐぜいじ》不動明王坐像墨書銘に「越後国蒲原郡平嶋之郷新潟津」とあり、この銘が記された一五六六（永禄九）年頃の新潟は、後の新潟町の場所よりも信濃川を遡った現新潟市西区平島《へいじま》あたりにあった可能性が高い（図3）。さらにその後、天正年間の新発田重家《しばたしげいえ》の乱（一五八一～八七）に際して、新潟が双方の争奪の場となった際の記録に依れば、新潟はさらに新たな場所に移転をしていたとみられる。

このように湊町が移転をする様子がより詳しくわかるのは、江戸時代に入ってからである。一六三八（寛永一五）年、長岡藩が幕府に「新潟町を寄居・白山島に移転させたい」と申請した。信濃川にある中洲・島が大きくなって船の寄航に支障が出ていたからである。一六五四（承応三）年に幕府より正式な許可が出て、翌一六五五（明暦元）年に移転が行われた。

元の新潟町と島との間は埋め立てて陸続きとなった。島にあった白山社を町の南端とし、その北側に元の新潟町をほぼ平行移動して、あらたな町づくりがなされた（図4）。町は川に並行する二本の堀と三本の通り、これと直交する四～五本の堀と多くの小路からなり、信濃川・寺町・白山社・日和山《ひよりやま》で区切られた空間に配置された。後の時代の記録だが、例えば湊町の頂点に立つ廻船問屋は、川沿いの通りに面して立地することを義務づけられていた。このよう人為的・機能的な空間構成が、あらたな新潟町の特徴であった。このときに確立した堀や道筋による空間構造は、基本的に現代まで引き継がれている。

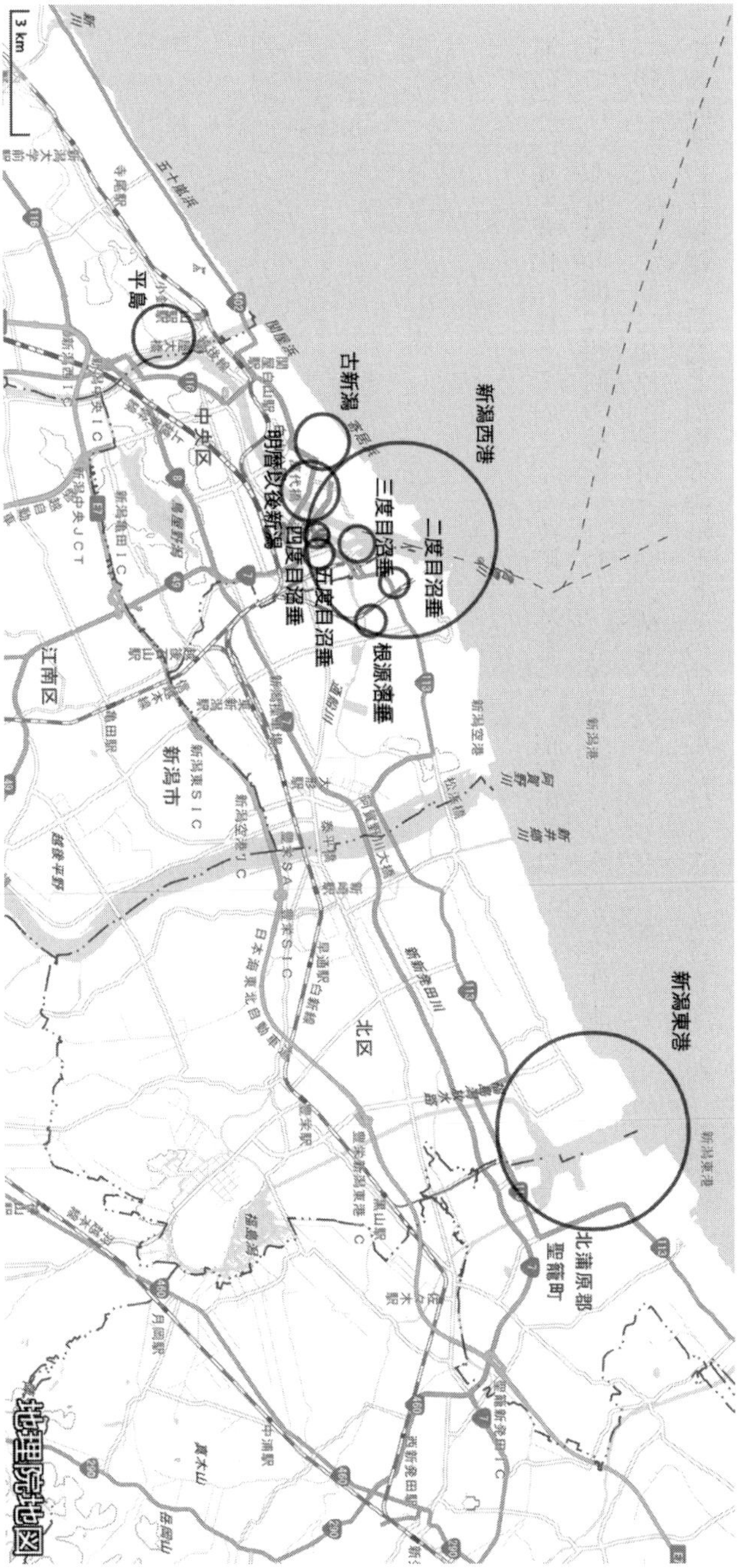

図3　湊町の移転全体図　（地理院地図より筆者作成）

河口部の地形変化に伴うこのような湊町の移転は、沼垂町ではさらに頻繁に行われた。沼垂では一七世紀の間に四回の移転が行われ、五度目の地にようやく定住することとなった（図3）。なおこの間に蒲原は湊町としての機能を失っていった。

この時期の移転は、新潟と沼垂の湊町としての明暗を分けるきっかけとなった。新潟町の明暦移転は、前述の西廻り海運が展開する時期に重なった。時流に乗った湊町の整備は、その後の大きな発展の基盤となった。他方で沼垂町は四度目の移転に際して、新潟町からの異議申し立てを受けて訴訟となった。湊訴訟と呼ばれるこの訴訟では、一六八一（延宝九）

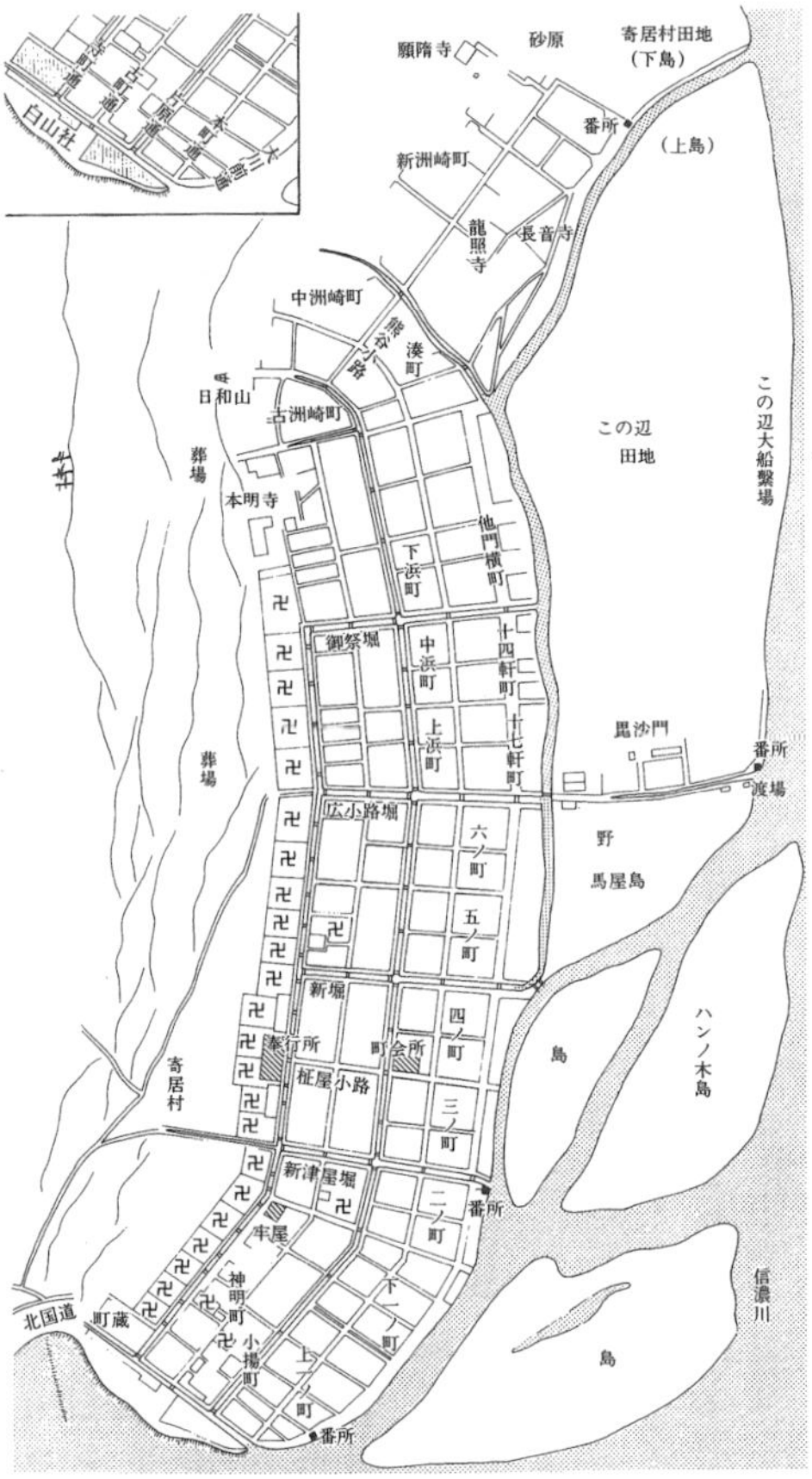

図4　1801（享和1）年頃の新潟町　破線は明暦移転当時の川岸　『新潟市史　通史編2』より一部加筆

年に新潟側が勝訴し、以後河口部の利用に際し、沼垂町は制約を受けるようになった。新潟町と正反対に、沼垂町は西廻り海運の隆盛から取り残されてしまったのである。

3 水陸交通の交点

新潟において最も重要な積み出し荷物は米であった。一六九七（元禄一〇）年の記録では、新潟には四〇余か国から三五〇〇艘ほどの船が入港したが、最大の移出品は米で、年貢米と民間の米あわせて七〇万七〇〇〇俵、二一万両ほど、雑穀とあわせると九九万俵余、二八万両ほどとなり、移出入総額の六割以上を穀物の移出が占めていた。

他方新潟では多様な品々が荷揚げされた。木綿の栽培に適さない越後地域には、西日本から木綿・古手（古着）類が大量にもたらされた。また能登半島や瀬戸内海の塩、備後（現広島県東部）や近江の畳表、各地の紙類、山陰などの鉄類、松前（現北海道南部）の昆布・ニシンなど、広い範囲から様々な産物がやってきた。

これらの多種多様な産物は、新潟町で消費されるだけでなく、内陸へも運ばれていった。もちろん新潟から移出される米穀も、後背地から集荷された。新潟町は、西廻り海運がもたらした重層的な日本海海運と広大な後背地とを結びつけることで繁栄をむかえたのであった。

一八世紀の前期、新潟の湊はひとつの転機を迎える。紫雲寺潟干拓に伴って新たに作られた松ヶ崎堀割が決壊し、阿賀野川の河口が東に大きく移動してしまった。これによって

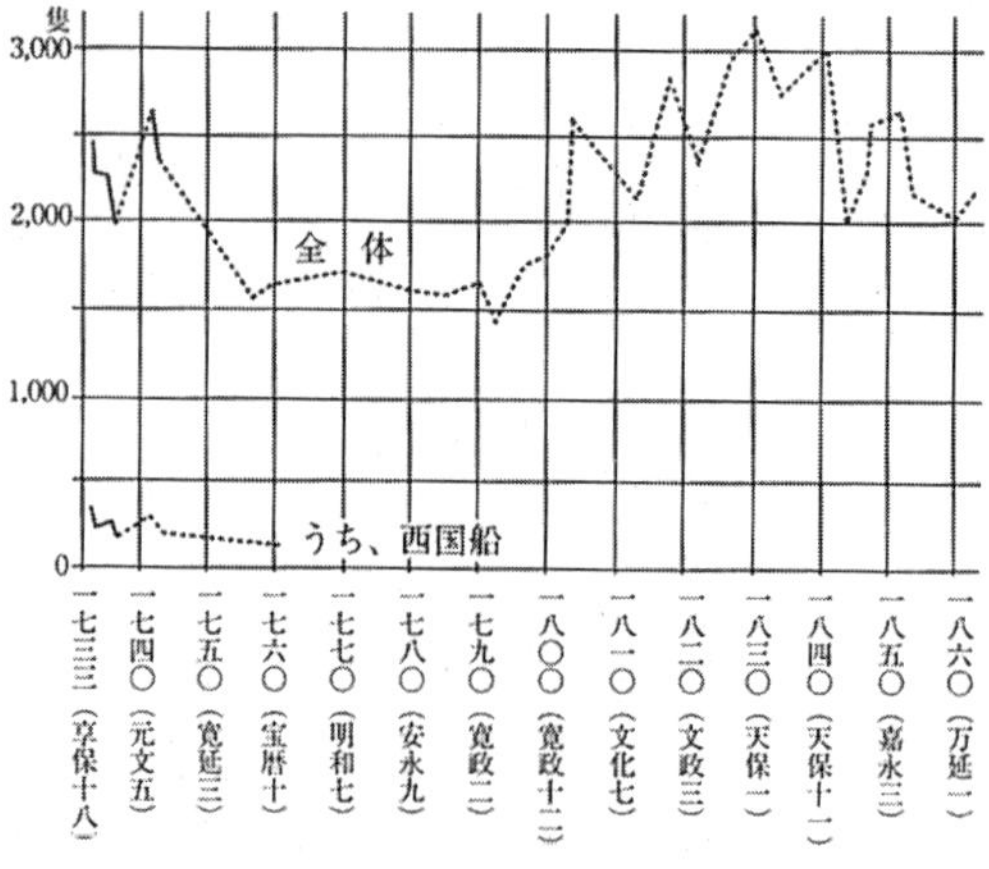

図5　江戸時代中・後期の廻船入船数　『新潟歴史双書1　新潟湊の繁栄』より

湊の水深が浅くなり、大型の船舶が河口部に入りにくくなると、新潟湊への寄港船舶数は減少し、一時的に新潟町の経済は停滞期を迎えた（図5）。

この停滞を打ち破ったのが、前述した第三期の北前船による日本海海運の活性化であった。とりわけ米が取れない蝦夷地に向けた米穀の積み出し港として、新潟湊は大きな存在感を以て復活を遂げた。もちろんその米穀は、広い後背地からもたらされたものである。

このようにみてくると、新潟湊の繁栄には、遠隔地間の海運とあわせて、後背地とのつながりが密接に関係していることがわかるだろう。後背地との関係で重要なのはまず河川舟運である。新潟や沼垂が河口部の地形変化に翻弄されながら、川に寄り添い続けたのも、こうした河川舟運との繋がりを重視したからであった。

信濃川や阿賀野川を中心とした諸河川の舟運は、船道《ふなとう》とよばれた特権的舟運業者によって統括された。船道は年貢米の川下げなどに従事する一方で、商品輸送の特権を得ていた。それらの中で、阿賀野川の津川（現阿賀町）船道に属した下条《げじょう》船（会津藩領下条組の船）は、山の薪炭を買い積みして複数の河川をまたぎ、およそ越後平野の全域に亘ってこれを売り捌くという、特徴的な「川の買積船」としての経営を行っていた（図6）。川沿いには多くの流通拠点ができ、平野部全体が物流の一大舞台となっていった。

つぎに陸上交通に目を向けてみよう。越後国内の街道は、幕府の金山が存在した佐渡と江戸とを繋ぐ、いわゆる「佐渡三道」を中心として整備された（図7）。ひとつめは中山道を追分宿（現長野県軽井沢町）から分かれて北上し、善光寺（現長野県長野市）や高田城下町（現上越市）を経て出雲崎に至り佐渡に渡海する道で、北国街道と呼ばれた。なお出雲崎以東、海岸線に沿って新潟を経、村上城下（現村上市）に向かう道は、北国街道の延長として北国浜街道と呼ばれていた。ふたつめは同じく中山道を高崎（現群馬県高崎市）で分かれ、北上して三国峠を越え、小千谷、長岡を経て寺泊（現長岡市寺泊町）から佐渡に渡海する道で、三国街道と呼ばれた。みっつめは奥州街道を白河（現福島県白河市）で分岐し若松（現福島県会津若松市）を経、鳥井峠を越えて、津川、新発田を通り新潟から佐渡に渡海する道で、会津街道と呼ばれた。

これら佐渡三道は、産出した金銀や奉行所役人の通行のため厚く整備されたほか、村上藩、新発田藩等、越後国内外の諸藩の参勤交代にも利用されていた。また縮など単価の高い商品は、海難や水濡れを嫌って陸上輸送されることが多かったから、これらの街道はまた近世越後・佐渡の産物・商品が行き交う道でもあった。

北国浜街道を含めて考えれば、これら陸の道もすべて新潟町につながっていく。さらに新潟町の周辺の浜方には、干鰯などの漁獲物をはじめ、物資を新潟に向けて沿岸輸送する小廻しと呼ばれる船もまた展開していた。新潟はまさに、こうして縦横にひろがる水陸の道の交点に位置して、様々な物資が集散する都市として発展を遂げていたのであった。

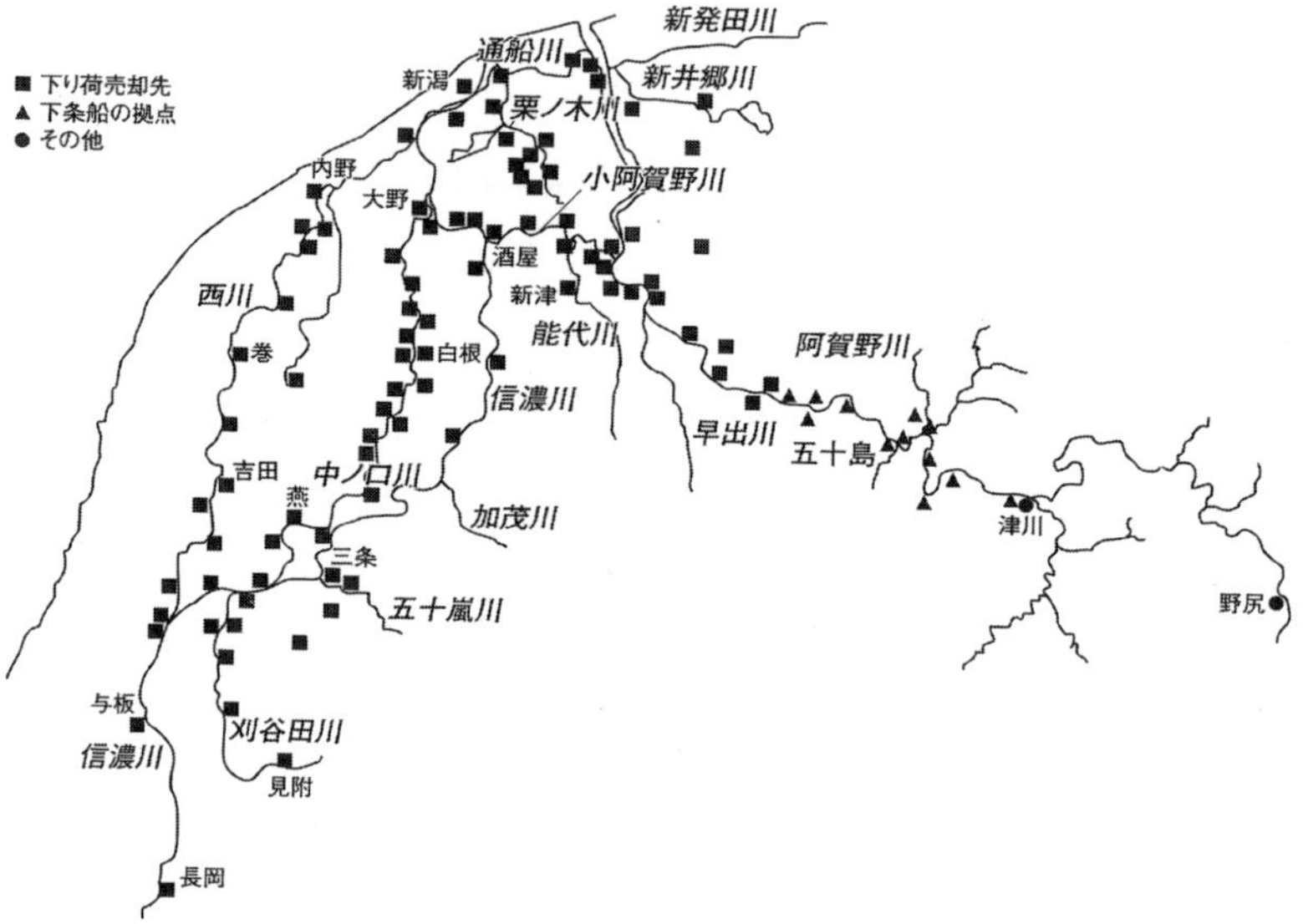

図6　下条船の活動範囲　新潟都市圏大学連合『みなとまち新潟の社会史』より

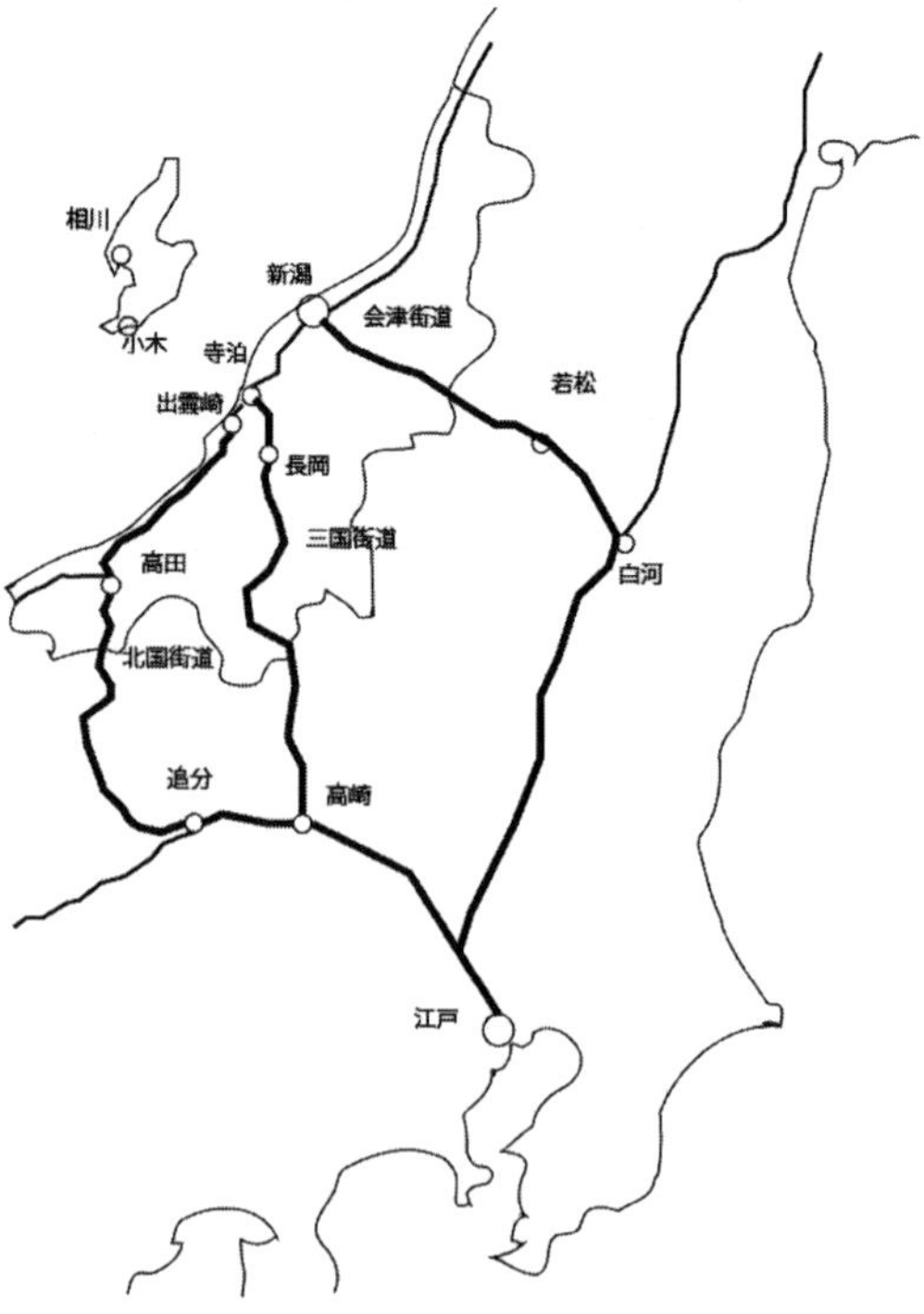

図7　佐渡三道概略図

4　開港と諸産物の流通

一八四三（天保一四）年、新潟町は長岡藩から幕府に上知された。二度にわたる唐物抜荷事件の舞台となり監督不行届というのが表向きの理由であるが、日本海随一といえる港を直轄し、当時の課題であった海防の拠点にもしようというのが、幕府の意図であった。

幕府直轄領となった結果、新潟は幕末の開港五港のうちに選ばれた。しかし水深が浅くなった河口部は、大型の西洋船の停泊には適さなかった。諸外国は日本海側に他の湊を開港せよと主張したが、幕府は直轄領の新潟に固執し続け、交渉が長引いた結果、実際の新潟開港は一八六九年一月一日（明治元年一一月一九日）と、大きく後れた。

西洋型帆船には不向きな新潟であったが、北前船による国内流通は相変わらず活気を見せていた。開港交渉の過程で一八六八（慶応三）年に作成された幕府の調査書によると、新潟には図8にみるような産物がもたらされていた。蝦夷地に限らず、水陸の交通で結びつけられた各地から、実に多様な産物がもたらされていることがわかる。これら産物はもちろん新潟町で消費されるのみならず、さらに内陸へ、或いは海の彼方へと積み出されていく物も少なくなかった。

典型的な産物の例を見よう。当時新潟では漆器が盛んに生産されていた。その素材となる木材は会津・南部（現青森県・岩手県）・秋田・庄内（現山形県沿岸部）・当国海府（現村上市北部地域）といった、遠隔地からもたらされていた。それのみならず、自身が漆器産地

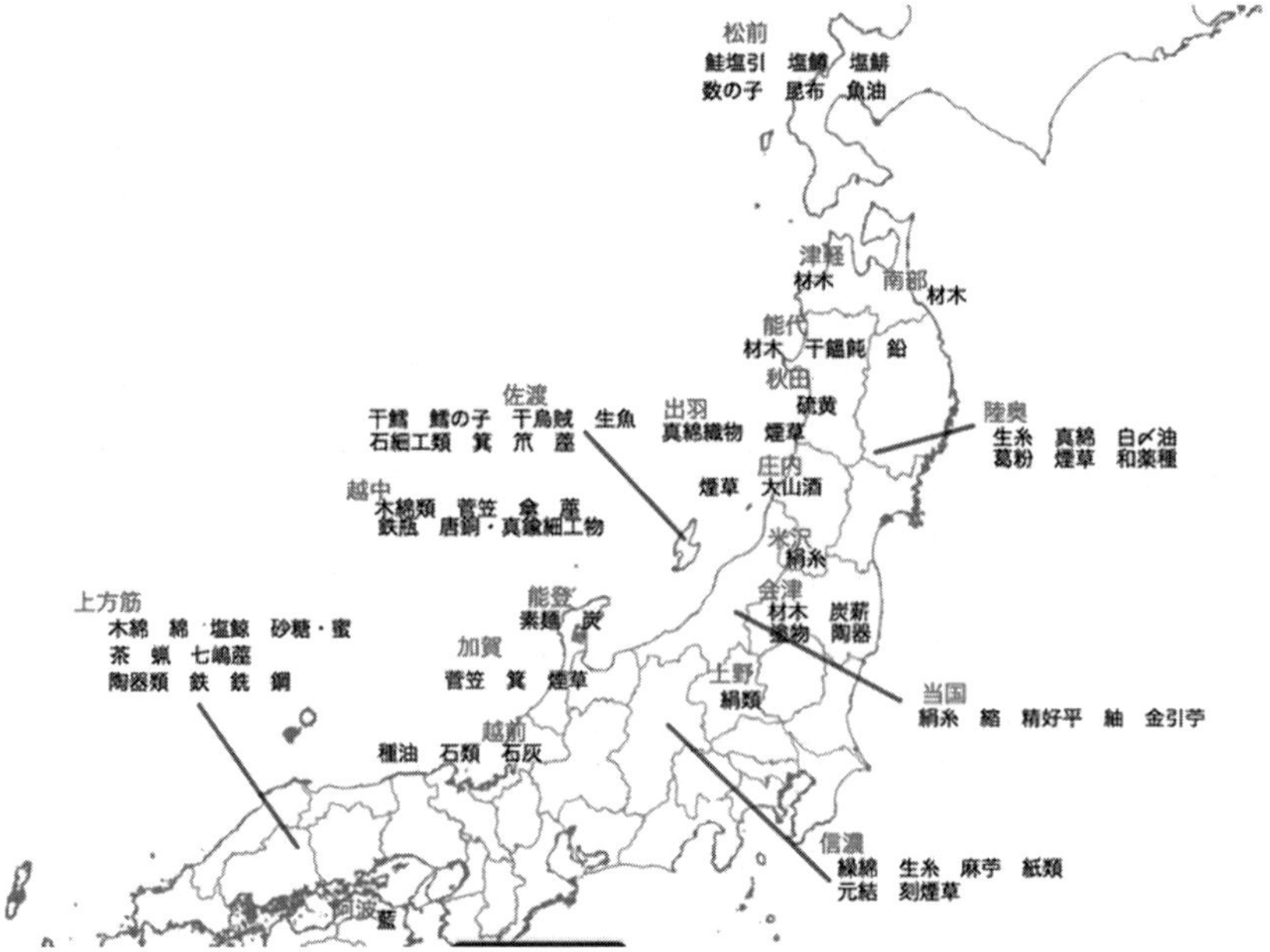

図8　幕末期新潟湊へ入津した諸産物　「北海港々見分仕見込之趣申上候書付」より作成

である加賀（現石川県）や越中（現富山県）、会津から半製品が新潟にもたらされ、新潟で仕上げ加工が行われることもあった。こうして作成された漆器は、中国地方・信州（現長野県）・上州（現群馬県）・松前・南部・佐渡など各地へ、水陸の道を介して売りさばかれていった。水陸交通の交点である新潟にふさわしい加工業であるといえるだろう。

おわりに

遅れて開港した新潟だったが、予想通り外国貿易は振るわなかった。船舶の近代化の流れも受けて、河口部の水深を確保する港湾近代化が目指され、一九二六（大正一五）年には近代的埠頭を設けた港湾（現在の新潟西港）が完成した。しかし有数の大河が日々送り込んでくる土砂の前に、河口部港湾の大規模化には限界があった。

この問題を根本的に解決したのが、河口から完全に縁を切った、新たな掘り込み式の新潟東港の築港であった（一九六四年運用開始）。河川からの独立は、後背地との交通がトラック、コンテナトレーラー輸送へと転換したことと密接に関わっている。現在は中小貨物や旅客フェリーは西港、大型コンテナ船やタンカーは東港と機能分担をしている新潟港であるが、現代なりの水陸交通の交点に位置していることに変わりはない。

〔参考文献〕
新潟市編『新潟歴史双書1　新潟湊の繁栄』新潟市、一九九八年
池享・原直史編『街道の日本史24　越後平野・佐渡と北国浜街道』吉川弘文館、二〇〇五年
新潟都市圏大学連合『みなとまち新潟の社会史』新潟日報事業社、二〇一八年
原直史「みなとまち新潟と内水面交通網」『地理』六四―六、二〇一九年
原直史「移転する湊町―新潟町と沼垂町を中心に―」『運輸と経済』七九―一一、二〇一九年

column

川を掘る

伊東祐之

越後平野は「米どころ」と称され、田が広がっている。田には多くの河川が豊かな水をもたらしている。現在、これらの河川はそれぞれ日本海にそそいでいるが、一七世紀には越後平野に河口を持つ川は、北境の荒川と中央の信濃川しかなかった。平野の海岸部には長大な砂丘が連なり、川は海に近づくと砂丘と並行に流れ、合流して信濃川として海に注いでいた。山間部から多くの水が一気に流れ込むが、平野は平坦で河口は限られていた。大小の川が曲がりくねり網の目のように流れ、水を湛えた大小の潟湖が散在し、広大な葦原が広がる低湿地であった。

越後平野に多くの村ができ、新田開発が急激に進むのは、戦国時代後期から江戸時代前期にかけてである。移住してきた人々は、大河川の自然堤防の上に、後には幾列にも並ぶ砂丘列に住み、眼前の葦原に田を開いていった。しかし、村や田は度々洪水に襲われ、長雨に湛水《たんすい》した。人々は、河流や湛水を円滑に海へ吐き出すことによって、洪水を減らし、湛水の水位を下げ、耕地を増やしたいと考えた。江戸時代中期以降、現代に至るまで、それを実行してきた。その結果が、越後平野から砂丘を掘り割って海に注いでいる川・分水路・放水路なのである。

一七二八（享保一三）年、北蒲原《きたかんばら》地域に広がる紫雲寺潟《しうんじがた》の干拓が始まる。まず加治川《かじがわ》の水が潟に流れ込まないようにした。遊水地を失う加治川から町や村を守るためには、水はけを良くする必要があった。加治川など地域の河川は阿賀野川に合流していた。幕府は、阿賀野川が砂丘に塞がれ流れを変える場所で砂丘を切り割り海へ直行させて、阿賀野川とその支流の水量を円滑に排出することとした。阿賀野川のもたらす水量で湊の深さを維持していた新潟町が反対した。幕府は分流地点に堰を設け洪水時のみ新河口へ溢水《いっすい》分を流すと新潟町を説得した。

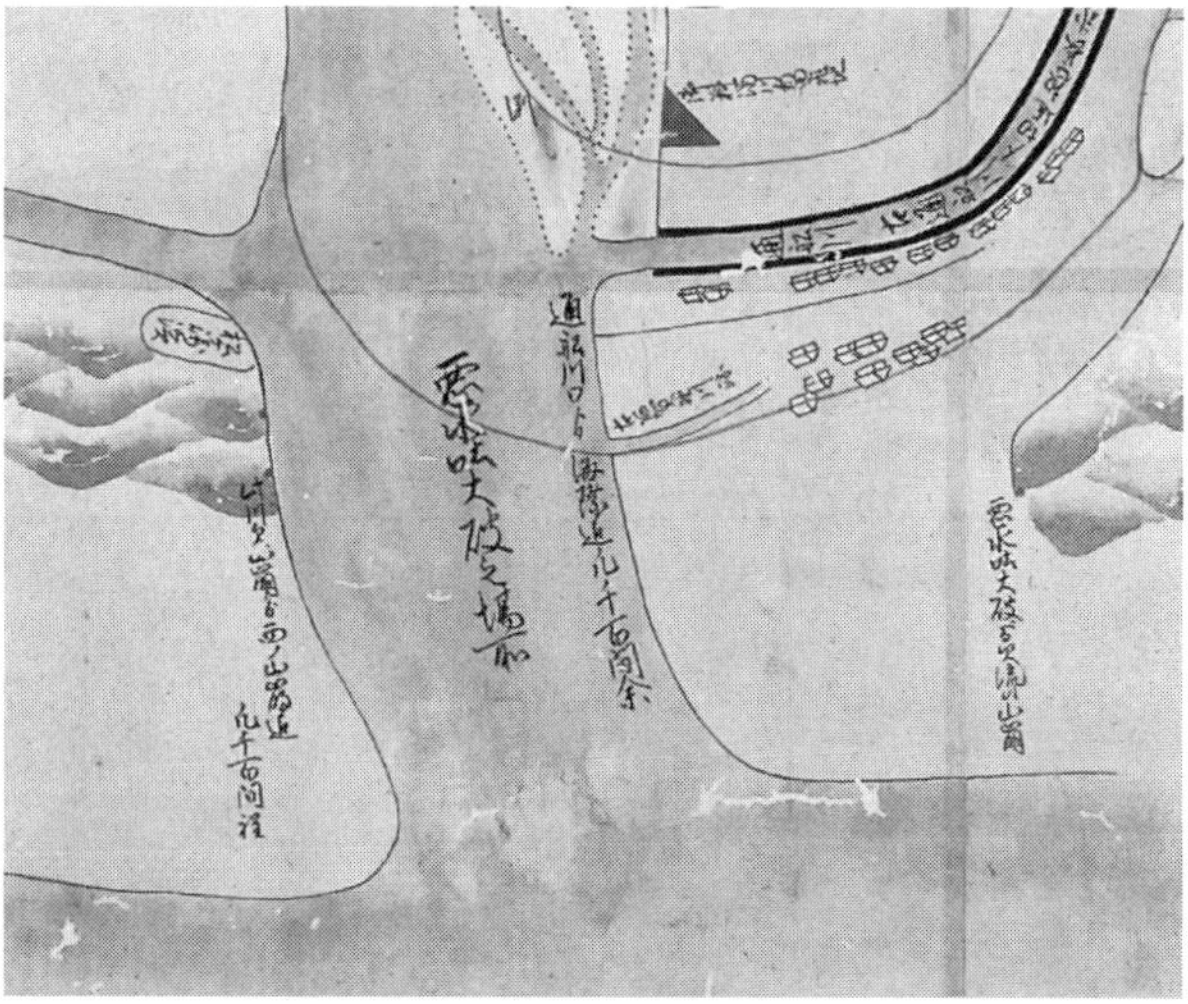

図1　大破してできた阿賀野川河口
（「松ヶ崎悪水吐破損所より新潟湊迄取縮め麁絵図」部分）

新発田《しばた》藩が工事を実施し、一七三〇年に堰と新しい水路が完成した。この堰は完成した翌年に壊れ、阿賀野川はほぼ新しい河口へ直接流れ出るようになった。これによって紫雲寺潟の干拓が実現しただけでなく、島見前潟が干上り、福島潟も水位が下がった。

江戸時代の放水路として特筆されるのは一八二〇（文政三）年に通水した新川《しんかわ》である。中之口川と西川に挟まれた低湿地を開発するために、そこに散在する潟の水を日本海へ抜き水位を下げる事業であった。低湿地周辺の村上藩・長岡藩の村々の農民たちがこの事業を実現した。高さ二〇メートルに及ぶ砂丘を掘り割った。西川の河流を妨げないために西川の川床の下に木製の底樋《そこひ》を設置した。新川の完成によって大潟・田潟の周囲に田が生まれ村ができた。新田と呼ばれている地域である。現在、新川には排水機場が設置され、西蒲原地域の治水に大きな役割を果たしている。

明治以降現在にいたるまで胎内川《たいないがわ》・加治川・新井郷川《にいごうがわ》・福島潟放水路・関屋分水路など多くの河口や放水路が作られたが、最大の事業は信濃川から分水する大河津《おおこうづ》分水の工事であった。信濃川が海に近づく大河津から寺《てら》泊《どまり》方面へ分水路は、一八世紀から度々計画・請願されてきた。明治初年には新政府が一旦着手するが頓挫した。再度着手されるのは一九〇九（明治四二）年である。一九二四（大正一三）年に竣工式を挙行、一九二七（昭和

写真1　新川
水面から高さ20mに新川元橋が架かる

二）年にすべての工事が完成するが、すぐに自在堰が壊れ、補修工事が完了するのは一九三一年であった。大河津分水によって下流の越後平野は洪水の危険がほぼなくなり、系統的な治水や用排水が実現できるようになった。信濃川河口の新潟市は、大河津分水を前提として港湾建設や信濃川両岸の埋め立て、萬代橋の架橋などを行い、これらは都市発展の基礎となった。

越後平野の「美田」は、新田開発、河川改良、土地改良など、長年にわたって人々が自然とよりそいながらも格闘して造ってきたものであり、現在も十全な管理によって維持されているのである。

〔参考文献〕
新潟県編集『新潟県史』通史編6、一九八七年
新潟県編集『新潟県史』通史編7、一九八八年
新潟市史編さん原始古代中世史部会・近世史部会編集『新潟市史』通史編1、一九九五年
新潟市史編さん近代史部会編集『新潟市史』通史編3、一九九六年
新潟市史編さん近世史部会編集『新潟市史』通史編2、一九九七年

新潟から満洲、内モンゴルを旅する
——薄益三・守次のたどった道——

広川佐保

はじめに——津川から大陸へ

薄益三《うすきますぞう》とその甥の守次《もりじ》は、二〇世紀初めに旧津川町《つがわまち》（現在の新潟県東蒲原郡阿賀町津川）から大陸へ渡り、さまざまな軍事活動や経済活動に携わった。彼らのふるさとである津川は、かつて会津藩に属した山深い地域であるが、阿賀野川の水運により日本海と会津をつなぐルート上にあることから、古来物資が行き交う交通の要衝であり、商業が盛んであった。しかし、江戸時代末期、戊辰戦争の戦場となった津川は、その後廃藩置県などの紆余曲折をへて、新潟県に組み入れられることとなった。このような経緯から、津川は「会津津川」とも呼ばれ、そこに暮らす人々も会津人としての自己意識を持つものが多いとされる。

さて、益三と守次は、二〇世紀前半の日本ではいわゆる大陸「馬賊」として著名であった。戦後その存在は忘れられていたが、一九八〇年代に日本で「馬賊小説」がブームになると、朽木寒三《くちきかんぞう》により、益三を主役に、守次を語り手とした小説『馬賊―天鬼将軍伝』（以下、『馬賊』と略記）が刊行され、再び脚光を浴びた。同書は、小説という体裁を取りながらも、朽木氏が直接、薄守次氏から行った聞き取り調査に基づいているため、叙述にはかなりのリアリティがある。本章では、小説『馬賊』とアジア歴史資料センターの歴史文書とを照らし合わせ、北東アジアにおける、薄益三と守次の活動とその足跡を再考することにしたい。

まず『馬賊』をもとに、益三らが大陸に渡った過程をたどっておこう。江戸時代末期幕府領であった新潟は、戊辰戦争のさなか新政府軍の占領下に置かれたあと、一八六九年一月、日本海側ではじめて開港され、ここに大陸に航路が開かれる契機が生まれた。さらに翌年新潟県が設置された後、津川を含む東蒲原郡は、これに編入される。また新潟と会津若松までの道路が開通したことや鉄道敷設によって、河川を通じた物流が衰退し、津川の経済的な地位は低下してゆく。そうしたなかで一八七九年、益三は生まれた。益三は、幼少時より行商に関わり、福島県喜多方の商家に婿入りしたものの離縁され、津川に戻って東京方面への商業活動に従事した。おそらくこのころの津川の経済的没落と会津人脈とのかかわり、そして大陸への活路が開かれたことが、益三の視点を大陸へ向けさせる契機になったと考えられる。

その後、益三は同郷の柴四朗(1)の紹介を経て、旧会津藩士で当時、在韓特命全権公使であった林権助との関係ができたという。ちょうどその頃、日露戦争が起こったが、益三はこれ

(1)　政治家、小説家「東海散士」として活動。弟は、陸軍大将、台湾軍司令官、軍事参議官を務めた柴五郎。柴五郎については、石光真人『ある明治人の記録』（中公新書、一九七一年）を参照されたい。

に民間人として従軍する。後に平壌にて「薄商会」を設立し、朝鮮駐屯軍への物品納入等をおこなった。そのころの状況を説明すると、日本は、日露戦争に勝利後、遼東半島の租借地に関東都督府を設置し（一九〇六年）、さらに南満洲鉄道株式会社（大連）を設立して中国東北部への進出を本格化させつつあった。一九〇六年に益三の誘いを受け、当時一七歳前後の守次も朝鮮に渡って薄商会に勤めた。その後、二人は薄商会をたたんで長春に移り、一九一〇年頃まで長春の満鉄附属地において、「華実公司」と称する会社に用心棒として雇われていた。このころの益三は、別名「天鬼将軍」、守次は「白龍」と名のった。彼らの活動は、日本の中国東北進出と軌を一にし、かつその背景には会津の地縁があったと考えられる。

一九一一年に辛亥《しんがい》革命が起きると、翌年一月頃、川島浪速や陸軍の一部は、中国において粛親王（清朝の皇族）擁立と「蒙古挙兵」を画策した。これらの謀略にさいして、陸軍中将宇都宮太郎配下の松井清助大尉が、密かに内モンゴルの武器輸送を計画したが、それを現地で請け負ったのが益三と守次であった。武器輸送は途中で露見して失敗に終わるが、その後も彼らは様々な軍事行動に加わっている。一九一五年に、薄らは山東で反袁世《えんせい》凱《がい》を掲げて挙兵を図るが失敗し、小倉監獄に収監された。しかし翌一九一六年三月、特赦により薄たちは釈放され、東京青山に事務所「宏牧荘」を構えたという。

さて、清朝崩壊をきっかけに東北アジアの情勢は大きく転換しつつあった。かつて清朝の領土内にあった内・外モンゴルの人々は、中国の枠組みから離脱しようとして独立運動をおこした。しかしロシアと中華民国、モンゴルの協議の結果、キャフタ協定（一九一五年）により、外モンゴルのみが「自治」を認められる。一方、内モンゴルは中華民国の領内にとどまり、自治さえも認められなかった。そのようななか、内モンゴル出身のバボージャブが挙兵し、軍事的行動を開始したが、これにたいし一九一六年三月、川島浪速や柴四朗らが、武器を援助することを取り決めた。さらに川島は「満蒙馬賊」を蜂起させて奉天を攻略し、さらには内外モンゴル、中国東北、華北に一大国家を打ち立てるという「挙事計画」案を画策する。これらの計画は、日本政府から強い反対を受けて頓挫することになるが、水面下で、益三は一九一六年七月に再び大陸へ渡り、同月下旬に川島の「内意」を受けて活動を開始し、守次と共にバボージャブ軍の活動に加わったという。しかし八月になると川島浪速からバボージャブ軍へ進軍中止が伝えられる。その後も益三は、バボージャブ軍と行動をともにするが途中で失路し、一〇月初旬、バボージャブは内モンゴル東部の林西（現在の赤峰市林西県付近）で戦死する。以上が益三と守次の「武闘」のあらましである。

1　中国東北、内モンゴルにおける経済活動

清代以来、内・外モンゴルは盟旗制度[2]のもと、世襲王公が各旗を支配する体制が続いていた。しかし二〇世紀初頭までに、周辺の省が内モンゴルの各旗にたいして開墾を強制したことで、漢人農民の移住が進み、モンゴル人と漢人の対立が激しくなっていた。さらに辛亥革命以降、日本は中国への経済的進出を強化し、一九一五年に袁世凱にたいして、対華二十一カ条要求のひとつとして「南満洲及東部内蒙古ニ関スル条約」を認めさせた。これをもとに日本は、「南満洲」における「土地商租」[3]や、往来の自由、内モンゴル東部に

（2）　清代モンゴル遊牧民の基幹組織である旗とその連合体である盟による統治制度。

（3）　日本人が中国東北において、当事者間の自由契約により取得し得

おける合弁による農業・工業の経営などの承認を求めた。一方益三は、このころから奉天省や内モンゴル東部での「開発」に関心を示すようになった。益三は一九一六年一〇月より、十数名を率いて約二ヶ月間、内モンゴル東部（ジョーオダ盟からジリム盟）において実地調査を行い、それを『東部内蒙古農牧企業意見並ニ計画書』（一九一七年）としてまとめている。この計画書では、アルホルチン旗を本拠地として企業を設立し、その周辺で牧場・農場を経営することや、鄭家屯を中心に貿易事業の展開を目指す方針が示されていた。また、同じころ、益三は、黒龍会編『亜細亜時論』誌に、天鬼名で「蒙古の競技」（一九一七年七月）、同「蒙古と羊」（一九一九年一月）などの文章を寄せており、漢人の移住が進むモンゴル地域の発展や羊の改良の可能性についても言及している。このように益三は、あちこちに文章を書き残しており、単なる「馬賊」とは異なる顔も持っていた。

一九一九年になると、益三と守次は土地開発事業に本格的に関わってゆき、満鉄や東洋拓殖株式会社から資金提供を受けながら、内モンゴル東部に接する奉天省双山県において、大来修治（遼東新報社社長、大来佐武郎の父）が権利を持つ土地に「大来農場」を設立する。農場経営は軌道にのらず頓挫したが、益三らはめげることなく、同年一一月頃、荒井泰治（南満製糖社長）らとともに、内モンゴル東部のバーリン右旗大板上に「蒙古産業公司」を設立する。このとき益三が土地を借りた相手が、バーリン右旗の世襲王公ジャガルである。なぜジャガルが日本人に土地を貸したのか。それは彼のようなモンゴル王公の多くが、当時北京に別宅を構え、その多額の生活費をまかなうために、内モンゴルの土地の開墾と農民への土地賃借を広く行っていたからである。清朝崩壊後はさらに、王朝からの歳賜収入を絶たれたことで、内モンゴルの世襲王公は財政的に窮地に立たされていた。

る不動産物権を指す。

図1　蒙古産業公司

それゆえジャガルも一九一八年に益三を介して、荒井泰治と土地を担保として借款契約を結んだものと考えられる。これ以外にも益三らは、林西の有力者である林西鎮守使の米振標とも親交を深め、その子息を日本へ留学させていた。

さて一九二〇年五月以降、理事長に荒井泰治、総辦《そうべん》に益三が就任し、いよいよ蒙古産業公司は業務を開始した。蒙古産業公司は、大バーリン農場や黒山頭農場などを有し、付近で牧畜、貿易、醸造、林業、綿羊改良、学校・医院経営などの事業の展開を目指し、将来的には水田経営、緬羊の改良も視野に入れていた。なぜ牧場経営だったかというと、牧畜業から得られる皮革製品や羊毛は、軍需物資として極めて重要だったからである。事業は結局、成功はしなかったものの、彼らは常に時流を意識して行動していた。

薄らはメディアを用いて自らの活動を内外に宣伝することにも意欲的であった。たとえば益三は公司職員の高橋鏡子に依頼し、『遼東新報』へモンゴルの習慣や見聞を書き綴った文章を掲載させ、後にこれを書籍として出版した。また一九二〇年九月に公司は、『蒙古時報』第一号を刊行したが、そこで、益三は「蒙古経営之第一主義」を記し、モンゴル地域は資源が豊かであり、長期的に事業経営を行なう必要があると主張していた。益三は奉天省や内モンゴル東部における、自らの活動を広報活動によって日本へ広く紹介したが、これには今後の投資を募るという意味もこめられていた。こうしたメディアを通じた宣伝活動は、後述する映画撮影ともつながっていたといえよう。

益三は、一九二二年四月頃、鳥居龍蔵、小村俊三郎らとともに「蒙古事情の紹介」と社会への紹介を掲げて「蒙古同好会」を設立した。発起人には、石光真臣（軍人）、田中弘之（舎身、仏教運動家）、辻村楠造（軍人）、永沼秀文（同）、小磯国照（軍人、政治家）、倉知鉄吉（貴族院議員）、駒井徳三（外務省嘱記）、白鳥庫吉（東洋史学者）など著名な人物が含まれている。会の活動内容は不明であるが、益三の存在は、当時の内モンゴル利権を巡る、財界、軍部、学術分野の結節点ともいえる。また、益三、守次は一九二二年一一月に満鉄理事の中川健蔵（新潟県佐渡郡出身。後、台湾総督）が、内モンゴル東部を視察したさいにも同伴し、案内役をつとめた。

このように薄たちは、中国東北や内モンゴル地域社会と、日本の大陸進出とをつなぐ役割を担ったが、彼らの積極的な活動とは裏腹に、バーリン右旗の衙門《がもん》（役所）側は日本人の土地取得に同意せず、また「支那官憲」からも抗議を受けていた。さらに事業の不振が続いたことから、一九二五年に蒙古産業公司は事業を停止し、東亜勧業株式会社に引き継がれた。

2　守次の映画『蒙古横断』撮影

こうして薄らの事業経営は失敗に終わるが、しばらくして守次は満鉄の資金援助を受け

図2　バーリンでの映画撮影風景

一本のフィルムの作製に取りかかった。守次は無類の映画好きであり、かつ徳川夢声とも親戚関係にあったことが、映画撮影へとつながったようである。映画は一九二五年夏、北京に暮らしていたジャガルのバーリン右旗への帰郷に同行するかたちで内モンゴルを旅し、それを紹介する内容となっている。

　大連、四平街、バヤンダラ、開魯を経て、バーリン右旗へ至る旅行を終え、守次は撮影したフィルムを大連に持ち帰ったが、それらは四万フィートにも達したという。ちょうど満鉄に映画班ができた頃で、守次は、さっそく彼らにフィルムを披露したものの、満鉄側は食指を動かさなかった。そこで守次はこれを八ヶ月ほどかけて編集し直し、字幕を加え、『蒙古横断』と名づけて日本各地で上映してまわった。映画は大きな評判を呼び、最終的に薄益三・守次は皇太子（後の昭和天皇裕仁）に対して上映会を行い、金一封を下賜されたことが、外交文書資料にも記録されている。

　最初に公開された『蒙古横断』の字幕資料を見ると、映画の内容はモンゴルの産業を宣伝する性格が強く、蒙古産業公司の事業を彷彿とさせるものであった。しかし、上映会が終了した後、守次は大連の自宅にて、再びフィルム編集を行い、宣伝的要素をほとんど取り除いてしまった。これが現存する『蒙古横断』である。守次の撮影したフィルムは、娘

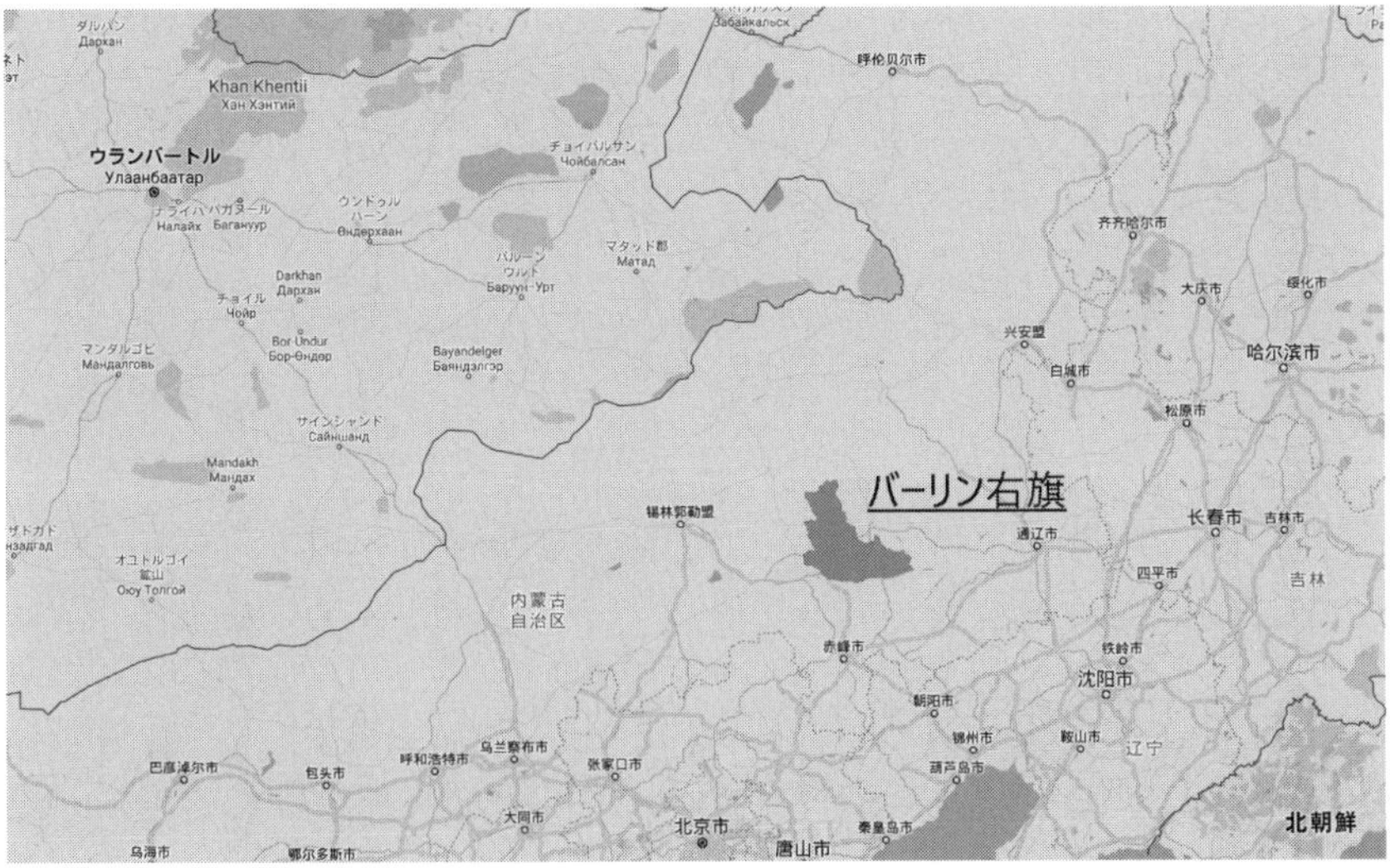

地図1　バーリン右旗地図（google mapをもとに筆者作成）

の悦子氏が大切に保管していたが、戦後一度上映されたあとは長らく忘れられた存在となり、現在は、修復ののち日本大学文理学部図書館に寄贈されている。

つぎに映画の内容について紹介することにしたい。まず映画では、最初にバーリン右旗へ帰還するジャガルとその付き人たち、そして同行する薄らの様子が映し出される。一行は馬車や騎馬で進み、河を渡り、草原を旅してバーリンを目指した。一方、バーリン右旗からは、ジャガル一行を迎えるために、旗人たちが騎馬で土埃を立てながら、一列に並んで進んでゆく。こうして旗人たちはジャガルらと合流し、ようやく王府（大板上）へ到着した。さらにジャガルらは旗民たちに盛大に迎え入れられる。また林西では、駐屯する軍隊がジャガルを出迎え、扁額を献

図3　バーリン右旗の薈福寺

上したが、その一部は現在も「阿賀の館」に保管されている。

つぎの見所は、大板上の薈福寺（通称、東大寺）にて毎年旧暦六月一五日に開催される廟会である。薈福寺は一八世紀初めに建立されたチベット仏教寺院で、最盛期には五〇〇余名の僧侶がそこに暮らした。映画には、盛大な廟会に集まった人々の姿や、仏教儀式であるツァムの踊り（仮面舞踏）の様子が収められている。寺院は、戦後辛くも破壊を逃れて今もバーリン右旗に残るが、チベット仏教の儀式や廟会などは現在行われていない。また映画では、モンゴルの豊かな自然の風景や、モンゴルの伝統的な巻き狩りの様子が記録される。巻き狩りとは、清代の伝統的な行事であり、旗人がそれぞれ犬を従えて参加し、草原や山々にて徐々に獲物を囲い込み、仕留める猟である。

さらに重要な記録は、遊牧社会が徐々に定住社会へと変化する様子が収められていることである。当時、内モンゴル各地では、開墾と農地化が進み、遊牧民も農耕を行ったが、それはバーリン右旗でも同じであった。映画に登場するモンゴル人村落では、移動式住居であるゲルも固定され、人々は放牧と農業を生業としていた。おそらく守次は、これらの情景をモンゴル社会の一般的な暮らしと考えて撮影したようであるが、期せずして、遊牧社会に農耕が浸透する過程を記録した貴重な映像記録となった。その後、守次一行は、熱河離宮から北京へ至り、万里の長城において万歳三唱を行った後、旅を終える。

『蒙古横断』は、益三や守次のそれまでの活動を踏まえて撮影されたが、結果的に清代の伝統を色濃く残す、モンゴルの社会の慣習や廟会、そして伝統的な巻き狩りの様子などの貴重な映像が残されることとなった。これらモンゴルの王府の様子や慣習は、資料に書き記されることはあっても、写真や映像として残ることはごくまれであった。東アジア史の文脈においても『蒙古横断』の持つ価値は今後さらに大きく評価されるに違いない。

3 その後のあしどり——熱河作戦への参加

さて、映画撮影後の益三、守次の足取りについてであるが、やはり現地の顔役として、日本との橋渡し役となっていたようである。たとえば外交文書によれば、彼らは満鉄による奉天の鉄西地域の土地買収問題に関わっていた。当時買収対象地域の土地は回教徒（ムスリム）の墓地であったため、現地の住人とトラブルが生じていたが、益三たちがその仲介を行ったという。その後これらは、鉄西工業区として大規模な工業団地として開発され、今に至る。

つぎに彼らが関わった大きな出来事は日本の熱河《ねっか》侵攻である。一九三三年三月、関東軍は熱河省に侵攻し各地を占領するが、守次の口述記録によれば、そのさい佐々木到一（満洲国軍政部顧問）から協力を要請されたという。彼らは満洲国軍や日本軍とともに行動し、通遼からバーリン右旗へ向かい、かつ現地の有力者との間を取り持ったとされる。守次らの行動は公文書には一切記録されていないが、当時撮影された写真は、その活動を裏付けている。こうして熱河省が満洲国の領土に組み込まれ、興安西分省が設置されると、ジャガルは同分省長となり、後に興安局総裁の地位につくことになる。

これらの活動が一段落した後、益三は一九三四年四月、東京の芝増上寺にてこれまでの「武闘」で命を落とした一四名のために盛大な慰霊祭を行った。なお、益三の晩年の様子は、

図4　熱河侵攻

縁戚関係にあった徳川夢声「天鬼将軍」にも垣間見えるが、それまでに比べて穏やかな日々であったことがわかる。一九四〇年、益三は東京でその生涯を閉じたが、守次はその後も奉天に居を構え、現地で鉱山経営に携わった。日本の敗戦後、守次は家族とともに津川へ引き揚げ、そこで数年暮らした後、東京で隠遁生活を送った。

益三と守次は、津川から東北アジアを目指し、そこで自由闊達に活動し、やがて日本の軍部と現地社会をつなぐ存在になってゆく。こうしてみると、薄益三・守次の行動様式はまさに「侠客」そのものであった。彼らの活動を特色づけているのは、大陸への強い関心と現地社会への理解の深さであり、それは『蒙古横断』に昇華されたといえる。薄らは自分たちのイメージする「馬賊」の幻影を、中国東北やモンゴルに暮らす人々に投影した。そしてそこには、彼らの「失われゆく会津人」としての自己意識が織り込まれていたのではないか、と筆者は考えている。

・本稿の作成にあたり薄守次氏のご息女、悦子さんに貴重な写真を掲載することをお許しいただいた。ここに記して感謝したい。

〔参考文献〕

江夏由樹「東亜勧業株式会社の歴史からみた近代中国東北地域」江夏由樹、中見立夫、西村成雄、山本有造編『近代中国東北地域史研究の新視角』山川出版社、二〇〇五年
朽木寒三『馬賊―天鬼将軍伝』〔正〕・続、徳間書店、一九八一年
広川佐保「日本大学文理学部図書館所蔵『蒙古横断』をめぐる資料についての一考察」『新潟大学人文社会・教育科学系プロジェクト報告書 平成一七年度 東北アジアの社会変動と人口流動』新潟大学、二〇〇六年
中見立夫『「満蒙問題」の歴史的構図』東京大学出版会、二〇一三年
徳川夢声「天鬼将軍」同『徳川夢声代表作品集　随筆編（下）』六興出版社、一九五三年

column

明治初期の新潟の外国人

青柳正俊

本州日本海側のほぼ中央に位置し、しかも内陸方面へは信濃川、阿賀野川とそれらの支流を通じて広大な地域とつながっている。そうした地理的条件は、特に江戸時代から、新潟という町を物流の拠点に押し上げた。幕末、我が国が列強各国と修好通商条約を締結し、各国との貿易のために五つの港を開くことになった時、新潟は、函館、横浜、神戸、長崎とともにその一つに選ばれた。そして、一八六九（明治二）年、時代が明治に移ってまもなく、この町は実際に外国に開かれた。フランスやイギリスやドイツが領事館を開設した。ドイツ、オランダなどの貿易商人が港で商売を始めた。イギリスからは宣教師もやってきた。さらには、英語や西洋医学を地元の人々に教授するためのお雇い外国人も訪れた。当時、開港場は我が国が西洋の文化や情報をいち早く受容する場であり、我が国の発展ぶりを外国へ示すショーウィンドウの役割を担っていた。とはいえ、新潟での外国貿易は期待したような発展を遂げられず、この港町に住んだ外国人は、他の開港場と比較すればずっと少ないままにとどまった。しかも、新潟には外国人居留地が設けられず、町自体が何度も火災に見舞われたこともあり、現在の町の風情には、一五〇年近くも以前に西洋人がこの町を闊歩した姿を想像させるものは多くない。しかし間違いなく明治の初め、この町は我が国と西洋との重要な接点の一つだったのである。そんなことに思いを馳せながら、私が生まれ育った新潟の町歩きに出かけてみよう。

まずは新潟駅・万代《ばんだい》シティを背にして萬代橋を渡り、柾谷小路《まさやこうじ》を通り抜けて海岸に近い高台に上がってみる。市役所にも近い旭町通二番町は、かつては一番山とも呼ばれていた。その高台の一角には、開港まもなくから明治一八年に至るまで、外国商人らが約二〇〇〇坪の土地を確保し、何人かはそこに住んでいた。二〇一四（平成

写真1　「一番山」の高台（旧日本海タワー）

写真2　閑静な西大畑にたたずむ新潟カトリック教会

二六）年まで営業しており、かつて市内の観光名所でもあった回転式の展望台・日本海タワー（建物はまだ残っている）のすぐ下のあたりである。港に隣接するビジネスの場と別に閑静な高台に邸宅を構えることは、横浜や神戸の外国人に見られた行動様式だが、新潟で貿易を営んだわずかな外国商人にも似たようなことがあったわけである。そこには、町なかでは借地が得づらく、また当時頻繁にあった火事を避けたかった、という事情があったと思われる。あるいは、コレラなどの伝染病が猛威を振るっていた当時、近隣から比較的良好な生活水が得やすかったことも好都合であったのかもしれない。もっとも、今となっては、このあたりには当時の様子を忍ばせるものは何も見当たらない。一八七〇（明治三）年には近くに外国人墓地が設けられたのだが、その後墓地は移設され、いつしか消滅してしまった。現在、少し離れたところにある新潟大学医歯学総合病院の最上階からは、東西に日本海と新潟の町や川港とを同時に俯瞰することができる。随分と高層ではあるが、当時の雰囲気を少しは感じ取ることができるかもしれない。

　さて、今度はその高台を下っていくと、今ほど述べたきれいな湧水に恵まれていたと言われている西大畑の一帯に至る。一八八二（明治一五）

写真3　1885（明治18）年4月、ミオラの店はいったんは「至哉軒」と名付けられたが、その後すぐに「イタリヤ軒」と改められた（『新潟新聞』明治18年4月19日広告、東京大学法学部附属明治新聞雑誌文庫所蔵）。

年、ここにパリ宣教師会が二六〇〇坪の広大な借地を確保した記録が残っている。現在も新潟カトリック教会が立つ。またこの近くでは、宣教師パームが一八八一（明治一四）年に地元協力者とともに病院を建て、町の人々に先進的な医療を施した。病院があった場所には、現在、そのイギリス人パームを顕彰する碑がある。

さらに西堀通へと向かう。ここはかつて寺町と呼ばれていた。その南北に連なる寺の一つ、勝楽寺には当時の最強国イギリスが開港直後に領事館を構えた。ここにも寺の入口に顕彰碑がある（ただし碑文には誤りが多い。イギリス領事館が勝楽寺に所在したのは一八七二（明治五）年までの三年余である。—『開港場・新潟からの報告—イギリス領事館外交官が伝えたこと—』）。

すぐ近くには新潟の老舗ホテル・イタリア軒が聳《そび》え立っている。このホテルの名は、明治七年に新潟に来たイタリア人ミオラにちなんでいる。しばらくしてミオラは、東中通で肉屋・洋食店を始めた。当時の新聞を紐解けば、その後の創作話に基づく俗説とは異なり、ミオラは一八八三（明治一六）年に現在の場所にレストランを移し、その二年後に店を「至哉（イタリヤ）軒」と名付けたことがわかる。明治前半期、本場オーナーが営む西洋料理店は、全国的にも外国人居留地を除けばこの新潟のミオラの店だけであった。時代とともに経営主体は移り変わっていったが、現在も地元資本による営業が維持され、由緒ある名が引き継がれているのは嬉しいことである。敷居が高い、などと尻込みせずに、ロビーやレストランで一休みしてみてもよいだろう。

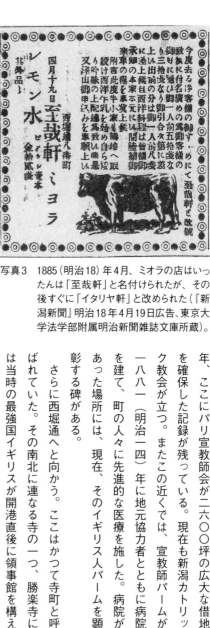

この西堀通から先、信濃川の岸までが近世初めからの新潟町である。町の基本的なつくりは江戸時代からさほど変わってはいない。ただし、この町の至る所にめぐらされていた堀は、昭和三〇年代以降の高度成長期に悉く埋め立てられてしまった。その町なかを、一八七四（明治七）年の創業当時と変わらない場所に立つ第四銀行本店などを通って、萬代橋近くまで進む。すると、かつてドイツの領事館があった場所に行きつく。

明治初期の外国人のなかではただ一人、信濃川の岸辺に住んでいたライスナーは、貿易商人兼領事であった。彼は開港した年に来港し、明治一五年夏までこの町に住み続けた。商人としても、あるいは領事としても、新潟に最も長く滞在した外国人であり、まぎれもなく開港場・新潟を最もよく象徴する人物である。新潟港で貿易に従事した外国人は、開港直後の三年間ほどを除けばもっぱらドイツからの商人だったが、その貿易活動を約一三年にわたり支え続けたのがライスナーであった。ライスナーは、自らもライスナー商会を営んだ。あるいは地元住民に向けて火災保険の勧誘も行っていた。これは、当時全国的にもかなり珍しい。また領事としては、港を少しでも貿易に使いやすくするために、あるいは地元商人とドイツ商人との揉め事を解決するために、しばしば地方行政当局と掛け合った。来港当初は町中心部の本町通に住んだが、一八七七（明治一〇）年からは、下大川前通の川岸に移り住んだ。平成最後の年、開港一五〇年を契機に、その領事館後半期の跡地に記念碑が建てられた。新潟日独協会が呼びかけ、市民はじめ多くの方々の浄財による建立であった。

写真4　新たに建立された新潟ドイツ領事館跡記念碑（新潟グランドホテル駐車場の手前）

新潟がもともと港町であった、ということは市民のあいだで意識されることが少ない、とよく聞く。しかし、とりわけこの町が明治の初めから開港五港の一つとして異国人と地元の人々が交流する国際都市であった、ということは、他の町から羨望されるはずの輝かしい歴史の一ページである。今からでも私たちがその大切な記憶を形に変えて次世代へと伝えていきたい。新たに建立された新潟ドイツ領事館跡記念碑には、多くの人々のそうした思いが込められている。

〔参考文献〕
青柳正俊『開港場・新潟からの報告―イギリス外交官が伝えたこと』考古堂書店、二〇一一年
青柳正俊「同時代史料のなかの洋食レストラン元祖ミオラ」『鑑賞』第40号、新潟文化財鑑賞会、二〇一九年
青柳正俊『川港の岸辺で―新潟ドイツ領事ライスナーの軌跡―』私家版（新潟県立図書館、新潟市立中央図書館等で閲覧可能）、二〇一九年

第3部

新潟の〈暮らし〉

雪と暮らし

飯島康夫

はじめに

「国境の長いトンネルを抜けると雪国であった。夜の底が白くなった」という川端康成の小説『雪国』の有名な冒頭の一節は、新潟が雪国であることを強く印象づける。確かに冬季のからっと晴れた群馬県（上野国）から日本海側の新潟県（越後国）へと向かう県境のトンネルを抜けると、突然白い世界が現れて驚くことがある。太平洋側の関東と異なり、新潟県に雪が降りやすいのは事実である。しかしながら、新潟県がどこも越後湯沢のような「雪国」であるわけではない。例えば新潟大学のある新潟市は、それほど大量の雪は降らない。両者を同じ「雪国」といえるかどうか。具体的な数字でみてみよう。

図1　雪に埋もれた集落（十日町市松之山　1977年）

図2　魚沼地域

現在、新潟県では県内の五地点を指定観測地点と定め、それぞれに「警戒積雪深」を定めている。新発田市八〇cm、新潟市四〇cm、長岡市一四〇cm、十日町市二二〇cm、上越市一五〇cmとなっていて、同じ新潟県の中でも警戒すべき積雪量に大きな差があることがわかる。数値が大きいほど、例年の積雪量が多く、警戒すべき積雪の数値も高くなる。新潟市と十日町市では五倍の差がある。新潟市では四〇cmで警戒すべき積雪量となるが、十日町市では積雪四〇cmはそれほどの積雪量ではないということになる。気象庁で公開している過去の気象データから年最深積雪の平年値（一九八一〜二〇一〇年の平均）をみても、新潟市が三六cmなのに対し、十日町市は二二四cmであり、かなりの差があることがわかる。

ちなみに「雪国」南魚沼郡湯沢町は二一一cm、長岡市は九五cmである。

ここでは雪と暮らしの関わりについて、新潟県の中でも豪雪地帯といわれる魚沼地域、なかでも現在の十日町市域の事例をもとに、生活の中の言葉に留意しながら見ていきたい。

1　雪の予兆と雪への備え

豪雪地帯では、冬季の積雪の多寡を判断するための知識が言い伝えられている。「カマキリが巣（卵・卵鞘のこと）を高い所にかけると大雪、低い所にかけると小雪」というのは多くの地域で聞くことができるが、「あてにはならない」とする人が多い。近年では専ら気象庁などの天気予報を聞いて判断しているという。カマキリ以外にも、「秋にヘクサムシ（カメムシ）が多く出ると、大雪になる」とか「ギャク（蛙。ゲエロ）が冬眠するのに土の中に深く入っていると大雪」「ギャクが早く冬眠すると大雪」などの言い伝えがあり、様々な生物の行動を観察することで積雪の多寡を知ろうとしてきたことが窺える。それだけ生活に影響する雪への関心が高かったのである。「山がいつまでも青い（紅葉しない）と大雪。早く色がつくと小雪」といい、十日町市名ヶ山では、いつもは十月末に見られる山の紅葉が遅いと、「今年は山が青いから、大雪だねえ」などと話をしたという。

降る雪の量ばかりではなく、雪の降り始めに関する言い伝えも豊富である。「ギャクが早く土にもぐる年は初雪が早い」「山の紅葉が遅い年は雪が早い」「木の葉が早く落ちる年は、雪がそんなに早く降らない」「（特定の家の）イチョウの木の葉が落ちないうちは、絶

図3　茅の雪囲い（南魚沼市欠之上　1955年）

図4　板の雪囲い（南魚沼市欠之上　1955年）

対雪が降らない」など、それぞれの地域でなにがしかの知識が伝えられてきたのは、雪が降り始める前に冬支度をしなくてはならないからでもある。多くの地域で、そこから望める特定の山での降雪を、里での雪の降り始めの目安としてきた。例えば「八海山に三回雪が降ると、こっち（里）に降る」などといい、地域により「八海山」が、「黒姫山」や標高の高い奥山を指す「深山（ミヤマ）」などに替わるのである。

近年は昔と違った雪の降り方をするといい、これまでの記憶や経験に基づく予想はあてにならなくなったと、地域の人自らが語る。しかし、こうした豊富な言い伝えから、豪雪地帯での人々の関心がどこにあったのかを知ることができ、人々の観察眼の鋭さと経験に基づく生活知識のありように気づかされるのである。

雪が降る頃になれば、その備えとして、まず家を積雪から守るために、ユキガコイ（雪囲い）をしなくてはならない。かつては、家の周りに杉の棒を三、四尺の間隔で立てて上下に横木を渡し、そこに山から刈ってきた茅（ススキ）の束を立てかけて横木に結わえて雪囲いとした。明かり採りの障子の前は、茅でなくボヨ（枝木）にして、その隙間から採光した家もある。昭和三〇年代まではこうした茅の雪囲いが見られたが、やがて木製の板を横にして何枚も家の外側に縄で結わえて吊るす雪囲いになった。溝を切った二本の柱の間に落とし板を落とし込んでいく雪囲いもあった。その後、左右についた受け金具にはめ板を一枚ずつはめ込んでいく形態の雪囲いが用いられるようになり、これは現在でも使われている。

家への出入り口がある中門にも、玄関の中に雪が吹き込まないような工夫がなされた。中門は本屋（母屋）から突き出していて、その入口にはガンギ（雁木）と呼ばれる庇が設けられることもあるが、さらに冬の間はそこから突き出す形で、仮設のユキダナ（雪棚）を造りつけた。雪棚の大きさは家によって異なり、中には二間（約三・六m）くらいの長いものもあったが、多くは六尺（約一・八m）ほどであった。間口は六尺くらいで、刈り取った稲束を干すハゼ（稲架）に用いる杉の丸太などを柱にして骨組みを造り、側面には茅の束を括り付けた。雪棚の上の屋根に当たる部分は、足が潜らない程度の間隔に細かに丸太を渡して、さらに茅を載せて縛った。雪棚の入り口には、上部に縄を張り渡し、そこに家で編んだヨシズやカヤズ

図5　雪棚（南魚沼市欠之上　1955年）

を立て、縄で押さえて開け閉めができるようにした。

2 屋根の雪掘り

本格的に雪が降り始めて積もってくると、心配しなくてはならないのは屋根の雪であった。放っておけば雪の重みで家が歪んで、やがて潰れてしまう。そうならないように雪が一m以上積もったら、屋根に上って雪を下ろさなければならない。これをユキホリ（雪掘り）といった。ヒロノ（和名ミヤマカンスゲ。ヒロロ）で編んだ簑を着て、頭にヤマガサと呼ぶ菅笠を被り、足には長靴のような形の藁製のスッポンを履き、ヤマダケ（和名チシマザサ）と藁縄で作ったカンジキ（カチキ。カッチキ）を着けて、屋根に梯子をかけて上り、雪掘りをした。脛にハバキを着ける人もいた。

図6　屋根の雪掘り（十日町市松之山　1957年）

屋根に積もった雪を割り、すくって投げ下ろす雪掘りには、かつてはブナなどで作った木製のコシキ（コスキ）が使われた。後に金属製の剣先スコップも普及

図7　コシキ

してくるが、スコップは屋根を傷つける恐れがあったのと、雪を掘り出して載せるさじの部分が丸みを帯びていて雪の離れが悪いのが難点であった。そのため、特にクズヤと呼ばれる茅葺き屋根の雪掘りでは、木製のコシキが長く使われてきた。

茅葺き屋根は勾配が急なので、落ちないように下の雪を足場にして屋根の上の方から雪掘りをしていった。最初にグシ（棟）に積もった雪をコシキで割って両側に落とすグシワリから始め、屋根の雪の重みが偏らないように、屋根を回りながらすべての面の雪を掘っていった。軒先の近くの雪は、上からコシキで突いて下に落とした。木羽で葺いた板屋根は茅葺き屋根に比べて勾配が緩いので、軒先近くの雪から始めて上に向かって掘っていく。コツラとかヤネガッパなどと呼ばれる軒先が、家の周りに積もった雪とつながってしまうと、雪が締まって沈むときに屋根を強い力で引っ張り、軒先を損なってしまう。そのために屋根の雪を下ろしたら、今度は下に降りて家の周りに積み上がった雪を片付けなければならなかった。特に明かり採りの窓がある場所は、よく掘り上げて雪を除かないと、家の中が昼間でも真っ暗になってしまった。雪掘りの作業は重労働で、屋根の雪を下ろすのに一日掛かり、家の周りの雪を片付けるのにさらに一日以上掛かった。雪が降り続くと、雪掘りを繰り返し行わなくてはならず、思わず「空を恨む」こともあったという。冬季に働き盛りの男性が出稼ぎに出てい

図8　スノーダンプによる雪掘り（南魚沼市君帰2008年　筆者撮影）

る家では、残った女性が雪掘りに従事した。

その後、除雪道具として鉄製のスノーダンプが作られ、茅葺き屋根の減少とも相俟って昭和四〇年代から雪掘り用の道具として急速に普及した。現在ではもっぱらステンレス製やアルミニウム製のスノーダンプによる雪掘りが行われている。また、自然落雪式の屋根や熱で雪を解かす融雪式屋根を取り入れる家もあり、雪掘りをしなくても済む家が増えた。一方で雪が多い年には、今でも一冬に一〇回ほど雪掘りをする家もある。

3 雪の中の道踏み

雪が降り続けば、道の確保も日常生活を維持するためには大事な作業であった。玄関の前は、出入りができるように毎朝雪を掘り下げたので、雪の積もった道からは坂を下るようであった。傾斜が急な場合は、雪を固めて階段状にした。道の雪もそのままでは足が潜ってしまうので、歩けるようにカンジキを着けて堅く踏みしめておく必要があった。ミチフミ（道踏み。道付け）の作業である。夜、雪が降れば翌朝に道踏みを行い、降雪の具合によっては朝、昼、晩と一日三回行うこともあった。道踏みは自分の家の前と、隣の家の中間までの道を行った。それぞれの道踏みの範囲は、やり残しのないように、周囲の家々の間で昔から暗黙のうちに決まっていた。雪の深いときは、カンジキにさらに一回り大きなスカリを着けて行った。

家々の道踏みのほかに、集落にとって重要な道である子どもたちの通学路や、隣りの集落までの道については、個人ではなく共同作業で行ってきた地域が多い。順番で何人かが組となって、雪を掻き分けるためのコシキを持ち、カンジキ、スカリを着けて道踏みを行う。道踏みの順番は、道踏み板《みちふばん》と呼ばれる木の板や、帳面が回ってくることで知らされる。道踏み板には順番が書いてあるものもあった。その日の道踏みが終わると、道踏み板や帳面を次の家に回した。長い道のりを道踏みしなければならない集落や、複数の方面への道を手分けして道付けしなくてはならない地域もあった。チャメエ仕事といって朝飯前の一時間程度で済む道もあれば、弁当持ちで一日仕事で行う道踏みもあった。集落間の道踏みは、集落の立地や隣接地区との関係によって作業量が大きく異なってはいたが、必要な労力を確保し構成員の負担を公平にする社会的仕組みが、それぞれの地域で確立していた。

昭和三〇年代になると、公道については自治体がブルドーザーによって除雪を行うようになった。その後、次第に道が整ってタイヤショベルなどの除雪車による除雪が多くの道に及ぶようになると、集落間の道踏みの多くは過去のものになっていった。

4 雪の災害――吹雪と雪崩

雪で恐ろしいのは吹雪と雪崩であった。強い風で雪が激しく回るように乱れ飛ぶ吹雪は、フキとかアレコト（アレッコト）と呼ばれ、吹雪くことは、フク（吹く）あるいはアレル（荒れる）という。特に目や口が開いていられないほどの吹雪は、コトブキ（コトッブキ）とかコウテップキといった。かつては家の外に面した障子に雪囲いのハメ板の隙間から霰《あられ》が吹き込んで当たってチリチリと鳴ったので、十日町市天水島では吹雪をチリチリポッポと呼んだ。ポッポというのは風の吹く音である。同市名ヶ山では「障子に雪がくっつくと、一週間のアレッコトになる」と言い伝えていた。

吹雪になることは風の吹き方でわかると各地で伝えている。十日町市倉俣では、イネの風といい、「イネの風だから今晩は荒れるぞ、コトブキになるぞ」といった。イネの風を言葉で説明するのは難しく、長年の経験から肌で感ずるといい、普段の風とは異なる変な感じのする風、ザワザワするような風で、この風が吹くと気温が下がってくるという。同市室野では、アレコトのときには北風が吹いて「山が鳴る」とか「風が鳴る」という。

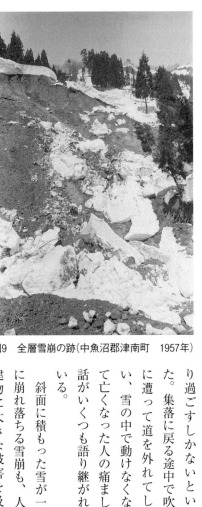

吹雪に遭うと激しく雪が吹きつけるために視界がきかなくなり、風で呼吸もできなくなるので恐ろしいといい、外で吹雪に遭ったときは、スゲボウシにくるまって脇に寄ってやり過ごすしかないといった。集落に戻る途中で吹雪に遭って道を外れてしまい、雪の中で動けなくなって亡くなった人の痛ましい話がいくつも語り継がれている。

図9　全層雪崩の跡（中魚沼郡津南町　1957年）

斜面に積もった雪が一気に崩れ落ちる雪崩も、人や建物に大きな被害を及ぼす。雪崩には、真冬に新しく降った雪がすでにある積雪層の上を崩れ落ちる表層雪崩と、春先などにすべての積雪層が崩落し山肌が現れる全層雪崩とがある。両者を名称の上で区別せずナゼと呼ぶ地域もあるが、表層雪崩をワヤあるいはハヤ、全層雪崩をナゼと呼んで区別する地域もある。ワヤは静かだが落ちる速さが大きく、甚大な被害をもたらすこともあった。表層雪崩をアイと呼ぶ地域も広い。全層雪崩のナゼの方は、固く締まった雪が落ちてくるので、轟音を伴い危険であった。雪崩が起きることを「ナゼがつく」「ナゼが出る」、あるいは「ノゲがつく」とか「ノゲる」といった。ナゼがつく場所は決まっていて、そこを通らねばならないときは気をつけなくてはならなかった。一方で、ナゼに伴う轟音は、春の到来を知らせる音でもあった。

5　春を待つ心持ち

冬の間は、雪の中に閉じ込められ、雪掘りや道踏みを行う日々であったから、春の訪れは待ち遠しいものであった。大雪の年であっても山のブナは早くに芽吹いて青くなる。杉の木立もだんだんと青みがかってきて、木の周りから雪が消えていく。恐ろしい全層雪崩の音さえも春の訪れを知らせる合図だった。「ナゼが出たから、もう雪降らないねえ」などと言い合ったという。「ここにナゼが出たすけ、こんだ（今度は）いい」などといい、春先に特定の場所で全層雪崩があると、雪が降り止まるといった。ナゼがついた後などに、雪と雪の間に土が出ていると、それをイギリマと呼んだ。雪の中に見える土の色は、心を

図10　ホウキノタンボ（1970年）

浮き立たせた。そのような場所には、よくフキが出る。フキはホウキントウと呼び、春に出てくる蕾をホウキノタンボといった。山菜のことをヤサイ（野菜）といい、ヤサイが出ると春の訪れを感じるという。初めに出てくるヤサイは、ホウキノタンボで、それからアイナ（小豆菜）、ウドが出た。ウドは沢や崖のような所に生えた。

春が来ると冬の難儀を忘れるというくらい、高揚感は大きかった。春になれば燃し木を採りに山に行くハルキヤマ（春木山）や、肥引《こえひ》きなどの田仕事で忙しい日々が始まるが、外で仕事をして汗が出るのが嬉しかったという。「冬うち雪で苦労してても、その時期（春）になると、この辺みたいにいい所はない」という言葉は、豪雪地帯であるからこその季節に対する鋭い感性から発せられたものであろう。

図11　ウド（1970年）

おわりに

雪は、その重みによって家を潰し、道に積もって人々の移動を阻害し、耕地を覆って耕作を制限した。時には、吹雪や雪崩によって人の命を奪うことさえあった。ソリによる運搬や、田の用水となる春の雪解け水、布などの雪晒しなど雪を活用する場面もあったが、生活の維持にとって、豪雪は負の環境因子になることが多かった。それに対して人々は、それぞれの時代でさまざまな社会的仕組みや、道具・技術を工夫し伝えることで生活を成り立たせてきた。そのような暮らしの中で育まれ伝えられてきた言葉の奥に、人々の厳しく鋭い季節感覚や生活実感を強く感じ取ることができるのである。

・本文中の事例は、十日町市歴史文化基本構想策定事業として平成二八年度に行われた「雪と人々の暮らしについての聞き取り調査」に携わった際に筆者が得た聞き書き資料である。

〔謝辞〕
掲載した写真については図8を除き、にいがた地域映像アーカイブ・データベース所蔵の中俣正義氏撮影のものを使用させていただいた。記して感謝申し上げる。

春を呼ぶ祭り

column

渡邉三四一

はじめに——除災と豊穣を祈る予祝行事

新潟県では小正月行事を中心に一年の除災招福と豊穣を祈る祭りが各地で展開する。これら年頭の祭りには、性的な呪力によって災厄を祓い、村や家の繁栄を願う事例が顕著で、そこには日本人の原初的で大らかな性信仰が窺える。こうした一連の祭りが終わるころ、雪消えも進み待望の春が訪れる。そんな春呼ぶ祭りの中から地域色豊かな次の三つを紹介しよう。

1　雪中花水祝い——初婿に神水を浴びせ夫婦和合を

魚沼市堀之内の八幡神社では、毎年二月一一日（祝）に「雪中花水祝い」が賑やかに催される。鈴木牧之は『北越雪譜』（一八三七・天保八年刊）の中で、正月一五日（旧暦）の神事として「堀の内にて嫁をむかへ又は婿をとりたるにも神勅とて婿に水を賜る、これを花水祝ひといふ」と記す。女陰男根の作り物を持った天鈿女命《あめのうずめのみこと》と猿田彦《さるたひこ》が率いる踊り行列が初婿の家々を巡り、婿宅で用意した若水を浴びせる。本来は祭り前の禊だが、後に夫婦和合と子宝成就を予祝する行事となったのであろう。華やかな踊りを見物に遠近の老若男女が「蟻のごとく」集まったというが、一八七四（明治七）年に公序良俗に反する旧習として廃止された。

現在の祭りは、一九八八（昭和六三）年に地元商工会や観光協会により一一五年ぶりに復活したものである。当日夕刻、猿田彦・天鈿女命を先頭に総勢一〇〇人の行列が町中を練り歩き八幡神社へと向かう。最後尾には赤帯を締めた初婿たちが巨大な赤い男根の神輿を担いで続く。境内には三メートルの男根のご神体を祀る雪の祭壇

写真1　赤い男根の神輿に乗る初婿

写真2　神水を浴びせられる初婿

が設けられ、名前を呼ばれた初婿は花道を走り抜け、ご神体の前で四つん這いになる。そして待ち構えた裃姿の水取役から勢いよくご神水を浴びせかけられる。戻る初婿の体から湯気が立ち上る。籠りがちの冬場の暮らしに彩りを添える祭りである。

2　ショウキサマ祭り——災厄の侵入を防ぐ藁の人形神

阿賀野川流域の東蒲原郡阿賀町には、二月から三月にかけてショウキサマと称する藁人形を作り、一年の村内安全と無病息災を祈願して村境に祀る行事がある。現在、同町の武須沢入《ぶすざわいり》・平瀬《びょうぜ》・大牧《おおまき》・熊渡《くまわたり》・夏渡戸《なつわど》の五集落

写真3　祠に安置されたショウキサマ（阿賀町平瀬）

写真4　男女のショウキサマを合わせる（阿賀町夏渡戸）

と新発田市浦地区で行われ、二〇〇五（平成一七）年に新潟県無形民俗文化財（風俗習慣）に指定された。祭りの朝、公民館や集落センターに集まった村人は用意した藁で各集落ならではの伝統的なショウキサマを作る。大きさや形状は若干異なるが、男神のショウキサマには誇張した大きな男根を取り付ける点は共通する。完成すると所定の村境の祠に安置され、一年間災厄から村を守る役割を担うのである。

一方、夏渡戸では他地区と異なり男女二体のショウキサマが作られる。カミシモ（東西）の村境にある祠に一年交代で安置されるが、これは毎年入れ替えることにより厄神が「知らないおっかない神がいる」と逃げ出すからだという。興味深いのは、運び出す際に二体の正面を合わせて男女の営みを表現する所作があり、ここにも性の呪力によって除災招福を期待する心意が窺える。

3　ほだれ祭り——巨大な男根に乗って子宝祈願

長岡市下来伝《しもらいでん》の集落入り口に、樹齢八〇〇年、樹高三〇メートルを超える大杉が聳える。その根本には二〇基余りの双体道祖神碑とともに男根形の石造物が数多く林立する。地元の伝承では、もとは男女の夫婦杉であったが、大風で男杉が倒れた後、村の男衆が病気や怪我で死に、村は後家（未亡人）ばかりとなった。占いを立てると、残った女杉に男根形のものを供えるとよいというので男根状のものを供えると、以後、後家が出なくなったという。『温故の栞』によれば、当所は古くから「ほだれの宮」と称した道祖神の祭場であり、独特の景観もこれに由来する。一説には「ほだれ」は穂垂れで、稲や粟などの豊穣を意味するとともに、越後では男子の陰部をむかしはホダレといったと『越後風俗志』は記す。このことから子宝に恵まれるという信仰が生まれたのであろう。

一九八〇（昭和五五）年、こうした伝承を踏まえて村の青年たちが、現在のほだれ祭りを復活させた。その際、二メートル余りの欅の男根形を作り「ほだれ大神」とし、これを祀る祠を大杉の脇に建立した。祭礼は三月第二日曜で、村の男衆らによって大杉のご神木に大注連縄がかけられ、次いで青年たちが重さ五〇〇キログラムのご

写真5　大杉を囲む道祖神碑と男根石、左：ほだれ大神の祠

写真6　ご神体の神輿に担がれる新嫁たち

神体を祠から担ぎ出す。前年に結婚した初嫁は厄払いを終えると、ご神体の神輿に乗って村内を練り歩く。夫婦和合と子宝・安産を祈願する奇祭である。会場周辺では「ほだれ様」関連グッズやカジカ酒・タヌキ汁などが販売され見物客を楽しませる。

生命が芽吹く春を前に、邪気を祓い、豊穣と多産の呪力を持つ生殖器の作り物が活躍する。春を呼ぶ祭りの大きな特徴である。

〔参考文献〕

宮　栄二監修『校注 北越雪譜』野島出版、一九七〇年
柏崎市立博物館編『越後の人形道祖神—異形神の系譜—』同館、二〇〇四年
横山旭三郎『新潟県の道祖神をたずねて』野島出版、一九八〇年
温故談話会編『越後風俗志』国書刊行会、一九九〇年

町屋の暮らしと祭り

加賀谷真梨

1　まちおこしの現在

村上市は新潟駅から更に特急電車で一時間北上した日本海沿岸に位置する県内最北端の自治体である。一六世紀には臥牛山《がぎゅうざん》に城が築かれ、一七世紀はじめには村上藩主の堀直《ほりなお》竒《より》が城下町を整備するなど、村上は北越後の中心地として栄えた。現在も城跡の他に、武家町、町人町、寺町が残り「小京都」と称される町並みが広がる。

但し、この町並みは江戸時代からそのまま残ってきたわけではない。一九六一年に町人町の道路拡幅を伴う都市計画が決定され、住民からも度々要望書が提出されるなど、高度経済成長期においてはむしろ商店街の近代化が期待されていた（矢野二〇一七　一五七）。

村上における町並み保存に対する機運は、一九八六年に起工した旧武家町の若林住宅の保存修復工事が進む中で高まり始めた。武家屋敷が減少する現状に危機感を抱いた工事関係者が武家屋敷保存研究会を発足させ、武家屋敷が残る城下町の町並みを再評価していったのである（矢野二〇一七　八八）。これを受けて、道路拡幅を希望していた旧町人町の住民も一九九七年には町並み保存にかかわる住民組織を結成する（（財）日本ナショナルトラスト二〇〇二　一七―一九）。そして、町屋という生活空間やその「しつらえ」を観光客に積極的に見せることを始める。この町屋の「日常を見せる」という手法の導入は、鮭の加工販売店の店主が、天井の梁から吊り下がるたくさんの鮭に感動した客人に着想を得たとされる（吉川二〇一八）。以後、町屋商人会は商家で代々伝わってきたひな人形、屏風、漆器、重箱等の品々を屋内で見せる活動を始め、二〇〇〇年から「町屋の人形さま巡り」が、その翌年には「町屋の屏風まつり」が開始された。さらに「城下町らしさ」に磨きをかけるために町屋の外観を修景する活動も始まった。

民俗学者の矢野敬一は、こうした村上における町屋の再活性化と町並み景観再生という「まちおこし」の過程を「再帰性」という概念で説明する（矢野二〇一七　五）。再帰性とは、社会学者のアンソニー・ギデンズが用いた語で、近代において人が自身の生活を絶えず対象化し、その見直しを図ることをいう（ギデンズ　一九九三）。矢野は、あるものや事象の再帰的捉え返しの中で、新たな価値のもとにそれが「資源」として立ち現れるという（矢野二〇一七　八）。村上が「城下町」や「鮭の町」として再定位されたように、今日の観光やまちづくりにおいては、観光資源となりうる「伝統」を再発見する反復的な営みが欠かせない。しかし、再帰性が循環的な営為であることをふまえると、「伝統」の発見という

(1)　村上市を流れる全長約四二キロメートルの三面川を遡上する鮭は、村上藩の主要な財源であった。天明・寛政期には村上藩で茶や養蚕の殖産政策が進められたが、鮭もその対象であったことが特徴的だという（高橋二〇一三）

脱埋め込みのみならず、捉え返された事象が日常生活の中に再度埋め込まれ構造化していく側面があることも忘れてはならないだろう。その循環の中でこそ再帰性は成立する。そこで本章は、村上を事例に「伝統」が再発見され、またそれが日常に埋め込まれていくようなプロセスを、祭りに着目しながら提示していこうと思う。

2 「伝統」の再発見

村上駅前の歓迎塔の下に設置されている漆塗りの車輪は、旧暦七月七日に行われる羽黒神社の例大祭で曳きまわされる屋台の車輪である。旧町人町の一九の町内がそれぞれ屋台を所有し、町内を概ね一〇キロにわたって曳きまわす。祭りは町民の血潮がたぎる一日であり、この祭りのために残りの三六四日があると言っても過言ではない。

祭りの行程を簡単に紹介すると、まず旧暦七月六日の宵宮祭で羽黒神社において神輿への魂入れが行われる。七日の午前零時には先太鼓が羽黒神社の社務所を出発し、祭りの始まりを氏子町内に告げて廻る。その後、庄内町の荒馬と傘鉾が先導する形で、提燈の淡い光を発した久保多町の屋台が、小町坂を左右に山車に揺らしながら練り上がる。上り下りを三度繰り返した後、午前六時には全ての屋台が神社に集う。八時には先太鼓、傘鉾、荒馬をはじめとする祭礼行列の先導役が出発し、神輿の後を一九台の屋台が町内を巡る（写真1）。屋台巡行は御旅神事である。以前は村上城下西端の肴町《さかなまち》御旅所（河内神社）を最後に往路についていたが、一九九一年以降は幹線道路の影響で、それより東寄りに詰所が設

写真1　2019年の屋台巡行の様子

置され、そこで「帰り屋台」へと装いを改めた後、夕暮れ時にはそれぞれの町内に戻っていく。

この例大祭、町民には「お羽黒さまのお祭り」と呼ばれ、国の重要無形民俗文化財には「村上祭の屋台行事」として登録され、ポスターには「村上大祭」と記されるなど、呼称は様々であるが、一般には「おしゃぎり」のお祭りとして知られている。しゃぎりとは、本来「囃子」を意味するが、村上では囃子方が乗車する形状の屋台のことを指す。しかし、全ての屋台が「おしゃぎり」と称されているわけではない。屋台には「しゃぎり」「お囃子」「にわか」の三種があり、それぞれ形態が異なっている。「しゃぎり」は、漆塗りされた直径二メートルの大型台車と、金箔も多用される豪華絢爛な装飾彫刻に特徴づけられる。高さ約五メートルの二階建て構造で、一階は子どもが乗る囃子台、二階には「乗せ物」が載る他、見送り、日覆、車輪で構成される。現存する最古のしゃぎり屋台は肴町のもので、完成は一七六〇（宝暦一〇）年だと言われる。他方、「お囃し」屋台は、形状こそしゃぎりに似て大きな車輪を持つが、白木造りが特徴である。「にわか」は、作りが簡素で装飾彫刻や漆塗りはみられず、車輪が小さいのが特徴である。

ところで、近年しゃぎり屋台が増加している。一九八六年には囃子六台、しゃぎり九台、にわか四台としゃぎりは全体の半分以下であったのが（上村一九八六　三）、平成一一年には、一七台がしゃぎり屋台となり、にわかは二台のみとなった。この背景には、しゃぎりを曳きたいと熱望する若者の増加が起因している。一例として、庄内町では平成六年に、にわか屋台の老朽化に伴いこれを新調するか、この機にしゃぎりに変更するかで住民投票が行われた。結果、四票差でにわかに軍配が上がり、平成七年には新しいにわか屋台が新調されたという。ところが、三年ほど新しい屋台を曳いていたものの、若者らから「やはりおしゃぎりを曳きたい」との声が上がり、一部の有志の手によって屋台がしゃぎり仕様に変更され、平成一一年にはしゃぎり屋台を銘打つようになった（大場二〇〇五　五二）。庄内町では祭りそのものの伝統を重視するか、個々の町内会の伝統を重視するかで住民の間にコンフリクトが生じ、最初こそ町内の伝統が重視されたものの、若者は祭りそのものの伝統に傾倒したと別言できる。

このように「伝統」は、いわば変化が生じる際に参照される。しかし、どの時代のどのような伝統に軸足を置くかは、その時の人の手に委ねられている。庄内町の屋台の場合も、ただ、屋台の構造のみが改変されたわけではない。乗せ物、さらには二階の見送りまでも

写真2　傘鉾と荒馬

が新調され、その都度「伝統」が参照された。その伝統再発見のプロセスを、庄内町の屋台改変の立役者である木村公一さんの語りからみてみよう。

　木村さんは、江戸時代から庄内町に在住してきた家の当主で、町屋に住んでいる。住民投票以前に町内で瓢和《ひょうわ》会《かい》という任意団体を結成し、しゃぎり製作に向けた積み立てを行っていた中心人物である。町内きっての祭り好きでもある。投票で負けた数年後に若者が協力を要請にきたのも彼の自宅であった。若者から相談を受けた木村さんは、まず町内の有志と共に基本方針を定めた。庄内町は、荒馬と屋台の双方を出す唯一の町内であるため、住民は祭りでは荒馬についたり、屋台についたりと多くの役割がある（写真2）。それゆえ荒馬の衣装の波模様や傘鉾の瓢箪など種々のモチーフを参考に、共通テーマとして「火伏せ」を抽出し、これを軸に屋台改造を進めることに決めた。庄内町が大火に襲われたかは定かではないが、村上城下は慶長一五（一六一〇）年、寛文八（一六六八）年、寛文一〇年、天和五（一六八五）年二月、元禄七（一六九四）年六月と、何度も大火に襲われている（桶木一九三一）。そうした史実が長年伝承されてきた荒馬の衣装や傘鉾の意匠に反映されていると捉え、「火伏せ」に着目したのである。まずは、屋台の「高欄」には水を表わすとされ町内のシンボルでもある瓢箪の柄で彫りが加えられ、乗せ物も戦前から継承されてきた忠臣蔵の大石内蔵助から、新しいにわか屋台で新調された瓢箪単体を載せた。ところが、瓢箪では高欄の彫刻と重複し、かつ下から仰ぎ見たときにあまり見栄えがしないことに気づき再考した結果、瓢箪に関わりがあり、「不可能に可能を探る」という意味もある瓢鯰《ひょうねん》図《ず》を人形で表すことにし、木村さんが私財を投じ京都の著名な人形師に製作を依頼した。なお、木村さんは何度も京都に通い、また自ら人形の姿をポージングした写真を人形師に送っている。見送りは、一騎の荒馬のモチーフとなっている兎のデザインに変更した（写真3）。羽黒神社は月山の麓にある庄内の羽黒神社から勧請しており、兎は「火伏せ」に加え、月山の使いの動物であるという説にも依拠したという。さらにこの兎の後ろには、漆で朱色に塗られた満月と

写真3　木村さんの見送りデザイン

写真4　庄内町のしゃぎり屋台（2019年撮影）

その反面に銀箔が施された三日月が組み合わされた。この見送りも中国の陰陽説、すなわち「陰極まれば陽になり、陽極まれば陰となる」という「いずれよくなる」といった再生を示唆する意を参考にしたという。こうして、伝統的に火伏せの象徴とされてきた瓢箪や瓢鯰図、それらから喚起される寓意としての町内会の将来的発展が、木村さんの発案のもと屋台に具現化され、庄内町の新たな伝統として創出されたのである（写真4）。

木村さんの実践は、「祭は人の営みとして立ち現れ、それゆえ常に生成され、更新されるダイナミックな進行形の文化である（俵木二〇〇九　一〇一—一〇二）」という民俗学者俵木悟の言葉を体現しているかのようである。祭りにおいて個人は後景化しがちだが、多様な個人の実践によって都度息吹を吹き込まれ継承されてきているのである。

3　祭りと「日常」

庄内町で屋台を巡って生じたコンフリクトは、木村さんという個人の差配により表向き解決されたようである。その一方、にわかを選択したはずのおよそ半分の住民が、新たな伝統を受け入れていく過程についてはどのように説明できるだろうか。以下では、祭りの場を構成している町屋空間およびその空間で営まれる日常の暮らしに焦点を当て考えてみたい。

写真5　町屋が並ぶ通り

庄内町は二〇二〇年現在およそ一三〇戸から成り、目抜き通りを挟んで町屋が並ぶ（写真5）。町屋は、道路に面した間口が二～五間幅、奥行きが一〇～二〇間ある短冊型の敷地に建つ木造建築物で、隣家と接して建ち並んでいる（村上市一九九〇）。商人町としての佇まいを残しているエリアであり、荒馬を出す唯一の町内でもある。かつて荒馬には庄内町出身の男児しか乗ることができなかったため、この町内の男児は特権意識を持ち、他方、他の町内の男児は羨やんだという。

一三〇戸はおよそ一〇戸で一つの「番組」にわけられ、荒馬の数と同数の全一四の番組から成る。この番

写真6　荒馬宿で出番を待つ馬

組で「荒馬宿」を一年毎に交替してきた。平成初期まで荒馬は荒馬宿で保管されていたが、現在は祭りの期間以外はおしゃぎり会館で展示・保管されている。荒馬宿は荒馬に乗る男児を用意する他、祭りが始まる一週間前には家の「ミセ」と呼ばれる土間に馬を運びこむ。ミセは、道路に面した表から見える空間で、商家では商品を展示する空間、職人の家では作業場空間であった。また、荒馬宿に限らず祭り期間中はミセに急ごしらえの座敷をしつらえ、代々伝わる屏風を立て回し、軒に桜提灯や簾を下げる（村上市一九八九　三〇四）。荒馬宿では屏風を背にして馬を置き、馬の前に人参や神酒を捧げる（写真6）。なお、一四騎の馬の中で、一番手の馬のみが白馬であり、他の馬は山籠を背負うものの、この馬のみ生木の松の木を馬印として背につける。

祭りのしつらえについては、これまで祭礼空間の美しさを実現するという点で、御簾や提燈、建具外しが注目されてきた（(財)日本ナショナルトラスト二〇〇三）。しかし、庄内町においては住民が番組に帰属し、数年に一度は宿として荒馬を迎える準備をしなくてはならないという祭りの構造自体が、町屋建築の保存、ひいては景観保持に一役かっていると考えられる。ナショナルトラストの報告書によれば、歴史的建造物（町屋建築）の町内別残存率は大工町が一五棟で五三・六％と最も割合が高いものの、庄内町は八八棟で四三・

六％と、棟数の多さに加え残存率の高さが際立っている（(財) ナショナルトラスト二〇〇三六六）。このように庄内町で町屋の数が維持されている事実は見過ごせない。祭り期間中、庄内町の目抜き通りを歩くと、荒馬が個々の荒馬宿のミセに安置され、祀られている様子を目にする。荒馬に乗ることのみならず、荒馬を迎え披露することも、庄内町の住民にのみ許された特権である。もしも、家屋の造りを個々の家が大幅に改変したり、扉の家に改築するとしたら、それは荒馬を安置する場所の消失を意味することになろう。祭りという非日常的要素の日常への浸食、伝統の日常への埋め込みがここに見て取れるのである。このことから、若者と上の世代との間に生じたコンフリクトは、町屋に暮らし続け、祭りを継承するという両者の共通項がとりなす形で解消されていったものと思われる。

4　おわりに

豪華絢爛な屋台祭りが村上で成立した理由として、大火の度に城下町に大工が入り込み、建築関係の職人を中心とした商人の町が発展したことが指摘されている（村上市教育委員会編二〇一六）。一六三五年には二一人であった大工が、一七〇五年刊行の「村上寺社旧例記」には、一四七人と記載されており、七〇年間で大工が激増している。また車屋、桶屋、塗家、表具家など、屋台の制作技術に繋がる技術を持つ職人も少なくなく、度重なる大火と職人の流入、そして技術の競い合いが屋台の彫刻や技能に結実していったようだ。こうした近世に育まれた産業が今日まで存続し、屋台行事の継続に寄与しているのも村上の特色である。全国的に名を馳せる村上堆朱《ついしゅ》も、一七世紀に村上城主が漆奉行を置き、漆の木の増殖に力を入れたことで技術が発展した。現在も漆職人は屋台や傘鉾の保存修復にその技術を提供しており、美しく照り輝く漆が施された屋台や傘鉾が村上の町中を曳行するたびに、その技術と価値が多くの人に再確認されている。そうした職人技は既に店を畳んだ人たちの間にも伝承されており、庄内町のしゃぎり屋台の漆塗りは町内の元仏壇屋の住民が担い、また見送りの一部作成は町内の現役の大工が担った。技術を持った者がいて屋台行事が成立し、屋台行事が継続する限り生業や技術が継承される。こうした再帰性が村上では祭りを媒介に随所に散見できるのである。

〔参考文献〕
大場喜代司『村上大祭　ガイドブック』財団法人東日本鉄道文化財団他、二〇〇五年
上村吉蔵『越後村上羽黒神社　村上大祭』村上タクシー株式会社他、一九八六年
(財)日本ナショナルトラスト『平成14年度観光資源調査　村上の町屋と町並み景観』二〇〇三年
吉川美貴『まちづくりの非常識な教科書』主婦の友社、二〇一八年
高橋美貴『近世・近代の水産資源と生業　保全と繁殖の時代』吉川弘文館、二〇一三年
俵木悟「華麗なる祭り」『日本の民俗9　祭りの快楽』吉川弘文館、二〇〇九年
村上市『村上市史　民俗編上巻』村上市、一九八九年
村上市『村上市史　民俗編下巻』村上市、一九九〇年
村上市教育委員会編『村上まつりのしゃぎり行事総合調査報告書』村上市教育委員会、二〇一六年
矢野敬一『まちづくりからの小さな公共性　城下町村上の挑戦』ナカニシヤ出版、二〇一七年
桶木繁之助「村上郷土史」村上本町教育會、一九三一年
ギデンズ・アンソニー『近代とはいかなる時代か—モダニティの帰結』而立書房、一九九三年

木村さん宅で修復を待つ荒馬

column

越後瞽女《ごぜ》──旅と暮らし──

鈴木昭英

瞽女は視覚障害のある旅芸人である。中世には「女盲《にょもう》」あるいは「盲御前《めくらごぜ》」と呼ばれ、諸方を遊歴し、社寺の門前や境内で鼓を打ちつつ神仏の霊験を説き、あるいは戦語りや仇討ち語りをしていた。だが、近世初頭に幕藩体制が確立すると、城下町や門前町、宿場町などに定住し、仲間集団を形成する。呼称に「瞽女」の文字をあて、楽器に三味線を用いるようになったのもこの頃である。

町うちに出来た集団を私は町方集団と呼んでいるが、その巡業地は周辺の農村部であったから、やがて在方にも里方集団が生まれる。

仲間集団の組織体制

東北地方の盲女は、祈禱《きとう》して死者の霊を呼び出す口寄せ《くちよせ》巫女《みこ》になったが、関東・越後以西の盲女はその多くが瞽女になった。その中で、集団の数も人数も多かったのは越後である。私の調査で確認した集団の数は、大・小合わせて十指に余るが、今は町方集団の高田瞽女と里方集団の長岡瞽女の組織のしくみを比較し、併せてその巡業圏を略述する。

高田瞽女は、師匠がみな高田の町に家を構え、弟子を受け入れて瞽女一家を成した。その中で瞽女経験年数の多い人が「座元《ざもと》」を務め、全体の集団を統轄した。したがって、その組織は「座元制」であったといえる。

高田の瞽女仲間が明治一七（一八八四）年二月一五日に協議して取り決めた『規約証』に、高田の町にある一七軒の師匠とそこに同居する瞽女たち五一人の計六八人が署名、捺印している。また明治三四（一九〇一）年正

写真1　妙音講が復興、再現されたとき、杉本キクイさんら3人が呼ばれ、段物（祭文松坂）を語ったときの模様（上越市の天林寺、昭和48（1973）年5月13日）。

写真2　門付けする長岡瞽女　金子セキ・中静ミサオ・手引き関谷ハナ　北魚沼郡湯之谷村（現魚沼市）大湯、昭和45（1970）年7月18日。

月三〇日にそれを改正した『規約証』に、一九軒の師匠とそこに同居する瞽女ら六八人の計八七人が署名、捺印している。もって明治期における人的動向が知られる。旅稼業は、県内は頸城《くびき》地方一帯、県外は信州番と上州番に分け、毎年交代して出かけた。

長岡瞽女は、山本ゴイを名乗る瞽女頭が長岡の大工町（現日赤町）に大きな邸宅を構え、中越地方一帯に分散する師弟系譜集団の「組」を統轄した。その組織体制はいわゆる「家元制」であった。盛時の明治前期には四〇〇人を優に超える大集団を形成した。その旅稼業は、県内は中越地方一帯、県外は国境を越えて関東一円、さらに東北に分け入り、遠くは岩手・秋田まで足を運んだことを私は瞽女から聞いている。雪のあまり降らない地方は夏旅と冬旅を、雪の積もる地方は夏旅を、いずれも数か月に及ぶ長旅を敢行した。

年季制の採用と掟の施行

瞽女集団は師匠への弟子入り修行に年季制を敷いている。年季の期間は、高田瞽女は一〇年で短期間だが、里方瞽女の長岡瞽女と刈羽瞽女は二一年、下越の新飯田《にいだ》瞽女（白根瞽女）は一八年と長期である。その間に、この商売は人びとを客とするから、礼儀作法やしつけも教わるが、なんといっても唄芸の修得が並みたいていでない。

まず三味線の弾き方から入る。瞽女が習う唄は、曲の種類も曲目も多様、多彩である。哀れ節を本領とする祭文松坂《さいもんまつざか》（段物）、それをくどき調にした口説《くどき》、さらに浄瑠璃《じょうるり》系の常磐津《ときわず》・清元《きよもと》・新内《しんない》、謡い物の長唄・端唄《はうた》、門付け唄や万歳《まんざい》（三河万歳系）のような祝い唄、それに瞽女が雑物と称している民謡やはやり唄などがある。これらを、目の見えない者同志が、口と耳との受け渡しで、文句も節も教え教わるのだから、師弟とも精魂をこめ、真剣にならざるをえない。

そのうえ、仲間が決めた掟を守らねばならない。へまをすると破門をされる。どこの仲間も一巻の巻物を所持している。その前半には瞽女の縁起、後半には十か条ほどの「式目」が書かれている。それを、瞽女の守り神とされる妙音菩薩・弁財天・下賀茂大明神を祭る妙音講《みょうおんこう》の席で読んで聞かせるのである。その条項の中に、不行《ふぎょう》式《しき》があればその罪の品を裁いて五年・七年・一〇年と取って返させる、とある。これまで勤めた年数をそれだけ削り取るというのである。いわゆる「年落としの刑」である。この式目以外にも、それぞれの仲間が独自に取り決めた条項や罰則の規定があり、それを守らなければならない。

高田瞽女は入門七年目に、これまでの瞽女名を廃して町芸者風の名に替える。その際、本人は島田を結い、花嫁姿で師匠との間で「祝言の式」を挙げる。三々九度の杯を酌み交わすのであるが、この式が済めば三年後に弟子を取ることが許される。だが、高田瞽女の弟子たちはみな師匠の家に同居しているから、年季修行の意識は薄い。それに比べると、長岡瞽女は瞽女頭の山本ゴイは代々世襲であり、大集団でもあるので、犯した罪によっては重い処罰が行われた。妙音講の席で、一同が参集するなか、当人を入門初年に戻し、瞽女名を替えることもあったという。

そのような不行式を致さず、年季を無難に勤め終われば、師匠や仲間の瞽女、親類の人たち、村役などを呼んで盛大な「年明きぶるまい」を催した。本人は花嫁衣装に身を固め、師匠との間で祝言の式を挙げ、唄芸の上達ぶりを披露した。

このように年季明けに師匠との間で祝言の式を挙げるが、それは擬制的なものであり、本来は一人前の瞽女に

写真3　長岡瞽女　金子セキさんの門付け弾き語りスタイル。三味線の袋をはずし、右足を爪先立てて、膝の上に胴を支えて弾く。後ろは中静ミサオさん。2人が交互に歌い継いでいく。北魚沼郡湯之谷村（現魚沼市）大湯、昭和45（1970）年7月18日。

写真4　長岡瞽女の3人が北魚沼郡堀之内町（現魚沼市）下島での門付け（昭和48（1973）年7月13日）。

なるための、神婚の儀式であったと推量される。

人の情けにたよる旅稼業

　人の情けや思いやりで旅稼業は可能となる。昼は門付け、夜は泊まり宿で近間の人たちを集めて一夜語りをする。毎日がその連続である。宿は今の民宿にあたるが、宿賃の収受はない。無料奉仕だが、瞽女の返礼は唄である。

　瞽女宿は狭い家では務められない。江戸時代は庄屋・名主が対応した。近代は村の重《おも》立《だ》ちの家が主体となった。瞽女たちには、数代前の師匠から受け継いできた泊まりつけの宿があり、それが連続する長旅を容易にした。毎日同じ頃に訪れるので、もう来るころだと待っていてくれた。

人びとの篤い信仰に支えられた瞽女たち

遠くから来訪する瞽女に、人びとは不思議な力が備わっているとみて熱心な信仰を寄せ、それに支えられての旅でもあった。三味線が奏でる音、口からほとばしり出る唄声、三味線の糸・撥・袋、身につけた着物や履き物・杖などに不思議な霊力があるとして、安産や子育て、病気平癒、蚕繭・米・麦など農産物の増殖・増産に効果を発揮してくれると期待した。瞽女の来訪は、遠くから人を祝福に来る神と同等に考えて対応し、神の成り代りのように思う人もずいぶんいたのである。

写真5　南魚沼郡大和町（現南魚沼市）穴地地内を次の村へと足を運ぶ3人。長旅は着替えや小布団、紙帳、桐油合羽、食器具、化粧道具、その他が必要で、大きな荷物を背負うことになる（昭和51（1976）年7月24日）。

〔参考文献〕

斎藤真一『瞽女―盲目の旅芸人』日本放送出版協会、一九七二年
佐久間惇一ほか『阿賀北ごぜとごぜ唄集』新発田市教育委員会、一九七五年
鈴木昭英ほか『伊平タケ聞き書　越後の瞽女』講談社、一九七六年
鈴木昭英『瞽女―信仰と芸能―』高志書院、一九九六年
鈴木昭英『越後瞽女ものがたり―盲目旅芸人の実像―』岩田書院、二〇〇九年
鈴木昭英『瞽女―芸道の軌跡―』瞽女文化を顕彰する会、二〇一八年

越後・佐渡の芸能――新潟の鬼の踊り――

中本真人

はじめに

新潟は、芸能の宝庫といわれる。本章では、新潟に伝承される芸能から、特に鬼の芸能を紹介したい。

そもそも鬼とは、どのような存在だろうか。『日本国語大辞典第二版』から「鬼」の項目を引くと、冒頭に「死者の霊魂。精霊」と説明される。さらに「想像上の怪物。仏教の羅卒（らそつ）と混同され、餓鬼、地獄の青鬼、赤鬼などになり、また、美男、美女となって人間世界に現われたりする。また、陰陽道《おんようどう》の影響で、人間の姿をとり、口は耳まで避け、鋭い牙《きば》をもち、頭に牛の角があり、裸に虎の皮の褌をしめ、怪力をもち、性質が荒々しいものとされた」という説明が続く。桃太郎に退治される鬼や、節分で追い払われる鬼は、人間に災厄をもたらす代表であろう。

一方、鬼はその怪力や荒々しさによって、人間を守護する存在にもなった。その解りやすい例が、鬼瓦であろう。屋根の棟の端に置かれる鬼瓦は、大きく鬼の顔をかたどっている。鬼の顔を瓦に造形することにより、災厄を家から追い払うことが期待されているのだ。日本における鬼は、人間に対して悪いことをする一方で、ひとたび人間の味方になれば、人間から災厄を追い払ってくれるというように、相反する両面の性格を有していた。古典芸能や民俗芸能の鬼も、この二つの性格を認めることができる。

1　本成寺の鬼踊り

三条市の法華宗陣門流総本山本成寺《ほんじょうじ》（図1）で、毎年節分に行われる鬼踊りは、近年多くの参詣客を集めている。『三条市史』には「三条の法華宗総本山本成寺で行われる「節分会」は有名である。読経が終ると、太鼓とともに赤鬼・青鬼・黒鬼など六匹の鬼が本堂に登場して踊り狂う。これに向って裃姿の年男が「福は内、鬼は外」といいながら豆を投げつけ、鬼どもを退散させるという行事がみられる。厄除け、災難除けの祭りといわれている」と紹介されている。

現在の節分の鬼踊りは、昭和二八（一九五三）年に節分会のお祓い後の行事として始められた。当初は、鬼の面も紙製であったり、踊りの型も定まっていなかったりしたようだ

図1　本成寺本堂

が、次第に内容も洗練されていった。そして、昭和四九（一九七四）年に「鬼踊り奉讃会」が結成され、檀家で構成される踊りの伝承体制が整えられる。このように鬼踊りの歴史はまだ七〇年足らずで、民俗芸能としては新しい。しかし節分だけでも、本成寺で一一時と一四時の二回も行われるし、また一月末には新潟市内の観光施設にも出張して踊りを披露している。確かに節分の豆撒として馴染みやすいという面もあるだろうが、それにしてもなぜ本成寺の鬼踊りは短期間のうちに、県内有数の人気の民俗芸能に成長したのだろうか。

本成寺の鬼踊りは、金棒を持つ赤鬼、かけや（のこぎり）を持つ黄鬼、まさかりを持つ黒鬼、さすまたを持つ青鬼、なぎなたを持つ緑鬼、さらに三途川婆が登場する。鬼はそれぞれの色の面を着けているが、多くの鬼にみられる角がなく、黒い鬘《かつら》を被っている。本堂の内陣に入場すると、堂内に響く大きな声を上げながら、道具を振り回して人間を脅かすような所作を繰り返す（図2）。この踊りは非常に迫力のあるもので、この行事の人気の理由のひとつであるのは間違いない。ひとしきり暴れまわった鬼たちは、最後に僧侶や裃姿の人々の豆を浴び、僧兵によって堂の外へと追放される。

豆撒によって鬼が追放されるという芸能は、各地の節分行事にみられる。ただし、鬼踊

図2　鬼踊りの鬼

図3　子供の体を掲げる鬼

りで注目されるのは、踊りの途中やその後の境内にて、親たちが自分の子（多くの場合が乳児）を鬼に手渡して抱かせていることであろう。鬼に抱かれたり頭を撫でられたりすると、その子は一年健康で育つといわれている。そのため、参詣客には親子の姿が少なくない。また豆を撒かれた鬼が、鐘楼堂（鐘つき堂）へ行って鐘をつくと、角が取れ改心するといわれているが、すでにその前から鬼たちはたくさんの子を手渡されている（図3）。

このように本成寺の鬼踊りの鬼は、人間に災厄をもたらす性格と、人間から災厄を追い払う性格の両方を、最初から備えている。鬼に子を抱かせる親たちは、鬼の厄払いの力を期待しているのだ（もっとも近年は、最初から「写真映え」を狙った親も珍しくないが）。このような厄払いの鬼を「春来る鬼」と呼んだのは折口信夫であった。折口は、祖先の霊が集まる海のかなたにある地を「常世（とこよ）」と呼び、そこからわれわれの世界にまつりの機会に訪れる神を「まれびと」と名付けた。鬼も「まれびと」のひとつで、特に春（新春）に訪れる例の多いことから「春来る鬼」と呼んだのである。

2　佐渡の鬼太鼓の歴史

新潟の鬼の芸能で忘れてはならないのが、佐渡の鬼太鼓《おにだいこ》《おんでこ》である。佐渡のまつりに欠かせない芸能で、島外や県外でも披露される機会が珍しくない。もっとも一口に鬼太鼓といっても、さまざまな様態がある。ひとまず鬼太鼓の歴史を先に説明し、次項で現代の鬼太鼓をみていくことにしよう。

鬼太鼓の起源は、はっきりとは判っていない。巻末に「延享三寅九月十九日祭之図」とある「相川祭礼絵巻」には、鬼の面と髪の長い鬘を着けた二人が、二人の男に担がれた太鼓を両面から叩く様子が描かれている。延享三（一七四六）年には、すでに相川で鬼と太鼓の芸能が存在した事実が確認できる一方で、この芸能が「鬼太鼓」と呼ばれていたかは不明である。ちなみに文献に初めて「鬼太鼓」という言葉が登場するのは、佐渡奉行の石野（中原）広通によって記された『佐渡事略』（天明二（一七八二）年）とみられている（図4）。同書には、九月十九日の善知鳥神社祭礼において、佐渡鉱山の坑夫たちが「鬼太鼓」を打ったと記される。佐渡の鉱山開発は、近世から本格的に始まった。慶長八（一六〇三）年に大久保長安が天領となった佐渡の代官を命じられると、陣屋を相川に移して鉱山経営の拠

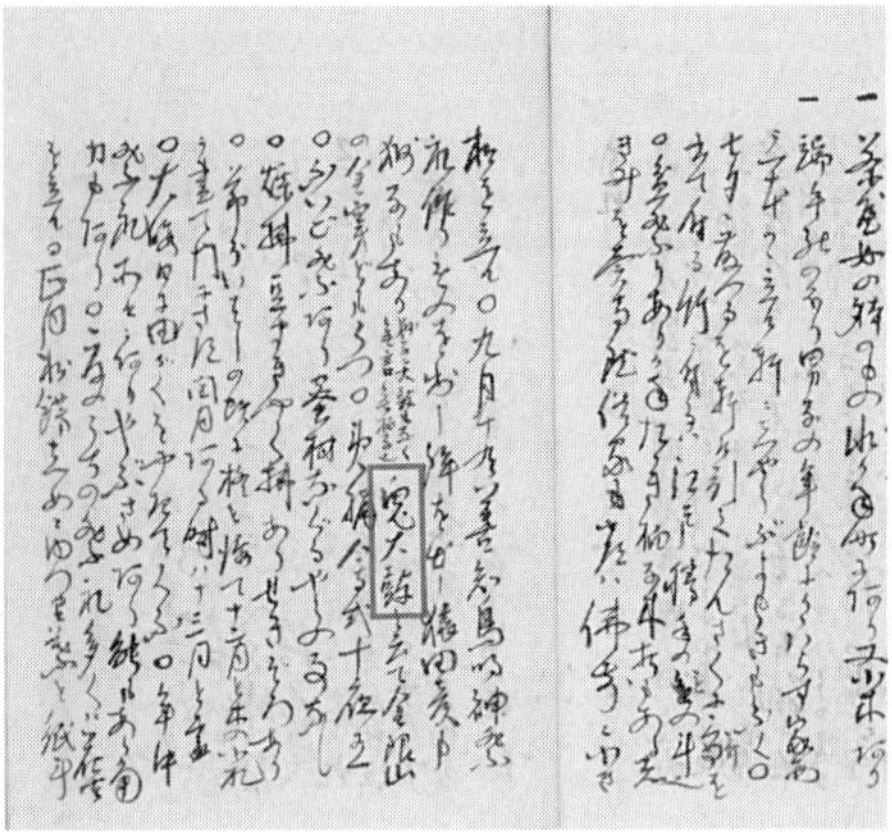

図4　『佐渡事略』

点とした。佐渡鉱山の開発にともない、相川の人口も爆発的に増加する。佐渡の芸能の出発は、鉱山の繁栄による人口の増加や、海上交通の発達によって島外より伝来したものであった。

相川に鎮座する善知鳥神社は、もとは住吉神社と呼ばれていたが、やがて善知鳥七浦（下《おり》戸《と》・羽田《はねだ》・下相川《しもあいかわ》・小川《おがわ》・達者《たっしゃ》・北狄《きたえびす》・戸地《とじ》）の総鎮守となる。九月一九日の祭礼は、現在も続く大変に賑やかな行事で（現在は一〇月一九日に祭日が変更）、多くの芸能が演じられることで知られる。「相川祭礼絵巻」や『佐渡事略』によると、遅くとも一八世紀中ごろには善知鳥神社祭礼において、鬼太鼓が行われていたことは間違いない。さらに石井文海筆『天保年間相川十二ヶ月』の九月「善知鳥社祭礼」の項には、次のような記述がみられる。

> 九月十九日　相川の鎮守善知鳥明神の祭礼あり　銀山の大工といへるものかね穿所作に贋て太鼓を打　是を鬼太鼓と云　其余豆蒔　よけ馬　長刀　棒遣ひなと云事をなす町々より作りものゝ台を出せり

この記述によると、佐渡銀山の坑夫たちが太鼓を打ち、それを鬼太鼓と称したことがうかがえる。前掲の『佐渡事略』を裏づけるように、やはり鉱山の坑夫たちが善知鳥神社祭礼の鬼太鼓に関与していたのである。

『天保年間相川十二ヶ月』の「善知鳥社祭礼」(図5)には、中央に大きな太鼓が描かれる。その傍には踊るように太鼓を打つ者がいるが、面は着けていないようにみえる。さらにその近くには、豆撒らしき翁や、長刀と棒を持った二人の甲冑姿が立っている。それぞれ後ろ姿と横顔だが、髪の長い鬘をかぶっており、その顔は鬼の面を着けているらしい。次項で説明するように、この組み合わせはまさに相川系鬼太鼓である。また長刀を持つ鬼は、現在の浅生の鬼太鼓によく似ていよう。ただし、この鬼が太鼓を叩いたり、舞ったりするような所作を行ったかは、この絵だけでは判らない。

図5　『天保年間相川十二ヶ月』「九月善知鳥社祭礼」

さらに絵全体を見渡すと、神輿や「作りもの、台」が何台も並び、それを取り囲むようにぎっしりと見物客が描かれている。この見物客の数からも、祭礼の規模の大きさと当時の相川の繁栄ぶりが理解できよう。また先にあげた「相川祭礼絵巻」には、烏帽子をかぶって面を着け、馬と鹿の頭を持って踊る春駒《はりごま》など、さまざまな芸能が描かれている。これらの芸能を合わせてみたとき、江戸後期の善知鳥神社の祭礼は、現在佐渡の各地に伝承される芸能が、一堂に会する場であったといえる。

3 鬼太鼓の分類

佐渡の鬼太鼓は、神社の祭礼に登場するのが一般的である。鬼は太鼓をともなって各戸を廻り、門付《かどづけ》をしていく。門付とは、家の門口で芸能を行って金品を貰い受ける行為である。鬼太鼓の場合は、祭礼の日に集落を廻って、家ごとに舞ったり太鼓を打ったりしていく。これに対して鬼を迎える側は、ご祝儀を手渡すだけでなく、一座のために酒食を準備して手厚くもてなすこともある。ここにみられる鬼は、人間に災厄をもたらす性格はなく、逆に家から災厄を追い払う力が期待されている。まさに折口信夫のいう「春来る鬼」そのものといってよい。ただし、鬼太鼓の季節は春に限らず、神社の祭礼の期日に従っている。

この鬼太鼓については、鬼の位置や踊りの特徴などから、相川系、国仲（国中）系、前浜系の三系統に分けられることが多い。もっとも近年は、さらに詳細な分類が示されるようになって、潟上《かたがみ》系、一足系、豆まき系、前浜系、花笠系の五系統に分けられる場合もあるが、ひとまず本章では、従来の三系統にしたがって鬼太鼓を紹介したい。

（1）相川系鬼太鼓

相川系鬼太鼓は、豆撒系鬼太鼓とも呼ばれるように、豆撒の翁が登場する点に特徴がある。豆撒の翁は、長烏帽子《ながえぼし》に素襖《すおう》姿で、その背には松と鶴の模様が描かれている。さらに翁の面を付けて、左手に大きな枡を持って舞う。もちろん鬼も一緒にいるが、ほとんど鬼は長刀や棒を持って立ったままで、大した所作は行わない。相川系の主役は、鬼ではなく豆撒の翁なのである。

先述したように『天保年間相川十二ヶ月』の「善知鳥社祭礼」には、すでに鬼太鼓と翁が一緒に活動していた。鬼太鼓に関する詳細な研究を残した本間雅彦は「豆撒き組と太鼓組が合体したのには出し物の組み合わせ方にも動機がありました。つまり、一、鉾　二、猿田彦　三、露払い　四、豆撒き　五、鬼太鼓　以下の順がほぼ固定化されてきたため、隣どおしの間に自然に癒着が行われたものです」（本間雅彦「鬼太鼓の島」）と説明している。先述したように、善知鳥神社祭礼には、多くの芸能が演じられたが、豆撒に続いて鬼太鼓が登場することになっていた。相川系はこの組み合わせが定番となって各地に伝播したのである。

さらに、幕末に佐渡奉行を務めた川路聖謨《かわじとしあきら》の日記『島根のすさみ』にも、鬼太鼓に関する記述がみられる。天保十一（一八四〇）年九月二十日条には、善知鳥神社祭礼の芸能が詳しく記されている。

はれなる第一の衣裳せしというは、例の山大工也。（中略）鬼太鼓も、専にかれがたゝく也。此太鼓は、全くに江戸の角力の太鼓をわくに入れて、二、三人して荷い行くを、かの大工共がかた足にして、飛びながら打つ也。虁一足《きはいっそく》というにも似たりや、とおかしき事也。更に拍子というものなし。

この記録からも、鬼太鼓は山大工（坑夫）が担ったことが確認できるが、拍子というほどのものはないとも指摘されている。おそらく即興的に太鼓を叩いたのであろう。さらに次のような記述もみられる。

その鬼太鼓に附て、翁の舞のごときものあり。面をかぶり、松とつるとの素袍のごときもの着て、わらじをはきたり。これ又、拍子なし。

鬼太鼓は翁の舞をともなっていたが、それもまた拍子らしいものはなかったという。相川系鬼太鼓は、まだ幕末には型のない芸能であったようだが、近代に入ってから洗練されて今日みられるような芸能に成長したと考えられる。

（2）国仲系鬼太鼓

国仲系鬼太鼓は、鬼とともに獅子が登場するのが特徴である。相川系の鬼は仁王立ちしているばかりだったが、国仲系は鬼が激しく踊ってみせる。また、鬼と獅子が対峙するような見せ場もある。

この鬼の激しい跳躍運動を支えるのが、勇壮な太鼓である。国仲系の太鼓は、新穂村潟上の関口六助が安政年間に、京都などで習ったものといわれている。また一方では、同じ潟上の宝生流太夫の本間右京清房が、享保年間に鬼舞の振り付けをしたと伝えられている。六助はその鬼舞も取り入れて、勇壮な鬼太鼓を作り上げたらしい。いうまでもなく、佐渡は近世から能楽の非常に盛んな土地である。特に宝生流は本間家という家元がおり、今日まで続く「佐渡宝生」の中心となっている。その能の盛んな土地柄が、鬼太鼓を育む一因となったことは疑いない。

図6　両津湊の鬼太鼓

今日でも、両津湊（図6）・河崎・片野尾《かたのお》・豊岡・新穂《にいぼ》舟下《ふなしも》・四日町・金井新保《かないしんぼ》・宮川などの集落では、鬼太鼓を六助から習ったと伝えている。各集落では、伝承の過程で地域の好みや個性が加えられて、それぞれ近代的な芸能に育てていった。日本の近代化とは、西洋化にほかならない。特に佐渡のような海上交通の要所は、全国から文化がもたらされた。佐渡の鬼太鼓も、西洋文化を含む他地域の影響も受けて、現代のような形に洗練されていったのである。

（3）前浜系鬼太鼓

前浜系鬼太鼓は、二匹の鬼が太鼓と笛に合わせて、向かい合って踊るところに特徴がある。これに鼻切り面をつけたローソと呼ばれる男が、御花（祝儀）の口上を述べたり、鬼と一緒に踊ったりする地域もある。

図7に掲げたのは、莚場《むしろば》の鬼太鼓である。この地域の鬼太鼓は、二匹の鬼だけでなく、子供や青年が素面で踊り、さらにローソも踊りに加わる。また大獅子もまつりに参加するが、基本的に鬼太鼓とは別行動で門付していく。

図7　莚場の鬼太鼓

以上、佐渡の鬼太鼓を相川系、国仲系、前浜系に分けて紹介してきたが、それぞれの系統の中にも相違点が少なくなく、見方を変えるとまた違う分類も可能であろう。それくらいに佐渡の各地で伝承される鬼太鼓は多種多様なのである。芸能は、時代の風潮や流行を取り入れながら絶えず変化する。仮に鬼太鼓が相川から伝播したとしても、その過程ではそれぞれの集落や世代の好みが取り入れられた。佐渡の個性豊かな鬼たちは、地域の特色が反映されているのである。

4　徳和まつりの浅生の鬼太鼓

新潟大学人文学部では、平成二五年度から「表現プロジェクト演習」という科目で、毎年佐渡の鬼太鼓に参加している（令和二年は、新型コロナウイルスの影響により不参加）。この科目は、学生たちが仲間と一緒に活動することによって、地域社会に対する理解を深めたり、チームワークを身に付けたりすることを目的としている。学生が参加するのは、毎年九月一五日に行われる大椋神社の徳和まつりで、特に浅生の鬼太鼓にお世話になってきた。

この実習では、祭礼直前の二日半をかけて太鼓と鬼の踊りを稽古し、祭礼の一日は浅生の人々と徳和地区の家々を門付して廻る。

浅生の鬼太鼓は、先の三分類にしたがえば前浜系鬼太鼓、また五分類によると一足系鬼太鼓に分けられる。一足系は、太鼓に合わせて鬼が片足を高く掲げるところに特徴がある。本間雅彦は「赤泊徳和の大椋神社の鬼踊りは助っ人もふくめて片足踊りである。翁の舞もそれをまねて踊っている坑夫の踊りも、石井文海の絵では片足である。追儺の儀式には大地を踏みつける反閇の所作がある。これも片足ずつ強く踏みつけるから、あるいはそれからきているのかもしれない」（本間雅彦「島の鬼太鼓」）と説明している。浅生の鬼太鼓は、片足から片足に入れ替えるときに、大地を踏みしめるような所作をみせる（図8）。反閇《へんばい》とは、大地を踏みしめ、邪気を払う所作のことだが、能や歌舞伎など古典芸能にも多くみられるだけでなく、相撲の四股もそれに当たる。強い鬼が大地を踏みしめることによって、災厄をもたらすものを圧迫し、追い払うのである。

図8　浅生の鬼太鼓

それでは本学部「表現プロジェクト演習」の実習と、祭礼の浅生の鬼太鼓を詳しく紹介したい。九月一二日、学生たちは赤泊に到着し、さっそく午後から地元指導者のもとで太鼓の稽古に入る。また夜は、大浅生家という鬼太鼓組の中心の家で、地元の全体稽古が行われるため、学生も参加して一緒に太鼓を叩き鬼の踊りを教わる。もちろん二日半の稽古ですべて習得できるはずはないのだが、学生たちは掌にできたマメを何度も潰しながら、祭礼に向けて仕上げていくのである。

徳和まつりの当日は、早朝六時までに大浅生家に集合する。学生も教員も襟に「浅生組鬼太鼓」、背に「大椋」と白く抜かれた紺色の法被を借りて着用する。鬼太鼓の一日は「当番」と呼ばれる役が差配し、門付の家や道順を決める。また浅生の鬼太鼓には、ローソがいないため、御花（ご祝儀）の口上も当番が務める。三匹の鬼と小学生以下が務める打ち子の支度が終わると、全体にお祓いが行われ、一日の安全が祈願される。そして大浅生家でもさっそく多くの御花が上がり、それが終わると門付に出発する。

図9　「表現プロジェクト演習」の新潟大学生

まつりの日の学生は、地元の人たちと交代で太鼓を叩くほか、太鼓を担いで運ぶ役も務める。また学生に御花が上がった場合は、鬼から長刀を借りて素面で踊ることができる（図9）。年によっては、子供たちから打ち子を教えてもらって、自主的に打ち子に加わることもあった。門付の家では、御花だけでなく、酒食の接待を受けることもある。そのときは学生たちも一緒に食事をしたり、休憩をしたりできる。徳和まつりの場合は、大獅子も鬼太鼓とは別行動で門付に廻っているので、学生たちはこの日初めてみる大獅子に驚きの声を上げる。

日暮れの一八時過ぎに大獅子の練り上げが終わって、神輿が大椋神社に入ると祭礼は終了となり、鬼太鼓は浅生へと帰っていく。途中の家々でも門付を行うため、大浅生家に帰ってすべての活動が終わるのは、早くとも二〇時ごろである。遅いときは、二三時ごろまでかかった年もあった。肉体的にも精神的にも相当に厳しい実習ではあるが、学生たちはそれまで経験したことのないような達成感を味わっているようにみえる。

おわりに

越後・佐渡の芸能から、特に鬼が主役を務める芸能を紹介してきた。鬼には、人間に災厄をもたらす性格と、災厄を追い払う性格の両方が認められるが、芸能に取り入れられると、地域の願いや祈りを強く反映した姿になっていった。特に佐渡では、鬼太鼓というほかの地域にはみられない芸能が誕生し、島内各地の祭礼に取り入れられながら個性豊かに成長していったのである。子の健やかな成長を願う親たちは、我が子に鬼太鼓をみせたり、鬼に我が子を撫でてもらったりする（図10）。芸能の鬼が、広く愛されてきたことが理解されよう。

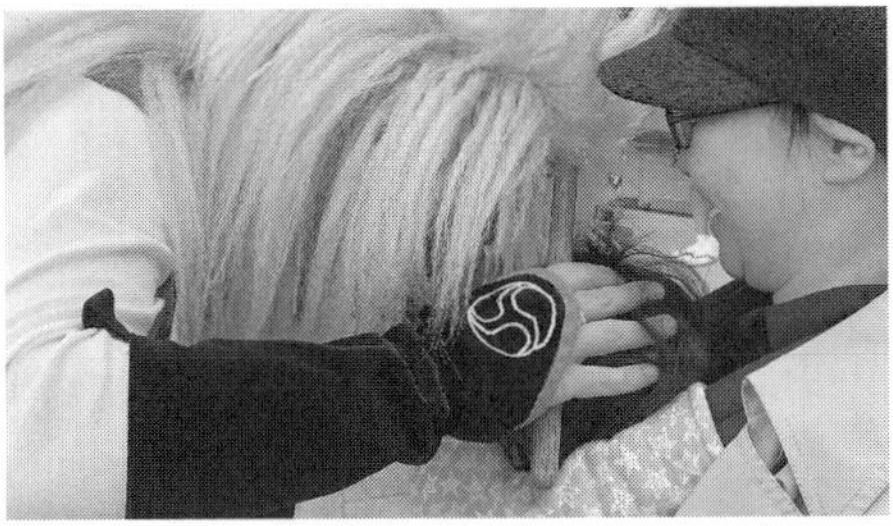

図10　鬼太鼓の鬼に撫でられる子供

新潟に限った話ではないが、現在民俗芸能の大半が危機に瀕している。過疎化や少子高齢化にともなう人口減少により、芸能の担い手が減っているためである。もちろん後継者不足はすぐに解消する問題ではないし、また行政の支援に期待するだけでは根本的な解決にならない。芸能の担い手は誰もがなれるわけではないが、一方で芸能の観客になることは誰にもできよう。

鬼の芸能に関心を持たれたならば、ぜひ越後・佐渡の個性豊かな鬼たちに会いに来てほしい。

＊本文中の図4、図5以外の図版は筆者撮影である。

〔参考文献〕

折口信夫「春来る鬼」（初出『旅と伝説』四巻一号、一九三一年一月）
本間雅彦「島の鬼太鼓」田中圭一編『佐渡歴史文化シリーズⅥ 佐渡芸能史 上』中村書店、一九七七年
三条市史編修委員会編『三条市史 資料編第八巻民俗』新潟県三条市、一九八二年
三条市史編修委員会編『三条市史 上巻』新潟県三条市、一九八三年
佐渡 相川の歴史 資料集八「相川の歴史Ⅰ」相川町史編纂委員会、一九八六年
新潟大学民俗調査報告書第18集『徳和の民俗―新潟県佐渡市徳和―』新潟大学人文学部民俗学研究室、二〇一二年三月
本間雅彦「鬼太鼓の島」（一九七五年の草稿）日本海文化研究所『日本海文化研究所報告 第一集』二〇一九年七月

徳和まつりの太鼓と神輿

column

ローカルアイドルを育む新潟
――中村隆志

「長く支え、答えを急がない。」このようなスタンスが、新潟のローカルアイドルを育んでいるのではないだろうか。

二〇二〇年初頭、新潟には、二つの有名女性ローカルアイドルが活動している。一つは、新潟市を拠点とする地元出身の三人組のＮｅｇｉｃｃｏであり、現在では全国的な知名度を持っている。もう一つは、国内アイドル市場で圧倒的な人気を誇るＡＫＢ48グループの国内で五番目に結成されたＮＧＴ48である。二つのグループは出自も運営スタイルも全く異なるが、一方で、共通点も存在する。それは、彼女らを支える「継続力」と言える。

二〇〇〇年代には、各地域でローカルアイドルが誕生し始め、二〇〇五年には、東京の秋葉原で、ＡＫＢ48が誕生する。二〇一〇年代には、ローカルアイドルが日本中でブームとなり、様々な地域でローカルアイドルが次々と誕生するものの、そのほとんどは長く継続することなく、短命であった。

そのような時代背景の中、比較的早い時期の二〇〇三年、Ｎｅｇｉｃｃｏは、ＪＡ全農にいがたの一ヶ月限定の野菜キャンペーンから生まれた。キャンペーン期間終了後も、解散することなく活動は継続し、所属事務所の変更やメンバーの脱退を経て、新潟県内での地道な活動が続いた。徐々に知名度はあがり、二〇一〇年「U.M.U AWARD 2010」（ご当地アイドル日本一決定戦）で優勝する。二〇一五年には日比谷野外大音楽堂、二〇一六年には、東京・ＮＨＫホールでワンマンライブを成功させ、人気、実力とも、ローカルアイドルの枠を超え、サクセス物語を展開している。夢は日本武道館でのワンマンライブであるが、二〇二〇年一月段階では、まだ実現しないまま、新潟市を拠点としたアイドル活動を継続している。[1]

NGT48は、大都市圏を拠点とする姉妹グループと異なり、人口一〇〇万人を下回る地方の中堅都市を拠点とする初めてのAKBグループのアイドルである。二〇一五年から活動を始め、二〇一六年には新潟市中心部の万代のNGT48劇場において定期公演を開始した。活動当初から、ケーブルテレビ番組や地方ラジオ番組にレギュラー出演し、テレビコマーシャルや自治体のキャンペーンに起用されるなど、多くの露出する機会に恵まれ、順調なすべり出しでスタートした。[2] しかし、二〇一九年初頭、当時のメンバーであった山口真帆の暴行事件発覚をきっかけに、その対応に多くの批判が集まり、マスコミ番組、コマーシャル、キャンペーンを次々と降板し、NGT48劇場の定期公演も中止に追い込まれた。マスコミは、グループの運営者、アイドルの双方に否定的な報道を繰り返し、ネット上でも様々な憶測が流れるようになり、アイドルとしてのイメージは、大打撃を受けていた。自滅の道を歩むかに見えたNGT48だったが、しかし、二〇一九年八月、「TOKYO IDOL FESTIVAL 2019」の出演を経て、NGT48劇場の定期公演を再開する。二〇二〇年二月現在では、週に三～四回程度の公演規模となっており、順調とは言えないものの、イメージの回復に努めている。アイドルとしての失脚騒動から、復活の物語を描くことができるのか、注目すべき活動が継続している。

アイドルは、スターやアーティストとは異なり、常に未完の存在であり続け、次の目標にひたすら前進し続ける。[3] Negiccoは、ローカルアイドルの日本武道館単独ライブ達成を目標に前進を続け、その活動は既に一七年目を迎えており、アイドルの年齢としては、かなり高くなってきている。

新潟市中心部のNGT48劇場

ＮＧＴ48は、一連の騒動によって植えつけられたマイナスイメージの払拭を目指して、批判に耐え、我慢を重ね、信頼の回復を待っている。二つのグループは、それぞれの逆境にへこたれず、成長のための努力を継続している。彼女らの「継続力」は粘り強く支えるファン達がいなければ成立しない。

もしも、彼女らが答えを急いでいたならば、他の多くのローカルアイドル達と同じ運命を辿り、グループは存続していないだろう。そんな彼女らの物語を支えているのが、息の長いファン達である。二つのグループの「継続力」は、成長を続けるアイドル達と答えを急がないファン達との相性の良さの表れとみることもできる。二〇一〇年代以降、「アイドルがひとつの文化として定着した」世界になったとも言われる。[3] 新潟における二つのローカルアイドルと彼女らを育むファン達の姿は、新潟という地域文化を理解するための鏡の一つとなるだろう。

〔注〕
（1）小島和宏『Negicco ヒストリー Road to BUDOKAN 2003-2011』白夜書房、二〇一七年
（2）田中秀臣『ご当地アイドルの経済学』イーストプレス、二〇一六年
（3）西　兼志『アイドル／メディア論講義』東京大学出版会、二〇一七年

定期市からみる新潟の地域性

堀　健彦

はじめに

筆者は大学の全学部向けの科目で、定期市に関する講義を一〇年以上にわたって地理学の立場から担当してきた。終了後、提出された感想に、子供の頃から当たり前にあった定期市が、現在の日本全体からみると珍しいものであることについての驚きを記すのは新潟県か秋田県などの北東北から進学した学生であり、大都市圏をはじめとする県外出身者は、新潟県の定期市のようなものが身近には無く、大変興味深かったというコメントが多くみられた。

三重県出身で、大学生活を京都で過ごした筆者にとっても、二〇年ほど前に新潟に赴任して、初めて目の当たりにした定期市は、寺社の縁日や観光地の朝市とは明らかに異なり、日常生活に根ざした商品構成と生活感が新鮮であった。筆者は、スーパーマーケットのチェーン化の進展を目の当たりにしながら成長してきた世代にあたっており、定期市で行われる売り手と買い手のやり取りは、幼い頃の近所の店舗を思い起こさせた。

大学院時代から興味を持ち関連する講義を受講し、論文を読んできたこともあり、学部の野外巡検でもできる限り定期市を訪問するようにしてきた。本章はそれらの経験から得られた知見も含めて、定期市から読み解くことができる新潟という地域の特徴を紹介していきたい。

1　定期市とはいかなるものか?

開催頻度からみた市の分類

定期市はその開催頻度からみた場合、毎日市のような常設的な市と、大市や節季市と言われる一年に一度や季節に一度のように開催頻度の低い市との間に位置づけられる。

日本の場合、商品流通の発達に従い月三度の三斎市から六度の六斎市に発展し、さらには常設店舗化したと考えられてきた。自然発生的な市もあったが、領主による設定も多かったことが文献史研究で明らかにされている。

中心地としての市の位置づけ

地理学では、様々な財やサービスを供給する場所を中心地と定義する。中心地に集う人々の居住域は市場圏《しじょうけん》と呼ばれ、一定以上の人口があることで中心地が成り立つ。中心地で供給されるのは、日常の食料などの最寄品から高級衣料・宝石のような買回り品まで様々である。一般に、買回り品を提供する中心地の方が最寄品のみを提供するに比べて、大きな市場圏が必要となる。大きな市場圏を必要とする中心地を高次の中心地と呼び、中心機能の及ぶ範囲が局地的で提供される財やサービスは少ない中心地を低次の中心地と呼ぶ。

市場圏の居住人口が基準以下の場合、財・サービスを供給しても赤字なので、中心地として成り立たない。だが、財やサービスの提供頻度を少なくすれば、一日あたりの人口を増やせる。例えば、人口が一〇〇〇人の市場圏であっても、六斎市なら五〇〇〇人の市場圏と同じ購買力になる。

このように考えることで、定期市を最も低次の中心地として位置づけることが可能になる。

定期市網

信濃川と阿賀野川という大河川の下流に広がる平野は、蒲原《かんばら》平野と呼ばれる。蒲原平野のうち、新潟市域に所在する定期市の位置と詳細を図1および表1に示した。(1)明治期になってから開設されたものも含んでいるが、いわゆる伝統的な定期市である。

これらの定期市は一九世紀の地誌書や近代の統計書などで存廃を確認できるが、近世期の成立と考えられるものが多い。近世の蒲原平野は、長岡の牧野家、新発田《しばた》の溝口家の所

(1) 中央区の白山、本町《ほんちょう》、本町下町、東区山の下の市など、現在、ほぼ常設の市となっており、開設が近世期まで遡ることが困難なものは除いている。

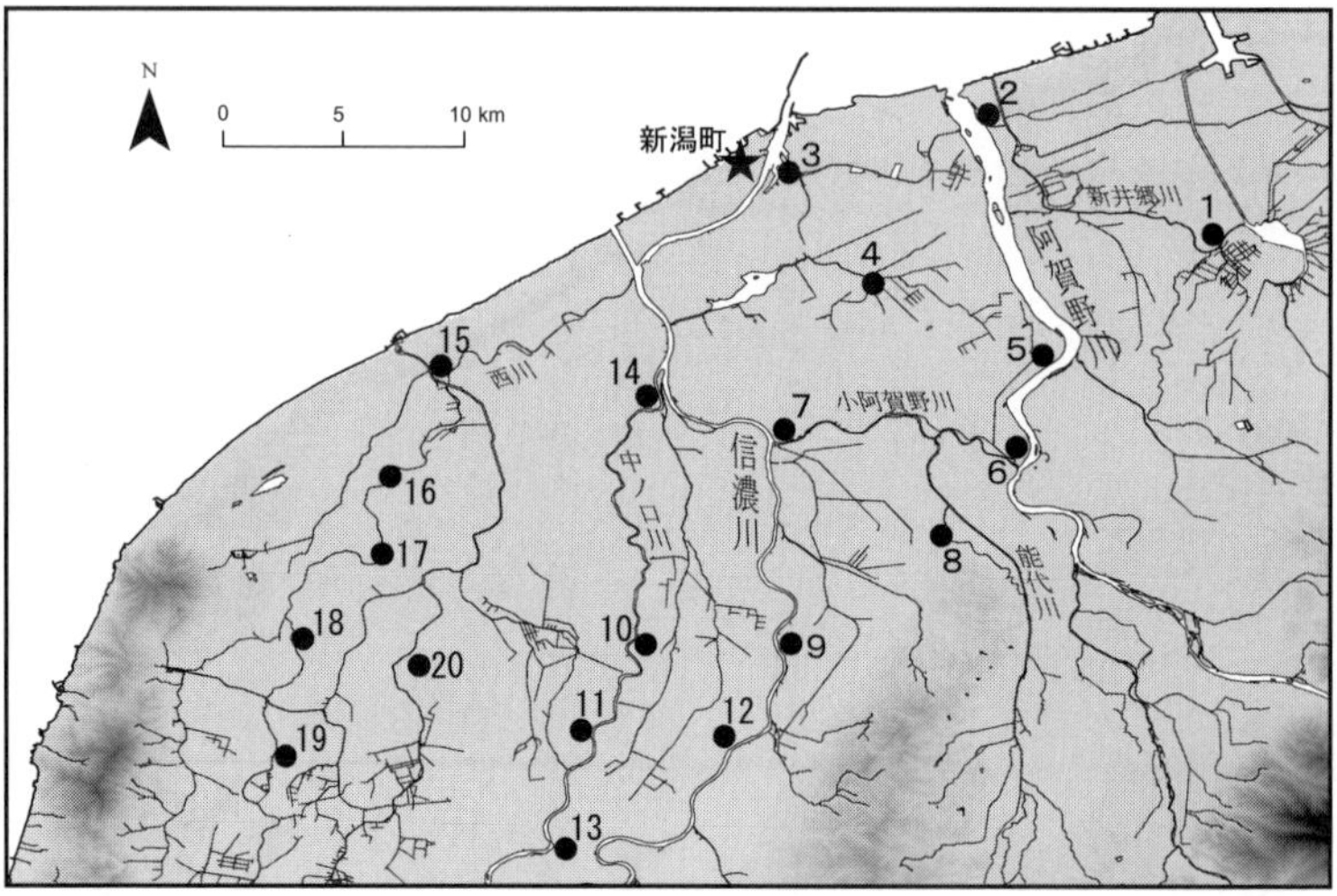

図1　新潟市域の定期市開催地
国土地理院「基盤地図情報（数値標高モデル）」及び「数値地図（国土基本情報20万）」により作成。＊図中の番号は表1と対応。

表1　新潟市域の定期市開催地

定期市名	現在の市日	初見時期	越後野志 1815年	越後土産 1864年	新潟県県統計書 1916年	備考
1　葛塚	1,5,10,15,20,25	1761年	5,10	5,10	1,5,10,15,20,25	
2　松浜	2,7				2,7	
3　沼垂		1721年	1,5	4,10	4,10/毎日	現在はほぼ常設
4　亀田	3,9	1694年	3,9	3,9	3,9	
5　横越	8/11のみ				1,11,22	
6　沢海		1731年再興	1,5		5,15,25	
7　酒屋	2,7	18世紀半ば	1,6	2,7	2,7	
8　新津	1,6	1694年カ	1,6	1,6	1,6	
9　小須戸	3,8	18世紀初	3,8	3,8	3,8	
10　白根	4,9	1689年	4,9	4,9	4,9	
11　月潟	2,7	1752年			2,7	
12　庄瀬	1,6	1874年			1,6	
13　新飯田	5,10	1756年	1,5	5,10	5,10	
14　大野	3,8	18世紀半ば	3,8	3,8	3,8	
15　内野	1,15				△	
16　赤塚					△	
17　曽根	2,7		2,7	2,7	2,7	
18　巻	1,5,10,15,20,25		4,9	4,9	4,9	
19　和納		1729年				1729年の市日は 5,10,15,20,25,28
20　漆山						

「食と花のにいがた　地産地消マップ」などにより作成
＊大市などの市日については略している。

領などが存在していた。多数の領主が支配に関与していたため、幕府や藩といった支配者が平野全域を見渡して開設場所を指定していたわけではない。

定期市が開催される地点は大河川とその支流沿いに立地し、一定の距離を置きながら平野に散在する。(2) そして隣接する定期市の開催日は、原則として重なっていない。市の開催日が重ならないことは重要で、これにより売り手である専業的な市場商人は、複数の定期市への掛け持ち出店が可能になる。また、売り手でもあり買い手もある農家出店者は、地域内のいずれかの地点に赴くことで財やサービスを販売・購入することができる。

(2) 表1の16から20の定期市群は他の定期市群よりも近接しているが、和納や漆山の定期市は振るわなかったとされる。

2 新潟の定期市の具体相

葛塚《くずつか》定期市を歩く

新潟市北区葛塚の定期市は、毎月一日、五日、一〇日、一五日、二〇日、二五日の計六回、開催されている。ＪＲ豊栄《とよさか》駅を下車して南に進むと、道路上に掲げられた葛塚市のアーチ看板が目に入ってくる（図２）。

葛塚の定期市の場合、一出店者の区画は、間口が四メートル以内、奥行きが二メートルと規定されており、間口の大きさで四段階に区分され、月額出店料も異なる。

図３は、二〇二〇年三月一〇日（火）に筆者が行った現地調査に基づいて作成した。三月一〇日は小雨の降る肌寒い天候であったが、二五の出店者数があった。聞き取りによれば、例年、一月から三月の時期の出店者は少ないとのことだった。(3) 実際、筆者が学生を引

(3) 出店者および北区産業振興課からの聞き取りによる。

表2　葛塚定期市の出店者（店）

	県教委 1977年	新潟市北区 2020年
衣料品	54	3
鮮魚・乾物	31	12
青果・野菜	26	22
菓子・その他の食料品	12	2
苗木・生花	11	4
雑貨・その他	16	1
計	150	44

図2　葛塚定期市（筆者撮影）

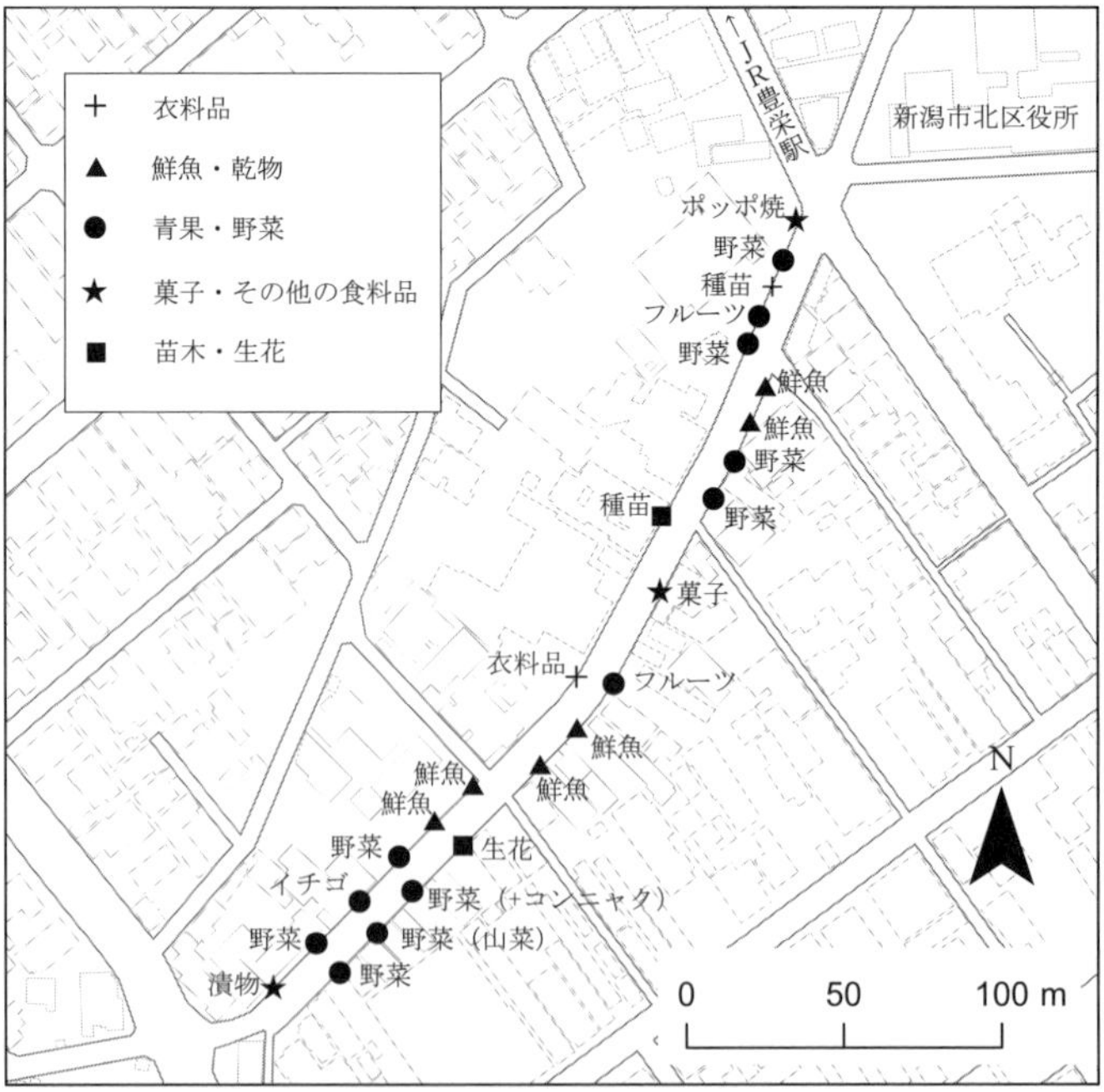

図3　2020年3月10日の葛塚定期市出店者
ベースマップは国土地理院「基盤地図情報（基本項目）」による。

率した巡検で二〇一八年一一月一〇日（土）に訪れた際は、出店者数および業種は図3に示したものよりも多かった。

区役所に近い大通りから撮影したのが図2であり、写真奥に小屋掛けされた店がみえる。JR豊栄駅からつながる大通りに近い店は、このような小屋掛けの店が多いが、定期市の開設される通りを進んでいくと、軽トラック脇に商品を並べる店や、日よけ雨よけのパラソル下に商品を並べる店など、簡易な造りの店が多くみられた。

表2は葛塚定期市の出店者数とその業種について、一九七七年に出版された『越後・佐渡の定期市』に掲載された数値と、新潟市北区産業振興課での聞き取りから得られた二〇二〇年二月段階の出店者登録のデータをまとめたものである。まず、一九七七年の総出店者数は現在の登録出店者数の三倍であり[4]、衣料品を扱う店が最も多い。つづいて鮮魚・乾物、青果・野菜となる。二〇二〇年は青果・野菜が最も多く、半分を占めている[5]。ついで多いのが鮮魚・乾物である。二〇一八年の実績値として臨時出店者が一日あたり九店ほどあり、これを加えると五〇強となる[6]。なお、岡村が一九八〇年代前半に調査したデータでは、葛塚（豊栄）の定期市で最も多いのは青果・野菜、ついで衣料品、鮮魚・乾物という順であった[7]。五〇年ほどの間で衣料品が激減した一方、青果・野菜はそれほど変化がないことがみてとれる。

『越後・佐渡の定期市』では、葛塚定期市の出店者がどこから来るかを示している。それによれば、最多は地元葛塚で全体の三分の一、ついで新潟、水原《すいばら》、新発田、亀田であった。同書では阿賀野川南岸地区から三割を占めていることに注目し、水運を利用した出店が容易であったことや、葛塚の開発にあたってこれらの地区から多くの農民が移住した地

（4）一九一六年の『新潟県統計書』によると、葛塚市の荷主人員は、五五〇人であった。

（5）二〇二〇年三月一〇日の現地調査結果を示した図3でも、青果・野菜が全出店者数の半分ほどとなっている。

（6）季節や天候などの要因により実際の出店者数は変動するので、登録された出店者数は必ずしも一致しない。

（7）岡村（一九八九）。ただし、論文中では他の定期市と比較するため、種別の割合を示した積み上げ棒グラフとして表現されており、豊栄（葛塚）定期市の出店者数の実数値を読み取ることは難しい。

縁的結合の結果であると考えている。同書は来市する消費者もまとめており、葛塚が全体の三分の二弱、ほかは鉄道やバスなどの交通の利便性が高いところからと報告している。

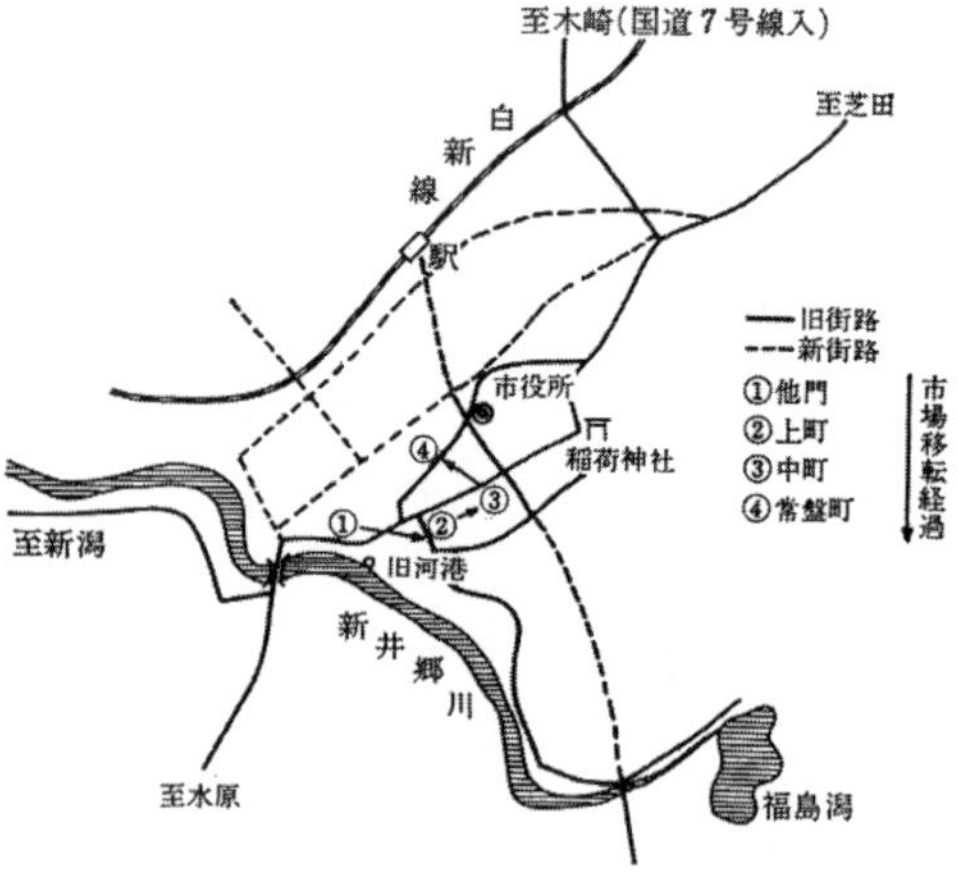

図4　葛塚における定期市開催場所の移動
新潟県教育委員会(1977)より引用。

　葛塚の定期市は図4に示すように、新井《にい》郷《ごう》川沿いの河港に近接した場所から、何度も移転を繰り返し、現在地に落ち着いている。移転は河川交通から陸上交通への転換が背景となっているが、河川沿いから離れて以降は道路交通量の増加による。定期市開催により、道路が塞がれたり、止められたりするので、主要な幹線道路から移転を繰り返し、交通量に比して道幅が広い現在地へと至っている。

市の楽しみ

一九九四年のビデオ資料『越後の定期市』では長岡の定期市出店者に密着し、前日の出店準備から市開催日の朝の段取り、買い物客とのやりとり、慌ただしい昼食、商売上の駆け引き、撤収の流れを克明にとらえている。

『越後・佐渡の定期市』は定期市ごとに執筆者が異なるが、今から四〇年以上前の状況

を克明に記しており、貴重な資料となっている。例えば、現在の新潟市南区の定期市における聞き取りで、当時七〇歳女性は

市は行くときは、ただぶらーっと出かけて、何があるかを楽しみにしていくんだ。何かほり出し物があるかと思っての、それだれも、ひやかしてみて、いいんだと思うと買うちまうんだ。物を買うよりか、人を買うんだね。(8)

と市に参加する楽しみを語る。

これ以外にも売り手と買い手の双方について、定期市に参加する楽しみが記されており、値付けの決定、値引きのタイミングなど、人と人とが向かい合う場で生まれる思惑をうかがうことができる。

(8) 新潟県教育委員会(一九七七)、二二五頁。

3 定期市からみた新潟という地域

新潟県域全体でみても、現在も数多くの定期市が開催されている。これらは観光客ではなく、地域の生活に根ざしている。なかでも、蒲原平野に存在している定期市群は、河川を中心とした内水面交通との関係で立地が規定されていた。大量の物資運搬において船を利用する水運は畜力や人力を利用する陸運に対して、大きなアドバンテージをもっていた。低平な沖積平野である蒲原平野は、大小様々の河川や潟湖が広がっており、船を利用した

流通網が平野の隅々まで行き渡るような形で張り巡らされていた。定期市に集められ、運び出される物資は、この経路を利用することで流通していた。

定期市は、都市部以外の農山漁村地域にありながら、実質的には町としての体裁と機能をもった在郷町と呼ばれる地域の中心に付属する形で開催されることが多かった。在郷町の多くは、近世期の新田開発によって増加した人口を背景として成立・発展しており、葛塚もその一つであった。享保期の松ヶ崎堀割の開削により福島潟周辺の水位が下がり耕地開発が進んだことで、新井郷川沿いに町場が形成されたのが葛塚の起源となった。

新田開発で拡大した耕地で生産される農作物と生活に必要な薪などの燃料、鮮魚・乾物などとを交換する場として定期市は機能してきたのであり、新田開発により増加した人口を支えていく役割を担っていた。その系譜を受け継いでいるのが、現在の定期市なのである。

新潟の定期市の風景は、現在の文化財概念の範疇では文化財としてとらえることはできないが、地域の風土と歴史に根ざし生成された点で価値があるといえよう。

おわりに

売り手と買い手双方の生活スタイルの変化にともない、定期市の出店者数と購買者数は減少しており、にぎわいが小さくなってきている。野菜の即売所の盛行[9]やインターネットを介した産地直送販売の興隆もあり、定期市の魅力であった新鮮な生鮮食料品が安価に手

（9） 新潟市の食と花の推進課が二〇〇八年に作成した「食と花のにいがた　地産地消マップ」には定期市を含む朝市として二二件、農産物直売所として七四件が掲載されている。なお、このデータは、数年前に各区の担当課に確認して情報を更新したとのことであった。

に入るという利点は、相対的に魅力を失いつつある。

ところで、新潟県は佐渡を除くと観光客を強く引きつけるような史跡や名勝において、唯一無二の観光資源に乏しく、本州側の観光客数は決して多いとは言えなかった。しかし近年の観光行動は従来の史跡や名勝をめぐるものから多様化が進みつつある。新潟県域でも、日本酒を中心として食を前面に押し出した動きや、金属加工業やニット産業のようなものづくりの現場と結びついた観光客誘致の動きがあり、従来よりも多くの観光客の目を新潟に向けさせることに成功している。

代表的な旅行ガイドブックである『るるぶ　新潟佐渡'20』をみると、「百年の歴史を数える上越の朝市を訪ねよう」という小さなコラム記事で高田、直江津の定期市が言及されているが、新潟らしさを表す観光の目玉として取り扱われていない。一方で自治体が定期市の紹介パンフレットを作成するケースは、近年増えており、地域資源・観光資源として押し出していく動きがある。筆者が最初に授業で取り上げた時には、ほとんどパンフレットも無かったが、本章で取り上げた葛塚についてのガイドパンフレットは二〇一〇年代初めに作成されている。

高知の日曜市・街路市や八戸の館鼻岸壁朝市など、日本各地にはそれぞれの地域の生活に根ざした定期市が今も存在している。目を海外に向けるなら、有名なところではフランスのマルシェと呼ばれるマーケットは日本人向けの観光ガイドブックでもページが割かれ、それだけを扱ったガイドブックもあるが、基本的には地元の生活者をターゲットにしている。マルシェでは売り手と買い手との間に会話があり、社会的なつながりが存在するのは、新潟や日本の他都市の定期市と同じである。参加者の高齢化や規模の縮小が進みつつある新潟の定期市について、日本国内の定期市や海外の定期市を念頭に置いて評価し、新たな価値をみいだす動きが大きくなることを願って本章を閉じたい。

〔参考文献〕
石原潤『定期市の研究—機能と構造—』名古屋大学出版会、一九八七年
岡村治「新潟県における定期市場網の地域的差異—市掛行動の分析を通して—」『人文地理』四一—三、一九八九年
小村弌『幕藩制成立史の基礎的研究』吉川弘文館、一九八三年
金坂清則「新潟平野における都市の変容」『人文地理』二七—三、一九七五年
桑原正信『越後六斎市の研究』西ヶ原刊行会、一九四三年
新潟県教育委員会編『越後・佐渡の定期市』新潟県教育委員会、一九七七年
新潟県教育委員会『越後の定期市』時空映像、一九九四年
新潟市農林水産部　食と花の推進課「食と花のにいがた　地産地消マップ」
http://www.city.niigata.jp/info/shokuhana_map/index.asp（最終アクセス二〇二〇年三月一一日）
新潟日報事業社『にいがた　市が立つ町』新潟日報事業社、一九九九年
山本志乃『「市」に立つ—定期市の民俗誌—』創元社、二〇一九年
『るるぶ　新潟佐渡'20』ＪＴＢパブリッシング、二〇一九年

［付記］調査にあたっては、新潟市農林水産部食と花の推進課および新潟市各区の商業振興課にお世話になりました。記して感謝いたします。

パラソルを用いた出店者（筆者撮影）

ホウレン草、小松菜、冬菜（女《め》池《いけ》菜）、長ネギ、自家製梅干しなどを販売している。

column

銭湯と新潟人

添谷尚希

東京の銭湯経営者と新潟県出身者

「銭湯と新潟人」と聞いてピンときた読者も多いかもしれないが、東京の銭湯には、新潟県をはじめとした北陸地方出身者との関係が深いものが数多くあることは、よく知られている。筆者は以前、戦前期東京の巣鴨・池袋方面の銭湯について調査したことがあったが、同地域の銭湯には、新潟県出身者が経営していたものが多かった（図1）。

東京や横浜、大阪といった都市部の浴場業に特定地域出身の者が数多く参入する「業種特化」については、これまで宮崎良美氏や谷口貢氏、山口拡氏、吉田律人氏らによって研究が進められてきた。

これまでの研究では、この「業種特化」は近代以降、同郷者同士の結びつきをもとに広がったとされる。例えば、①都市における浴場業で成功した人物が、さらなる労働力が必要となった際に、地縁・血縁関係を頼ってその家族や知人を都市部へ呼び寄せたことや、②地元出身者の中に都

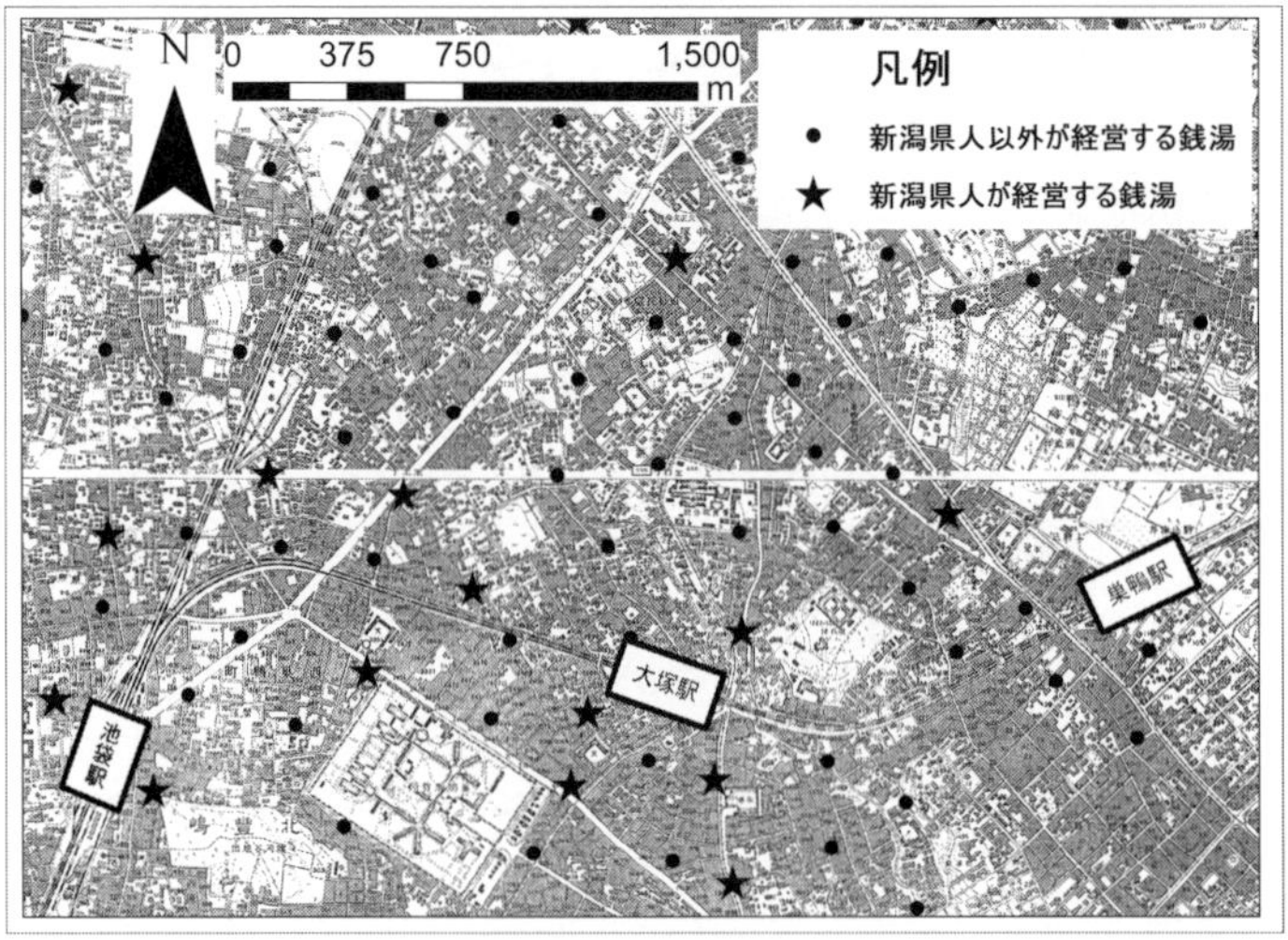

図1　旧東京市巣鴨・池袋付近の銭湯分布（筆者作成／昭和10年頃）

市部で銭湯を経営している人物がいることで、銭湯経営者として都市部へ行くという職業選択が地域において受け入れられていたこと、によって北陸地方出身者の浴場業への参入の基盤が形成されていったとされる。

また東京では、上京者が独立して一軒の銭湯を構えるまでに、既存の銭湯において、風呂の釜焚き燃料集め、下足番、入浴者の背中を流したりする「三助《さんすけ》」として、修業を積むことが多かった。その過程では「部屋」と呼ばれる労働力供給機関に所属することがあり、その「部屋」もまた、同郷者意識や相互扶助によって成り立っていた。

銭湯経営者の「つて」を頼った新潟県出身者の人口移動に加えて、このことも東京において新潟県出身者が銭湯の経営に参入する基盤となっていたと考えられる。

図2　中之口先人館の外観（筆者撮影）

銭湯経営者の故郷を訪ねて

こうした東京で銭湯経営をおこなった人々の出身地は、新潟県のどこだったのだろうか。東京の新潟県出身者の氏名や職業、出身地が分かる史料に「新潟県人会名簿」（新潟県立図書館蔵）がある。これを詳細に分析した吉田律人氏は、東京で銭湯を経営した新潟県出身者の故郷は、新潟県内でも西蒲原郡が主だったとしている。実際に「県人会名簿」を見ると、西蒲原の中でも特に、旧道上《どうじょう》村や旧松長《まつなが》村（のちに中之口《なかのくち》村、現西蒲区の東部）、旧米納津《よのうづ》村（のちに吉田町、現燕《つばめ》市の北部）などの出身者が多いことが分かる。

特に旧中之口村は、東京の銭湯における新潟県出身者の進出基盤を築いた先人の出身地であり、「中之口先人館《なかのくちせんじんかん》」（図2）には、東京の浴場業の基盤を作った先人たちに関する展示がある。また同地域の集落にある寺社には、狛犬や門柱など、東京の銭湯経営者らによる寄進物が見られるところもある。

図3　寄進者の名前を記した石碑（筆者撮影／姥島の専精寺）

先日筆者が確認したところでは、旧道上村福島の諏訪神社、姥島《うばじま》の専精寺で、東京の銭湯経営者による寄進物を見ることが出来た。図3は、専精寺の門柱に填められたプレートであるが、石碑に「門柱寄進人」として刻まれた、赤塚五郎や田村虎太郎といった名前は、東京の銭湯経営者のものである。また、前述の吉田氏も触れているが、打越《うちこし》の宇智古志《うちこし》神社には、東京のほか、横浜の銭湯経営者による寄進物を見ることもできる。その宇智古志神社に隣接する「澤将監《さわしょうげん》の館」（一九九四年復元）の館内には、復元資金の寄付者を記した額がある。時代は下るが、そこにも西蒲原にゆかりのある東京の銭湯経営者の名前を見ることができる。

マニアックな視点にはなるが、読者の皆様にはぜひ、「中之口先人館」やその周辺の西蒲原の集落を訪ね、遠く東京と新潟との繋がり、東京の銭湯経営者の故郷への思いを感じてみて欲しい（図４）。西蒲原には現在も自然堤防上の古い集落が点在しており、ただ歩くだけでも楽しいものである。もし機会があれば、「県人会名簿」を参照しながら、寺社の寄進物などに刻まれた銭湯経営者の名前を探して歩くのも、また興味深いのではないだろうか。

西蒲地域は公共交通機関が乏しいが、ＪＲ越後線の巻駅や、ＪＲ弥彦線の燕駅からバスが利用可能である。冬季以外は、燕三条駅近くの地場産業振興センターから、レンタサイクルを利用することも可能である。

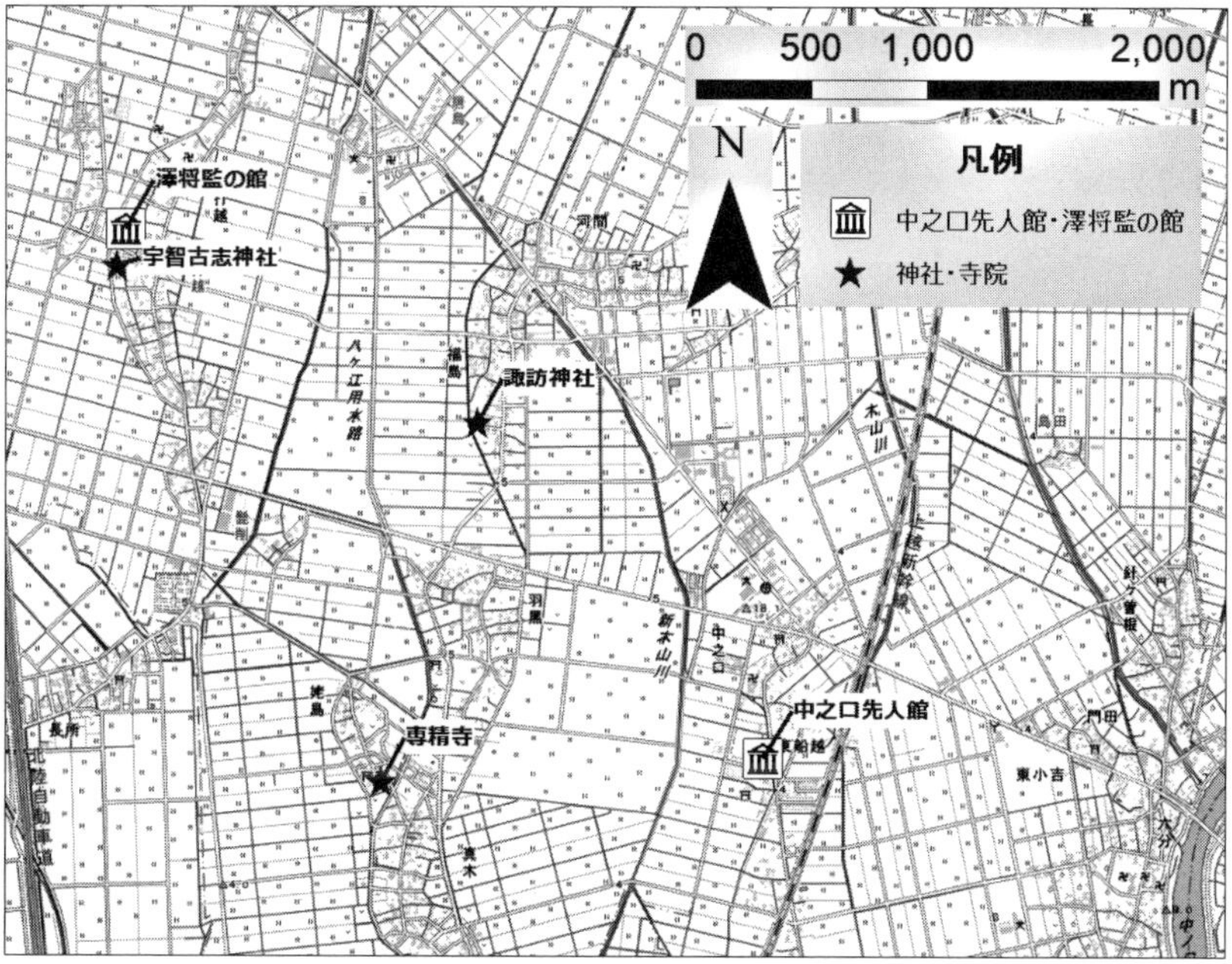

図4　現在の中之口地区周辺の地図（国土地理院作成の淡色地図を元に筆者作成）

〔参考文献〕

谷口貢「都市における同郷者集団の形成と故郷観―新潟県西蒲原地方の出郷者と東京の風呂屋・銭湯の展開」松崎憲三編『同郷者集団の民俗学的研究』岩田書院、二〇〇二年

宮崎良美「石川県南加賀地方出身者の業種特化と同郷団体の変容―大阪府の公衆浴場業者を事例として」『人文地理』五十、人文地理学会、一九九八年

山口拡「東京の銭湯と同郷の結びつき―新潟県出身者を事例に―」『民俗学論叢』二七、相模民俗学会、二〇一二年

横浜開港資料館・横浜市歴史博物館『銭湯と横浜』横浜市ふるさと歴史財団、二〇一八年

吉田律人「北陸地方から横浜へ―銭湯経営者と同郷者集団―」『開港のひろば』一三九、横浜開港資料館、二〇一八年

吉田律人「新潟県と京浜地域の浴場業者―県人会名簿及び浴場組合名簿の分析を中心に―」『國學院大學紀要』五八、國學院大學、二〇二〇年

新潟の戦争経験——長岡空襲に即して——

中村　元

はじめに

一九四五年にアジア・太平洋戦争が終結してから七五年以上の時間が経過した。この戦争の経験を体験者から直接うかがう機会が日増しに少なくなる中で、戦争に関するモニュメントや施設は、人々の戦争経験を私たちが知るための大きな手掛かりとなっている。

新潟県内第二の都市であった長岡市は、アジア・太平洋戦争末期の一九四五年八月一日午後一〇時三〇分から米軍機一二五機の空襲をうけ、焼失家屋一万一九八六戸、死者一四八八名（二〇二〇年一二月現在）という甚大な被害をうけた。このように大きな空襲戦災被害をうけた長岡市では、空襲の経験を後世に伝えるため、様々なモニュメントや施設が整備されてきた。本章では、新潟県長岡市に残るこれらのモニュメントや施設をめぐり、長岡市における人々の戦争経験に触れると共に、人々が戦争の経験を記録し、伝えるという行為の諸側面について考えてみたい。

1　平和像——設置時期に注目する

長岡市で比較的早く設置された空襲に関するモニュメントとしては、一九五一年一一月に設置された平和像がある(図1)。この像は、長岡空襲で亡くなった学童一八〇名あまりの慰霊のために新潟県教職員組合が県下から募金をあつめ、長岡駅前に設置された。その後何度かの移転を経て現在は市内の平和の森公園に設置されている。駅前に設置された際に同時に用意された平和像碑の碑文の末尾には、「その霊をなぐさめる道は 一すじに平和をまもり戦争をなくすることだ」との文章がある(図2)。この文章は、現在の目から見れば、一般的な平和への願いのように読める。しかし、平和像が計画され設置された時期と照らし合わせると、もう少し異なる意味も見出すことができる。すなわちこの平和像が計画・設置された一九五〇年から五一年の時期は、日本に近接する朝鮮半島で武力衝突が発生し朝鮮戦争として拡大していた最中であった。新潟県教職員組合では、一九五〇年六月の朝鮮戦争開始直後の同年八月の大会で「平和への希求」のシンボルとして長岡市にモニュメントを設置することを決め、県内の学童・生徒、教職員、一般有志の募金を呼びかけた。この呼びかけに対して、募金は順調に集まり、翌五一年一一月に平和像が設置された（長岡市一九九六）。なおこの平和像の募金が集められていた時期にあたる一九五一年一月には、日本教職員組合の中央委員会で「教え子を再び戦場に送るな」とのスローガンが決定されていた。以上の時期や経緯に照らすと、戦争で亡くなった学童たちの慰霊の道を、「一すじに　平和をまもり戦争をなくすることだ」と示す平和像には、同時代に隣国で戦争が進行している状況に関する新潟県教職員組合の危機意識が反映していることがうかがえる。戦争の経験や被害を振り返るモニュメントなどを見学する際には、それらが作られる時点の社会状況にも考慮を及ぼしてみると、一般的な内容以上の意味を見出すことが出来るといえよう。

図1　平和像（平和の森公園）

図2　平和像碑（長岡戦災資料館）

2　戦災殉難者慰霊塔――設置場所に注目する

以上にみた平和像が新潟県教職員組合の手によるものであるのに対して、長岡市による戦災被害者の慰霊のモニュメントとしては、一九五八年に設置された戦災殉難者慰霊塔がある（図3）。戦災で亡くなった方々の十三回忌にあたる一九五七年、市内の戦災殉難者全員を慰霊する施設がないことを憂いた殉難者遺族の声をきっかけとして、同年九月、市議会に「戦災殉難者慰霊塔建設請願書」が提出され、設置場所については論議があったものの、市内の平潟神社境内に決まり、翌一九五八年一一月に戦災殉難者慰霊塔が設置された（長岡市一九九六）。その後、戦後五〇年を迎えた一九九五年に、境内に隣接する平潟公園へ修復移設されている（図4、社殿の脇の遊具の奥に慰霊塔が見える）。

では以上のように論議があった慰霊塔の設置場所は、何故平潟神社であったのだろうか。平潟神社は、空襲以前には近隣の地域の避難訓練の避難場所となっており、空襲に際して多くの市民が避難した。しかし空襲の中で境内において発生した火の渦による酸欠などによって、市内で最も多い二六八名の方が亡くなった場所であった（長岡市一九九六）。戦争に関するモニュメントについては、「何故そこにあるのか」に注目することで、そのモニュメントが表現する戦争経験をより深く知ることが出来るといえよう。

さて当初戦災殉難者慰霊塔が設置された平潟神社には、もう一つ別の戦争に関するモニュメントが存在する。それは砲弾型の柵に囲まれた剣の形をした金属製のモニュメントで、上部に鷲の彫刻が乗っている（図5）。このモニュメントには特に説明版などは付されていないが、金属製の台座部分に一八九四年から一八九五年の日清戦争と一九〇四年から一九〇五年の日露戦争における地域の戦没者の階級と氏名が刻まれている。またモニュメントの正面には、「元帥侯爵大山巌」（日露戦争時の満洲軍総司令官）による「忠烈靖献之碑」という碑文、裏面には「明治三十九年」つまり一九〇六年という建立時期が刻まれている。正面の碑文の「忠烈」とは「きわめて忠義の心の強いこと」、「靖献」とは「臣下が義に安んじて、先王の霊に誠意をささげること」を意味する（北原保雄二〇〇三）。またモニュメントの剣の根元の部分には、日清戦争、日露戦争の開戦の詔勅が刻まれている。以上の構成要素に鑑みると、このモニュメントは、大日本帝国が天皇の名において行った日清戦争、

図3　戦災殉難者慰霊塔（平潟公園）

図4　慰霊塔の位置（遊具の奥の方に確認できる）

図5　忠烈靖献之碑

日露戦争に際して戦没した地域の人々を、忠実な臣下として慰霊・顕彰する忠魂碑であることが分かる。

平潟神社を訪れると、先に触れた戦災殉難者慰霊塔と、この忠烈靖献之碑という、大きく性格を異にする戦争に関するモニュメントを共に見学することができる（前掲図4）。それぞれのモニュメントは、戦争の経験をどのように伝えているのか、またそもそも何故、性格を異にする二つのモニュメントがこの場所にあるのか、より考察を深めるべき課題といえよう。

3　長岡戦災資料館——戦争の経験を伝える施設と記録

次に長岡戦災資料館について検討しよう。長岡戦災資料館は、長岡空襲を記録し、保存し、伝えていくことを目的に、二〇〇三年に創設された施設である。二〇〇八年に中心市街地のビルの一階と三階に移転し現在に至っている（図6）。同館では創設以来、運営ボランティアの方々を中心に、空襲の記憶を伝える様々な取り組みが展開されてきたが、そ

図6　長岡戦災資料館

図7　空襲殉難者遺影展示の前で語る体験者
（長岡戦災資料館）

の取り組みの一つに二〇〇七年から実施された長岡空襲殉難者の方々の遺影の収集と展示がある（図7）。現在も継続されているこの遺影写真収集のきっかけは、「当時の体験者も高齢を迎え、戦争を知らない世代が大半の昨今、戦争の悲惨さを伝えることができるだろうか」という問題意識であり、この問題意識を起点に、「長岡には先人の方々のご努力で、殉難時の状況が付された「長岡空襲戦災殉難者名簿」があります。この名簿を基に亡くなられた方々の写真を収集、遺影展を開催し、空襲の悲しみを感じとってほしい」という思いから、空襲殉難者の遺影の収集と展示が始まり、現在まで取り組みが続けられている（長岡戦災資料館二〇〇九）。実際、館内の遺影写真は、空襲被害を数＝数字でなく、文字通り一人ひとりの姿を示しその個々の命が犠牲になった事態として提示することで、戦争の悲惨さを伝えている。

　さてこの長岡戦災資料館における空襲殉難者の遺影収集と展示の取り組みは、先に触れたとおり「長岡空襲戦災殉難者名簿」を基礎に実施されていた。『長岡の空襲』という書物に掲載されているこの名簿は、空襲殉難者の名前、殉難場所、本籍、死亡日と死因などを詳細に記録している（長岡市一九八七）。なお同書五〇一頁には、次のような記述がある。

この戦災殉難者名簿は、笠輪勝太郎元長岡市助役が昭和四十四年から二十年近い年月をかけて作成されたものである。空襲によって市役所の戸籍簿が焼かれるなど非常な困難のなか、しかも、昭和四十一年に助役を退任されてからは一民間人としての調査であったから、それこそ、長い年月にわたってこつこつと調査された結果である。

以上の記述からは、空襲殉難者の遺影展示事業の基礎となっている「長岡空襲戦災殉難者名簿」は、長岡市元助役の笠輪勝太郎という人物が助役退任後に進めた調査によるものであることが分かる。それでは笠輪はいかなる経緯で空襲殉難者の調査に携わり、またいかにして「長岡空襲戦災殉難者名簿」を作成したのであろうか。次に、長岡市の戦争経験を伝える事業の基礎となったこの記録の作成経緯を掘り下げてみたい。

4　笠輪勝太郎と長岡市の空襲・戦災の記録作成

まず笠輪勝太郎の略歴を把握しておきたい。笠輪は一九〇四年に生まれ、戦前長岡市役所に入庁し、戦後に市議会事務局長や総務部長を歴任した後、市助役をつとめた。退任後は、市議会議員を務める一方、長岡郷土史研究会の会長に就任し郷土長岡の歴史研究を進める一方、長岡空襲の調査に従事し、先述の「長岡空襲戦災殉難者名簿」を作成した。一九九一年、八六歳で没している。笠輪は、長岡市行政に関わっていた時期の関連資料のほか、幅広い関心に基づく郷土史研究関係の資料等を保存しており、これらの歴史資料は没後長岡市に寄贈され、現在は長岡市立中央図書館文書資料室（以下、文書資料室と略記）に笠輪勝太郎家文書（以下、笠輪文書と略記）として所蔵されている（稲川二〇〇五）。文書資料室は二〇二〇年現在、一九一八年に長岡の豪商野本恭八郎（互尊翁）が長岡市に寄贈した図書館を記念した長岡市立互尊文庫（図8）内に所在している。

図8　長岡市立互尊文庫

それでは笠輪は、いかなる経緯で長岡空襲の記録作成に関わることになったのか。この点については、一九七一年八月二一日付『新潟日報』の「『長岡空襲・その体験記』連載に思う」と題された記事の中で、笠輪自身がその経緯を語っている。この記事は、一九七一年に『新潟日報』に連載された「長岡空襲・その体験記」という、長岡空襲被害者の体験を新潟日報の記者が取材した記録に対する笠輪の所感、という形をとっている。しかし実際には、敗戦直後以来の長岡市における戦災と空襲に関する記録作成と笠輪自身の関わりに大きな紙幅が割かれている。

まず笠輪は上記の記事の中で、一九四五年八月一日の長岡空襲とその後の敗戦の所感について、次のように述べている。

戦争中の国民は政府の方針に盲目的に協力していたが、そこへ二十年八月一日の長岡空襲である。一夜にして全市のほとんどを灰じんに帰し、多数の人命と、明治戊辰の戦災後八十年にわたって蓄積した財産をことごとく焼失して、炎熱の街頭にほおり出された長岡市民は、一時はぼう然自失の状態であった。敗戦という現実と、肉親を失い、自らも傷つき、虚脱状態からさめて、寒さに向かって住むに家なく、着るに衣なき実情にありながら戦災復興に必死の努力をしている市民の姿を見た時、これを記録にとどめたいと願った者は筆者一人ではなかったはずである。

以上のように敗戦直後に市民の様子を記録にとどめたいという所感を有した笠輪は、同じ記事で、「戦災翌年の昭和二十一年に空襲記録編纂の議を起こし、実際に着手することになった」と述べている。戦災翌年から長岡市で戦災と復興の記録を編纂する事業がみられたことやこの事業に笠輪が関わったことは、笠輪文書の中の当時の史料から確認できる（中村二〇一六a）。しかしこの編纂事業は、その後、笠輪が土木課長に転じ、また一九五〇年に長岡市で開催された新潟県産業博覧会に間に合うような刊行が必要となったことにより、「当初の意図と少し違った」ものとなった、と笠輪は述べている。この点は、実際に刊行された『長岡戦災復興五年史』に掲載された当時の松田弘俊市長の「序」、編纂主任松谷時太郎の「編纂について」の二つの文章でも、この書はあくまで復興の記録であり、これとは別に戦災状況をふくめ本格的な「戦災復興史」が編まれるべきである、と述べられている（長岡市一九五〇）。

それではこの「戦災復興史」構想は、その後いかなる行方を辿ったのだろうか。笠輪は先に触れた一九七一年八月二一日付の『新潟日報』の記事で、次のように述べている。

そのうちに私も市役所を退職してしまったが、市会議員をしていた四十三年に、小林市長が戦災復興事業の清算も完了し、剰余金が生じたことを議会に報告した。そこで私はその剰余金をもって小林市長に「長岡市の戦災と復興」の編さん、出版を進言したところ、市長も快諾されて、議会に提案し、承認を受け、長岡郷土史研究会に事業委託となったのである。

実際、一九六九年に当時の小林孝平市長が笠輪に「戦災復興誌」編纂を依頼した公文書が文書資料室に残されている（中村二〇一六b）。「戦災復興史」構想は、「戦災復興誌」として再び現実化しはじめたのである。

それでは笠輪は、敗戦直後から構想しつつも一九六九年に至り自ら本格的に取り組むこととなった「戦災復興誌」について、どのような考えを有していたのだろうか。笠輪はこの点について、記事の中で次のように述べている。

こんな次第で今の仕事を担当しているのであるが、市の刊行物といえども、戦争犠牲者の庶民の記録を多数残したいということであった。このことは長岡市民としては同様の経験を過去に持っている。約八十年前の明治戊辰の戦争犠牲者がそれである。薩長を相手とした武士の犠牲も大きかったが、より大きな犠牲をはらったのは町人、百姓だったのではあるまいか。ところが長岡城攻防の戦争記録はあっても、庶民の記録としては皆無に近いのである。そんなこともあって、公共団体としての市の記録は記録としても、戦争が市民生活に及ぼした影響を重点としたい考えでいる。

笠輪は敗戦直後に戦災復興に向き合う市民の姿を記録に留めたいと願っていたと述べていたが、一九六九年から始まった「戦災復興誌」でも、「庶民の記録」を残したい、という志向を述べている。そしてその理由として、明治初年の戊辰戦争でも大きな犠牲を払ったはずの町人、百姓の庶民の記録が皆無に近い、という理由を挙げている。笠輪の敗戦直後以来の戦災記録作成の志向、特に庶民の記録を残したい、という志向の基底には、戊辰戦争で大きな犠牲を払った庶民の記録の不在という、長岡という地域に根差した過去の戦争に関わる歴史意識があったことは、注目される。

5 「長岡空襲戦災殉難者名簿」の作成

さて以上のように笠輪は、敗戦直後以来作成を望んでいた戦災復興の記録の編纂に、一九六九年以降取り組むこととなった。そしてこれも敗戦直後以来志向していた、戦災で被害を受けた「庶民の記録」を残す活動に着手した。それではこの笠輪の活動と「長岡空襲戦災殉難者名簿」はいかなる関係にあるのだろうか。実はこの点についても、笠輪文書の中にその関係を記した手稿が残されている（以下、笠輪の手稿からの引用は、中村二〇一六bを参照）。そこで笠輪は、『長岡戦災復興五年史』に掲載され当時公式の長岡空襲の犠牲者数とされていた一一四三名という人数について、空襲で戸籍簿が焼失したため、「役所がその当時の町内会長に照会して出した数字であった」と述べた上で、「その氏名は何処にもなかった」として、空襲殉難者の情報把握が不十分であったことを指摘する。しかしこの状況は、一九七三年に長岡市にあった法務局の移転に伴い新たな調査が可能となったことで変化した。笠輪はこの七三年の状況について、同じ手稿で次のように述べる。

そこで私は大いに喜んだ。何しろ市長から戦争と復興記の依頼を受け、昭和四十四年以降これに従ってきたが、戦災殉難者の名簿を作ることが出来なかった。

すなわち笠輪にとって一九七三（昭和四八）年のこの状況の変化は、一九六九（昭和四四）年以来携わっていた「戦災復興誌」の編纂過程での課題であった空襲戦災殉難者の名簿作成を可能にする出来事であった。笠輪はさらに次のように述べている。

そこで昭和四十八年四月二十三日から七月十三日迄各個人の死亡届を探して個人毎の調査票を作り、名簿を作り、個人表を作った。

この「個人毎の調査票」も、笠輪文書の中に残されている（図9）。笠輪はこの調査票を用いて、従来その氏名も殉難時の状況も未詳であった個々の長岡空襲の殉難者について調査を進めたと考えられる。笠輪はさらに先の手稿で、従来の犠牲者数には含まれていなかった寄留者や近隣町村住民で長岡空襲で犠牲になった人々についても調査を進めたこと

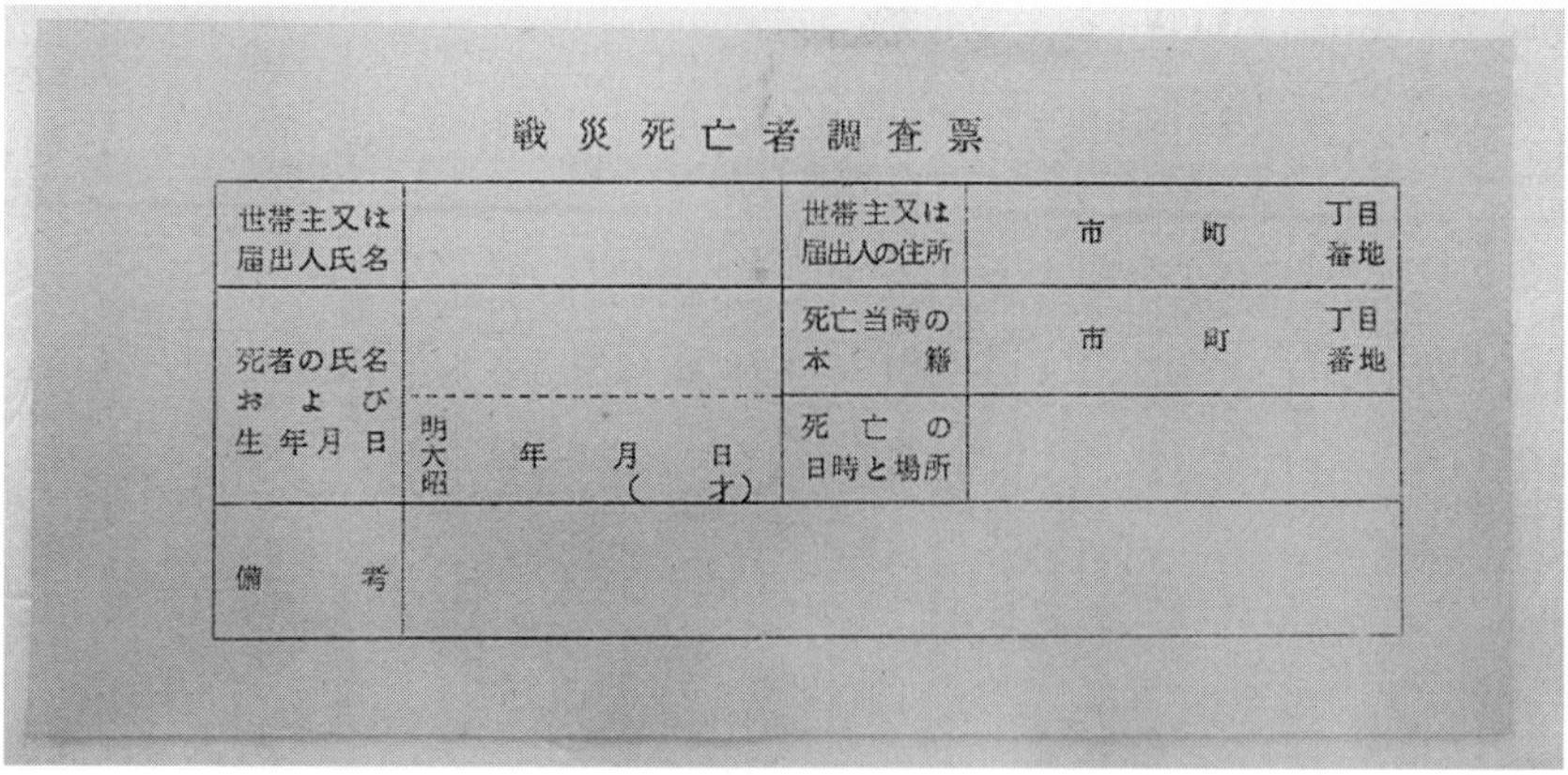

戦災死亡者調査票

世帯主又は届出人氏名		世帯主又は届出人の住所	市　町　丁目 番地
死者の氏名および生年月日	明大昭　年　月　日（　才）	死亡当時の本籍	市　町　丁目 番地
		死亡の日時と場所	
備考			

図9　「戦災死亡者調査票」（長岡市立中央図書館文書資料室所蔵）

を記している。かくして笠輪により作成が進められた空襲戦災殉難者の名簿は、最終的に『長岡の空襲』に掲載された「長岡空襲戦災殉難者名簿」として結実する。

以上では、長岡戦災資料館の空襲殉難者の遺影展示の基礎となっている「長岡空襲戦災殉難者名簿」の作成経緯を検討した。この検討からは、長岡出身の笠輪勝太郎が、戊辰戦争の際に大きな犠牲を払った庶民の記録の不在、という長岡地域の戊辰戦争の経験に関する歴史意識に基づいて庶民の記録を残す事業を志向していたこと、この志向が「戦災復興誌」の編纂という機会に際して、空襲殉難者に関する新たな調査が可能となった状況の中でその名簿作成という形で結実したことが明らかになった。戦争の経験を伝える事業の基礎となった記録の作成経緯を掘り下げてみると、その地域の人々がそれ以前に被った戦争経験が見えてくる。このことは、戦争の経験を記録し、伝えるという行為自体を考察の対象とすることによって改めて見えてくる領域があることを示しているといえよう。

おわりに

本章では、新潟県長岡市に残るアジア・太平洋戦争に関するモニュメントや施設をめぐり、長岡市における人々の戦争経験に触れると共に、人々が戦争の経験を記録し、伝えるという行為の諸側面について検討をおこなった。本章で検討した以外にも、長岡市内にはまだ幾つもの戦争に関するモニュメントや施設がある。ぜひ現地を実際に訪れ、新潟の戦争経験を手掛かりとして、人々の戦争経験についてより広く、深く考察して頂きたい。

〔参考文献〕

稲川明雄「長岡の碩学（1）笠輪勝太郎」『長岡あーかいぶす』創刊号、二〇〇五年
長岡市『長岡戦災復興五年史』一九五〇年
長岡市『長岡の空襲』一九八七年
長岡市『長岡市史　通史編下巻』一九九六年
長岡戦災資料館『語り継ぎたい長岡空襲―長岡戦災資料館5周年のあゆみ』二〇〇九年
中村元「戦災・空襲資料と長岡」矢田俊文・長岡市立中央図書館文書資料室編『新潟県中越地震・東日本大震災と災害史研究・史料保存―長岡市災害復興文庫を中心に―』二〇一六年（中村二〇一六a）
中村元「戦災の記憶の継承と歴史資料―長岡空襲の事例に即して」『災害・復興と資料』七号、二〇一六年（中村二〇一六b）

column

長岡花火――その変遷と近現代の地域史――

田中洋史

長岡まつり大花火大会は、長岡市民の「お国自慢」の一つである。「打ち上げ開始でございます」のアナウンスとともに二日間にわたって壮大な花火の数々が夜空を彩り、全国から集まる約一〇〇万人の観客を魅了する長岡花火にはどのような歴史があるのか。その変遷を概観してみたい。

図1　水島爾保布「長岡花火大会」（長岡市立中央図書館所蔵）

明治期の長岡花火の最も古い記録は一四一年前の個人日記である。絵師・片山翠谷は、一八七九（明治一二）年九月一四・一五日に千手八幡宮（長岡市千手の八幡神社）の秋季祭礼の花火を見物した。打ち上げ場所は信濃川に架かる長生橋付近の中州である。長生橋は、三島郡岡村古新田（長岡市大島新町）の元庄屋・広江椿在門が私財を投じて計画し、一八七七年に架橋した。現在まで続く信濃川とその河川敷を舞台にした長岡花火の原型はこの頃かたちづくられたのである。

長岡花火の変遷は、地域の近現代史も映し出している。明治期の「煙火目録」（花火大会のプログラム）の寄付者名には長岡の花街で働く女性たちの名前が数多く見える。花街関係者らが主催者となり、なじみ客が彼女たちの名前で花火を寄附したのである。北越戊辰戦争（一八六八年）からの復興を目指す長岡の近代化には、明治二〇年代以降の東山油田の産出が大きく貢献した。東山油田で潤った経済界の富の一部が花街の隆盛をもたらし、長岡花火の開催にも活用されていった。また、日清戦争（一八九四年）、日露戦争（一九〇四年）の前後には、「帝国万歳」「日清交戦」といったタイトルの花火が打ち上げられ、長岡花火は戦意高揚の役割も果たした。

一九一〇年、長岡煙火協会が組織され、以降は官民一体の主催態勢が次第に整えられていく。花火師たちの努力によって、一九二六（大正一五）年に正三尺玉、一九二七（昭和二）年にスターマインが初めて打ち上げられた。一九三一年には上越線全通記念博覧会にあわせて盛大な花火大会が開催されたが、アジア・太平洋戦争の激化によって一九三七年を最後に花火大会は中断した。

図2　信濃川・長生橋と正三尺玉・ナイアガラ大瀑布
（2019年8月2日、写真提供 一般財団法人 長岡花火財団）

一九四五年八月一日の長岡空襲は、市街地の八〇%を焦土と化し、一四八八人（二〇二〇年四月現在）の尊い命を奪った。空襲から一年後、現在の長岡まつりの前身となる長岡復興祭が開催され、翌年には花火大会も復活する。一九四八年、長岡市は八月一日を戦災殉難者の慰霊、八月二・三日を大花火大会の日とした。一九五三年には長生橋、一九八七年には大手大橋の欄干に仕掛けられたナイアガラ大瀑布が登場。長岡花火は夏の観光イベントとして全国から観客が詰めかけるようになる。二〇〇五（平成一七）年には新潟県中越地震（二〇〇四年）の復興祈願花火「フェニックス」が誕生し、東日本大震災（二〇一一年）の被災地でも打ち上げられた。二〇一五年には長岡市の姉妹都市ホノルル市の真珠湾で、戦争犠牲者の慰霊と世界の恒久平和、未来を担う青少年の成長を願って打ち上げられた。

長岡花火は、近代化、戦意高揚、慰霊、戦災復興、観光、震災復興、

世界平和など、時代の移り変わりとともに様々な思いを込めて打ち上げられてきた。二〇二〇（令和二）年の長岡まつり大花火大会は新型コロナウイルス感染症の影響で戦後初めて中止になった。未来の長岡花火は、災厄への怖れと祈りも込めて夜空を彩り続けていくのかもしれない。

〔参考文献〕

『長岡市史 通史編 下巻』長岡市、一九九六年
長谷川健一「長岡大花火の歴史―輝かしき花火師たちの活躍のあとをたどる―」『新潟県立長岡大手高等学校研究集録』六、二〇〇三年
『長岡大花火　祈り』長岡まつり協議会、二〇〇六年
『長岡花火フェニックス記念誌　十年のキセキ』長岡まつり協議会フェニックス部会、二〇一四年

●ま行●

●や行●

●ら行●

●わ行●

●た行●

●な行●

●は行●

索引

●あ行●

●か行●

●さ行●

伊藤啓雄（いとう・ひろお）／柏崎市教育委員会博物館文化学芸係長（学芸員）／地域史研究／『新潟県の考古学Ⅲ』（分担執筆）新潟県考古学会、2019年など

原　直史（はら・なおふみ）／新潟大学人文学部教授／日本近世史／『日本史リブレット88　近世商人と市場』山川出版社、2017年など

伊東祐之（いとう・すけゆき）／新潟市歴史博物館館長／近世近代地域史／「幕末・維新期の新潟町で暮らす人々」「市史にいがた」18、1996年など

広川佐保（ひろかわ・さほ）／新潟大学人文学部准教授／歴史学／『蒙地奉上』汲古書院、2005年など

青柳正俊（あおやぎ・まさとし）／国立歴史民俗博物館プロジェクト研究員／国際関係史／『明治三年 欧州視察団周遊記〜新潟から会津・米沢への旅〜』歴史春秋社、2020年など

飯島康夫（いいじま・やすお）／新潟大学人文学部准教授／民俗学／「憑きもの筋と婚姻規制－群馬県南西部の事例から－」『人文科学研究』141、2017年など

渡邉三四一（わたなべ・みよいち）／柏崎市立博物館学芸員／日本民俗学・民具研究／『講座日本民俗学1　方法と課題』（分担執筆）朝倉書店、2020年など

加賀谷真梨（かがや・まり）／新潟大学人文学部准教授／民俗学・文化人類学／『民衆史の遺産第14巻 沖縄』（分担執筆）藤原書店、2019年など

鈴木昭英（すずき・しょうえい）／元長岡市立科学博物館館長／宗教民俗学／『瞽女　信仰と芸能』高志書院、1996年など

中本真人（なかもと・まさと）／新潟大学人文学部准教授／日本歌謡文学・芸能論／『内侍所御神楽と歌謡』武蔵野書院、2020年など

中村隆志（なかむら・たかし）／新潟大学人文学部教授／情報メディア論／『恋愛ドラマとケータイ』（編著）青土社、2014年など

堀　健彦（ほり・たけひこ）／新潟大学人文学部准教授／人文地理学・歴史地理学／『古代中世における領域編成と空間的思考：歴史地理学からみた日本』知泉書館、2020年など

添谷尚希（そえや・なおき）／株式会社ぎょうせい／歴史地理学・都市地理学／「近代日本の市街化地域における私設浴場の展開とその制御」、新潟大学大学院現代社会文化研究科　修士論文（2020年・未発表）など

中村　元（なかむら・もと）／新潟大学人文学部准教授／日本近現代史・都市史／『近現代日本の都市形成と「デモクラシー」』吉田書店、2018年など

田中洋史（たなか・ひろし）／長岡市立中央図書館文書資料室室長、新潟大学非常勤講師／地域史研究／長岡市史双書№59『新潟県産業博覧会 長岡博の開催と戦災復興・産業振興』（分担執筆）、2020年など

執筆者一覧（執筆順: 氏名／所属〔2021年 3月現在〕／専門分野／主要業績）

中村　潔（なかむら・きよし）／新潟大学人文学部教授／文化人類学／『現代インドネシアの地方社会』（共編著）、NTT 出版、2006 年など

阿部ふく子（あべ・ふくこ）／新潟大学人文学部准教授／西洋哲学／『思弁の律動―〈新たな啓蒙〉としてのヘーゲル思弁哲学』知泉書館、2018 年など

澤村　明（さわむら・あきら）／新潟大学理事・副学長／文化経済学・NPO 論／『はじめての NPO 論』（共著）有斐閣、2017 年など

豊田光世（とよだ・みつよ）／新潟大学佐渡自然共生科学センター准教授／環境哲学・合意形成学／『環境と生命の合意形成マネジメント』（共著）東信堂、2017 年など

森　行人（もり・ゆきひと）／新潟市歴史博物館学芸員／民俗学・民具学／新潟市歴史博物館企画展『潟のくらし展　ガイドブック』2020 年など

渡邊　登（わたなべ・のぼる）／新潟大学人文学部教授／社会学／『「核」と対峙する地域社会』リベルタ出版、2017 年など

前田洋介（まえだ・ようすけ）／新潟大学教育学部准教授／政治地理学・社会地理学／『ローカル・ガバナンスと地域』（共編著）ナカニシヤ出版、2017 年など

渡辺英雄（わたなべ・ひでお）／新潟大学経済科学部・日本酒学センター助手／法学・日本酒学／「アメリカ連邦最高裁における公教育像の考察 (二) : Tinker 判決をきっかけとして」『現代社会文化研究』第 23 号、2002 年など

大楽和正（だいらく・かずまさ）／新潟県立歴史博物館主任研究員／民俗学／『日本の食文化 3　麦・雑穀と芋』（分担執筆）吉川弘文館、2019 年 など

長沼光彦（ながぬま・みつひこ）／新潟大学人文学部教授／日本近現代文学／『中原中也の時代』笠間書院、2011 年など

原田健一（はらだ・けんいち）／新潟大学人文学部教授／映像社会学／『戦時・占領期における映像の生成と反復』知泉書館、2019 年など

森　貴教（もり・たかのり）／新潟大学研究推進機構超域学術院助教／考古学／『石器の生産・消費からみた弥生社会』九州大学出版会、2018 年など

小熊博史（おぐま・ひろし）／長岡市立科学博物館館長／考古学／シリーズ「遺跡を学ぶ」37『縄文文化の起源をさぐる―小瀬ヶ沢・室谷洞窟』新泉社、2007 年など

白石典之（しらいし・のりゆき）／新潟大学人文学部教授／考古学／『モンゴル帝国誕生』講談社選書メチエ、2017 年など

清水　香（しみず・かおり）／新潟大学人文学部助教／考古学／『アイヌの漆器に関する学際的研究』（分担執筆）北海道出版企画センター、2019 年など

片桐昭彦（かたぎり・あきひこ）／新潟大学人文学部准教授／日本中世史／『戦国期発給文書の研究―印判・感状・制札と権力―』高志書院、2005 年など

大学的新潟ガイド—こだわりの歩き方

2021年3月30日　初版第1刷発行

編　者　新潟大学人文学部附置地域文化連携センター

発行者　杉田　啓三

〒607-8494 京都市山科区日ノ岡堤谷町3-1
発行所　株式会社　昭和堂
振込口座　01060-5-9347
TEL(075)502-7500／FAX(075)502-7501
ホームページ　http://www.showado-kyoto.jp

印刷　亜細亜印刷

ISBN 978-4-8122-2014-6
乱丁・落丁本はお取り替えいたします。
Printed in Japan

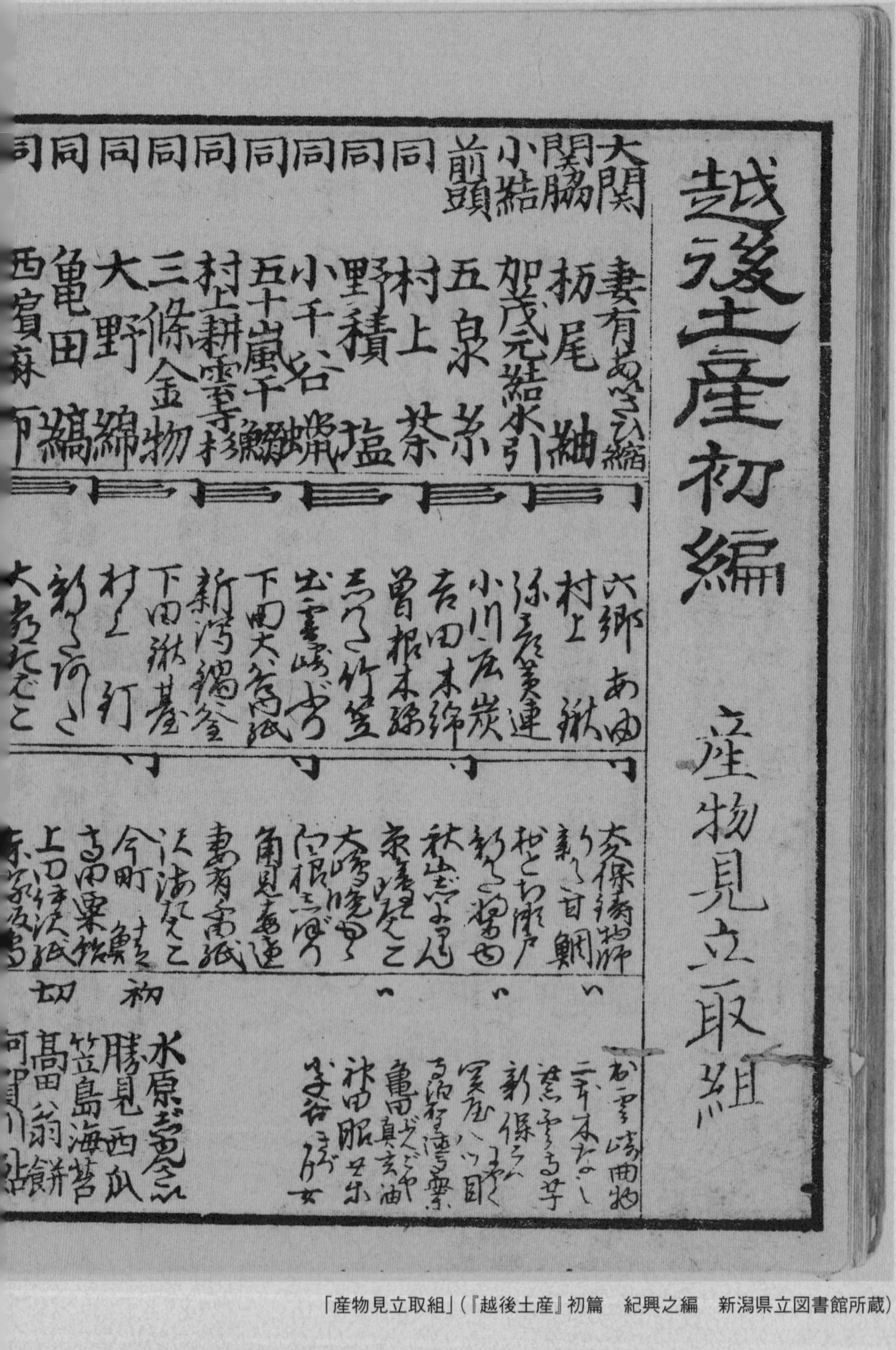

「産物見立取組」（『越後土産』初篇　紀興之編　新潟県立図書館所蔵）